실전 예제로 마스터하는 최신 프런트엔드 프레임워크

Svelte로 맛보는
웹 애플리케이션 개발

실전 예제로 마스터하는 최신 프런트엔드 프레임워크

Svelte로 맛보는
웹 애플리케이션 개발

이효범 지음

서문

반갑습니다, 독자 여러분! 지금이 바로 Svelte를 공부하기 적절한 시기입니다.

2021년 8월 국내 기준으로 크롬, 삼성 인터넷, 웨일 등 크로미움 기반의 브라우저가 70% 이상을 차지하고 있다고 합니다. 뿐만 아니라 마이크로소프트에서 2022년 6월 15일부터 인터넷 익스플로러 지원을 완전히 종료하게 되어, 구형 브라우저의 시대가 점점 저물어가고 있습니다. 구형 브라우저들이 물러나면서 FE 프레임워크들은 새로운 도전을 시도할 수 있는 새로운 패러다임을 맞이했다고 생각됩니다. 새롭게 발표한 Vue 3.0 버전 역시 인터넷 익스플로러 지원을 중단했는데, 새로운 시도에 집중하기 위한 선택이었다고 생각됩니다.

Svelte는 이러한 새로운 패러다임의 선두 주자입니다. Svelte 진영에서는 아직은 베타 버전이지만 SvelteKit이라는 툴을 만들어 브라우저 자체 모듈을 사용하는 프레임워크에 도전하고 있으며, 또한 PaaS 지원을 확대하는 등의 새로운 패러다임을 준비하고 있습니다. 그동안 제가 Svelte를 사용하면서 느낀 세 가지 매력 포인트가 있는데, 바로 다음과 같습니다.

첫 번째는 매우 낮은 러닝 커브입니다. Vue 역시 낮은 러닝 커브를 자랑하지만, Svelte는 Vue보다 훨씬 낮은 러닝 커브를 가지고 있다고 생각됩니다. Svelte 코드를 처음 보는 개발자가 코드를 이해할 수 있을 정도로 Svelte는 낮은 러닝 커브를 가지고 있습니다.

두 번째는 빠른 속도입니다. 웹 서비스가 거대해질수록 성능에 대한 고민이 깊어지는데, Svelte는 빠른 성능을 가지고 있어 성능에 대한 고민을 줄일 수 있게 하는 프레임워크입니다.

세 번째는 적은 코드량입니다. Svelte는 개발자들에게 코드를 조금만 작성해도 되도록 만들어줍니다. 코드량이 많으면 코드 전체의 구성이 장황해질 수 있는데, Svelte는 간결한 코드를 작성할 수 있게 해줍니다.

다른 개발자들도 이런 Svelte의 매력을 점점 알아가고 있습니다. https://2020.stateofjs.com에 따르면 개발자들에게 Svelte는 2019년에 만족도 2위, 관심도 1위를 기록했고, 2020년에는 만족도 1위, 관심도 1위를 차지하였습니다.

이 책에서는 Svelte를 배우고 익히기 위해 필요한 모든 가이드를 제공하기 위해 노력했습니다. 공식 문서에서 제공하는 모든 문법들과 API들을 다루고, 공부한 Svelte 문법으로 스도쿠 게임이라는 결과물을 만들어내어 Svelte를 완벽하게 익힐 수 있도록 도왔습니다. 독자 여러분도 저와 같이 이 책을 통해 이제부터 Svelte의 매력에 푹 빠져보시길 바랍니다.

저자 소개

이효범

최신 웹 프레임워크 트렌드에 관심이 많은 개발자로 광운대학교 컴퓨터공학과를 졸업하여, 현재 위메프에서 플랫폼 프런트엔드 개발을 맡고 있다.

계속 변화하고 있는 웹 트렌드에 뒤쳐지지 않고, 배움을 게을리하지 않는 개발자가 되기 위해 웹 개발 관련 기술을 포스팅하는 블로그(https://beomy.github.io)를 운영하고 있으며, 온라인 강의(https://www.inflearn.com/users/@beomy)도 진행하고 있다. 저서로는 〈ReactJS 이 정도는 알아야지〉가 있다.

베타 리더 리뷰

프런트엔드 개발자라면 주기적 또는 간헐적으로 JavaScript Framework의 랭킹을 눈여겨 보게 될 것입니다. 아직까지는 Vue.js, Angular, React 3대장이 막강하게 버티고 있지만 2019년부터 상위권을 계속 유지하고 있는 Svelte가 유독 눈에 들어온 계기는 바로 스스로를 컴파일러라고 하는 데 있었습니다. Javascript인데 컴파일러가 있다는 점에 흥미가 들어서 그때부터 개인적으로 관심을 가지게 되었습니다.

이 책은 Svelte의 기본기를 하나하나 매우 충실하게 설명해주고 있으며 스도쿠 게임 웹 애플리케이션 제작을 시작으로 호스팅 배포까지 일련의 과정을 Svelte를 사용하여 매우 상세하게 설명해주고 있습니다. Svelte의 기본기 이외에 간단해 보이는 스도쿠 앱의 게임 로직을 어떻게 효율적으로 작성할 수 있는지 알게 되는 건 덤입니다. 아직 국내에서는 시작 단계라 커뮤니티 자체가 작은 편에 속하지만 흥미로운 기능과 컨셉으로 금세 개발자들의 마음을 사로잡게 될 것 같습니다.

강경구

Svelte에 대한 중요한 개념과 동작 원리를 구체적이고 명확하게 설명하고 있습니다. 프런트엔드의 새로운 주자로써 Svelte를 기존에 쟁쟁한 주자들인 React, Vue 등과 비교하여 차이를 설명한 것이 매우 주요했고, 새로운 프레임워크를 접하는 사람들이 가장 궁금해하는 점을 정확하게 제시한 부분이 좋았습니다. 특히 가상돔을 사용하는 React와

Vue를 비교 대상으로 하여 가상돔을 사용하지 않고도 성능의 우위를 가져갈 수 있는 방법을 제시한 것도 매우 인상 깊었습니다.

이러한 차이에 대해 개발자 도구 등을 활용하여 명백한 자료를 제시하면서 증명에 대한 궁금증을 어느 정도 해소시켜준 것도 이 책의 매우 큰 장점이라고 느꼈습니다. 또한 컴포넌트 구성, 부모-자식 관계의 이벤트 전달, 이벤트 동작 원리, 스타일시트 생성 구조, 상태 관리 등 핵심적이고 개발자가 궁금해할 모든 내용들이 포함되어 있습니다. Svelte에 대한 내용 역시 부실함 없이 채워졌으면서도 쟁쟁한 주자들과의 비교를 통해 밀리지 않는 많은 장점을 알 수 있는 매우 유용하고 활용도 높은 책입니다.

문주영

혜성처럼 떠오르고 있는 Svelte를 쉽고 가볍게 익힐 수 있는 책입니다. 코드 예제가 디테일하게 설명이 되어 있어서 좋았고 중요한 내용은 별도의 참고 영역에서 다시 상세히 설명하면서 웹 개발의 개념을 충실히 설명합니다. 처음 Svelte를 접하는 개발자들도 쉽게 따라 할 수 있을 것 같습니다.

신건식

Svelte는 비교적 최근에 등장한 새로운 프런트엔드 프레임워크입니다. React와 Vue, Angular 프런트엔드 3대장의 자리를 위협할 것이라는 의견이 많아 더 유명해지기 전 미리 기술을 습득하여 선점을 하는 것도 좋은 방법이라고 생각합니다. 하지만 최근에 등장한 만큼 학습을 위한 교재가 부족하다는 문제가 있습니다.

그러나 이 책이 출간되며 그러한 문제점을 해결해 주었고 손쉽게 Svelte에 대하여 공부할 수 있게 되었습니다. 이 책을 통해 기초 문법부터 차근차근 배워나가며 Svelte에 대해 많은 것을 배울 수 있었습니다. Svelte를 배워보고 싶은 분들에게 이 책을 적극 추천합니다.

조영홍

차 례

Part I.
Svelte 문법 공부하기

PART I.

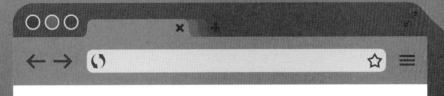

Svelte 문법
공부하기

개발 환경 설정 및 프로젝트 생성

1-1 개발 환경 설정

Svelte 개발 환경을 만들기 위해 크롬 브라우저, Svelte 개발자 도구, 비주얼 스튜디오 코드(이하 VSCode), Node.js를 설치하도록 하겠습니다.

1-1-1. 크롬 브라우저 설치

브라우저는 사용자가 가장 많은 크롬을 사용하겠습니다. https://www.google.com/chrome/에서 크롬 브라우저를 설치할 수 있습니다. 크롬과 동일한 크로미엄 기반의 크로미엄 엣지나 웨일 브라우저를 사용하셔도 무방합니다.

그림 1-1

크롬 브라우저는 개발자 도구와 크롬 확장 프로그램이 잘 만들어져 있어 프런트엔드 개발 환경으로 많이 사용하는 브라우저입니다.

1-1-2. Svelte 개발자 도구 설치

크롬 앱 중 Svelte 개발자 도구(Svelte Devtools)를 사용하면 컴포넌트의 데이터를 확인할 수 있어 좀 더 편한 디버깅이 가능합니다. https://chrome.google.com/webstore/detail/svelte-devtools/ckolcbmkjpjmangdbmnkpjigpkddpogn에서 Svelte 개발자 도구를 설치할 수 있습니다.

그림 1-2

Svelte 개발자 도구 설치가 완료되면, 크롬 개발자 도구에 다음과 같이 Svelte 탭이 노출됩니다.

그림 1-3

> **참고**
>
> ## 컴포넌트(Component)란?
>
> 컴포넌트는 재사용이 가능한 독립된 모듈을 말합니다. 레고 블록을 조합하여 완성품을 만드는 것처럼, 웹 페이지를 구성할 때 컴포넌트들을 조합하여 화면을 구성하게 됩니다. 컴포넌트를 만드는 방법은 3-3. 컴포넌트 정의에서 자세히 이야기하도록 하겠습니다.

크롬 개발자 도구

웹 페이지에서 마우스 오른쪽 클릭 후 검사를 클릭하시거나 키보드 F12를 누르면 크롬 개발자 도구가 열립니다.

크롬 개발자 도구에서는 HTML 태그에 어떤 스타일이 적용되었는지, 스크립트에서 어떤 에러가 발생했는지, 어떤 네트워크 요청을 하는지 등 개발할 때 유용한 많은 기능들을 제공하고 있습니다.

1-1-3. 비주얼 스튜디오 코드 설치

VSCode는 마이크로소프트에서 만든 무료 IDE입니다. https://code.visualstudio.com/에서 VSCode를 설치해 사용하도록 하겠습니다.

그림 1-4

VSCode 이외 아톰(Atom)이나 서브라임 텍스트(Sublime Text) 등 손에 익은 IDE가 있다면 다른 IDE를 사용해도 무방합니다.

1-1-4. Node.js 설치

Svelte 프로젝트를 만들기 위해서는 반드시 Node.JS 설치가 선행되어야 합니다. 10.13.0 이상의 Node.js 버전이 설치되어야 합니다. 저희는 https://nodejs.org/ko/에서 최신 LTS 버전을 설치해 보도록 하겠습니다.

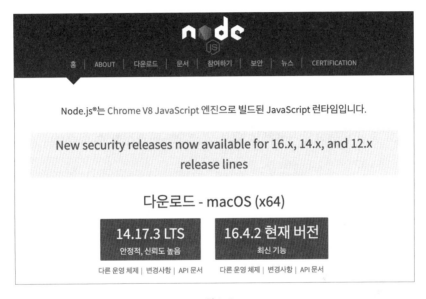

그림 1-5

글 작성 시점에 최신 LTS 버전은 14.7.3으로 Node.js 설치가 완료되면 터미널에서 아래 그림과 같이 Node.js 버전과 NPM 버전을 확인할 수 있습니다.

그림 1-6   그림 1-7

1-2 프로젝트 생성

롤업과 웹팩은 여러 가지 기능을 제공하지만 대표적으로 여러 개 자바스크립트 파일을 하나 혹은 설정에 따라 그 이상의 자바스크립트 파일로 뭉친 후, 다른 사람들이 보기 어렵게 난독화하는 역할을 합니다. 이런 롤업과 웹팩을 번들러라고 하는데, Svelte는 롤업과 웹팩을 사용하는 2개의 템플릿 프로젝트를 제공합니다.

npx degit 명령어를 사용해서 템플릿 프로젝트를 뼈대로 새로운 프로젝트를 생성할 수 있습니다.

1-2-1. 롤업 프로젝트 생성

다음 코드로 롤업 번들러를 사용하는 Svelte 프로젝트를 생성할 수 있습니다.

```
$ npx degit sveltjs/template svelte-app    # svelte-app 폴더에 프로젝트를 생성
$ cd svelte-app                            # svelte-app 폴더로 이동
$ npm install                              # package 설치
$ npm run dev                              # svelte-app 프로젝트 실행
```

코드 1-1

위의 명령어를 순서대로 터미널에서 실행하면, svelte-app이라는 폴더에 Svelte 프로젝트가 만들어진 후 실행됩니다. 프로젝트가 실행되면, 터미널이 다음 그림과 같이 보이게 됩니다.

그림 1-8

그림 1-8은 VSCode의 터미널을 사용하여 프로젝트를 생성하고 실행한 결과 화면입니다.

크롬 브라우저를 실행하고 주소 창에 http://localhost:5000을 입력해 페이지에 들어가면, 다음과 같은 웹 페이지를 확인할 수 있습니다.

그림 1-9

1-2-2. 웹팩 프로젝트 생성

다음 코드로 웹팩 번들러를 사용하는 Svelte 프로젝트를 생성할 수 있습니다.

```
$ npx degit sveltejs/template-webpack svelte-app  # svelte-app 폴더에 프로젝트를 생성
$ cd svelte-app                                    # svelte-app 폴더로 이동
$ npm install                                      # package 설치
$ npm run dev                                      # svelte-app 프로젝트 실행
```

코드 1-2

위의 명령어를 순서대로 터미널에서 실행하면, 롤업 프로젝트를 생성하는 것과 동일하게 svelte-app이라는 폴더에 Svelte 프로젝트가 만들어진 후 실행됩니다. 웹팩 번들러를 사용하는 프로젝트는 크롬 브라우저를 실행하고 주소 창에 http://localhost:8080을 입력해 웹 페이지를 확인할 수 있습니다.

1-2-3. REPL 사용

Svelte는 공식 홈페이지에서 REPL(Read Eval Print Loop)을 제공합니다. https://svelte.dev/repl 웹 페이지에서 Svelte 프로젝트를 작성할 수 있습니다.

그림 1-10

그림 1-10은 공식 홈페이지에서 제공하는 REPL입니다.

REPL에서 작성된 코드는 빌드되어 생성되는 자바스크립트와 스타일을 JS output 탭과 CSS output 탭에서 확인할 수 있습니다. 이뿐만 아니라 다운로드 기능을 제공하고 있어 REPL에서 작성한 프로젝트를 로컬 환경에서 간단하게 구현할 수 있고, 공유 기능도 있어 다른 사람에게 온라인으로 프로젝트를 간편하게 공유할 수 있습니다.

1-3 프로젝트 구조

롤업 프로젝트를 중심으로 프로젝트의 구조를 살펴보겠습니다. 웹팩 프로젝트도 롤업 프로젝트와 구조가 비슷하기 때문에 두 프로젝트의 차이점을 이야기하는 것으로 웹팩 프로젝트 구조 설명을 대신하겠습니다.

1-3-1. 디렉터리 구조 살펴보기

디렉터리 구조는 다음 코드 1-3과 같습니다.

```
node_modules/
├── …
public/
├── build/
│   ├── bundle.css
│   ├── bundle.js
│   ├── bundle.js.map
│   ├── favicon.png
│   ├── global.css
│   └── index.html
├── scripts/
│   └── setupTypeScript.js
├── src/
│   ├── App.svelte
│   └── main.js
├── .gitignore
├── package-lock.json
├── package.json
├── README.md
└── rollup.config.js
```

코드 1-3

디렉터리 구조 중 살펴볼 폴더, 파일은 다음과 같습니다.

- public/: public 폴더가 프로덕션 환경에 배포되어야 합니다.
    - **build/**: 빌드되어 생성된 번들 파일들이 모이게 되는 폴더입니다. 웹팩 프로젝트의 경우 build 폴더 없이 public 폴더 밑에 번들 파일이 생성됩니다.
    - **bundle.css**: .svelte 파일 안에서 사용한 style 태그들이 번들되어 생성된 스타일

번들 파일입니다.

- **bundle.js**: .svelte 파일이 빌드되어 생성된 자바스크립트 번들 파일입니다.

- **bundle.js.map**: 오류가 발생할 경우, 오류 위치를 표시하기 위한 맵핑 파일입니다. 디버깅을 좀 더 편하게 하기 위한 파일입니다.

- **global.css**: 전역 스타일을 정의하기 위한 스타일 파일입니다. bundle.css 파일에 정의된 스타일의 우선순위가 더 높습니다.

- **index.html**: 웹 페이지의 인덱스 파일입니다. 이 파일에서 link로 bundle.css, global.css 스타일 파일을, script 태그로 bundle.js 자바스크립트 파일을 가져옵니다.

- **src/**: 대부분의 코딩이 이루어지는 폴더입니다.

  - **App.svelte**: 프로젝트의 루트 컴포넌트입니다. src/main.js에서 App 컴포넌트를 불러와 사용합니다.

  - **main.js**: 프로젝트의 첫 시작 파일입니다.

- **rollup.config.js**: 롤업 설정 파일입니다. 웹팩 프로젝트의 경우 rollup.config.js 대신 webpack.config.js 파일이 존재합니다.

그 밖에, node_modules는 노드 라이브러리가 모여 있는 파일입니다. scripts/setupTypeScript.js는 Svelte 프로젝트를 타입스크립트로 사용할 수 있도록 바꿔주는 자바스크립트 파일입니다. node scripts/setupTypeScript.js 명령어를 통해 타입스크립트 프로젝트로 변경할 수 있습니다.

1-3-2. 동작 순서 살펴보기

동작 순서를 알아보기 위해 가장 먼저 살펴보아야 하는 파일은 rollup.config.js 파일입니다.

```
// …
export default {
  input: 'src/main.js',
  output: {
    sourcemap: true,
    format: 'iife',
    name: 'app',
    file: 'public/build/bundle.js'
  },
  plugins: [
    // …
    css({ output: 'bundle.css' }),
    // …
  ],
  // …
};
```

코드 1-4

살펴볼 롤업 설정은 다음과 같습니다.

- input: 빌드를 시작할 시작 파일 위치를 나타냅니다. src/main.js 파일을 시작으로 번들링됩니다.

- output: 빌드되어 생성되는 번들 파일을 설정하는 부분입니다.

  - **file**: 번들 파일의 위치를 나타냅니다. public/build/bundle.js로 번들 파일이 생성됩니다.

- plugins: 롤업 플러그인을 설정하는 부분입니다. 타입스크립트, SCSS 등의 플러그인이 이 부분에서 정의됩니다.

css 함수의 파라미터로 전달되는 값 중, output 필드에 설정된 이름으로 스타일 번들 파일이 결정됩니다. 코드 1-4를 보면, 스타일 번들 파일은 bundle.css 이름으로 public/build 디렉토리 안에 생성됩니다.

웹팩 프로젝트의 webpack.config.js는 다음 코드와 같이 설정되어 있습니다.

```
// …
module.exports = {
  entry: {
    'build/bundle': ['./src/main.js']
  },
  // …
  output: {
    path: path.join(__dirname, '/public'),
    filename: '[name].js',
    chunkFilename: '[name].[id].js'
  },
  // …
  plugins: [
    new MiniCssExtractPlugin({
      filename: '[name].css'
    })
  ],
  // …
};
```

코드 1-5

살펴볼 웹팩 설정은 다음과 같습니다.

- entry: 빌드를 시작할 시작 파일 위치를 나타냅니다.
  - **bundle**: src/main.js 파일을 시작으로 번들링됩니다.
- output: 빌드되어 생성되는 번들 파일을 설정하는 부분입니다.
  - **path**: 번들 파일이 생성될 위치를 나타냅니다. __dirname은 현재 프로젝트의 루트입니다. 번들 파일이 생성되는 위치는 public 폴더가 됩니다.

- **filename**: 번들 파일의 이름을 설정하는 부분입니다. [name].js로 되어 있는데 [name]은 entry 객체에 정의된 bundle로 대체됩니다.
- plugins: 웹팩 플러그인을 설정하는 부분입니다. 롤업과 동일하게 이곳에서 타입 스크립트, SCSS 등의 플러그인이 정의됩니다.
  - filename 필드를 보면 output의 filename과 비슷하게 [name].css로 되어 있는 것을 볼 수 있습니다. [name] 역시 bundle로 대체됩니다.

이후의 동작 순서는 롤업 프로젝트와 웹팩 프로젝트가 동일합니다. 빌드 시작 파일인 src/main.js 파일의 코드는 다음과 같습니다.

```js
// src/main.js
import App from './App.svelte';

const app = new App({
  target: document.body,
  props: {
    name: 'world'
  }
});

export default app;
```

코드 1-6

target에 정의된 document.body에 App 컴포넌트를 출력하는 코드입니다. props 필드를 사용하여 App 컴포넌트에 데이터를 전달합니다. App 컴포넌트는 다음과 같습니다.

```
<!-- src/App.svelte -->
<script>
  export let name;
</script>

<main>
  <h1>Hello {name}!</h1>
  <p>Visit the <a href="https://svelte.dev/tutorial">Svelte tutorial</a> to learn
how to build Svelte apps.</p>
</main>

<style>
  main {
    text-align: center;
    padding: 1em;
    max-width: 240px;
    margin: 0 auto;
  }

  h1 {
    color: #ff3e00;
    text-transform: uppercase;
    font-size: 4em;
    font-weight: 100;
  }

  @media (min-width: 640px) {
    main {
      max-width: none;
    }
  }
</style>
```

코드 1-7

App 컴포넌트는 props로 전달받은 name을 화면에 출력합니다.

1-3-3. package.json 살펴보기

롤업 번들러를 사용하는 프로젝트를 생성한 후, package.json 파일을 살펴보면 다음 코드와 같습니다.

```json
{
  "name": "svelte-app",
  "version": "1.0.0",
  "scripts": {
    "build": "rollup -c",
    "dev": "rollup -c -w",
    "start": "sirv public"
  },
  "devDependencies": {
    "@rollup/plugin-commonjs": "^16.0.0",
    "@rollup/plugin-node-resolve": "^10.0.0",
    "rollup": "^2.3.4",
    "rollup-plugin-css-only": "^3.1.0",
    "rollup-plugin-livereload": "^2.0.0",
    "rollup-plugin-svelte": "^7.0.0",
    "rollup-plugin-terser": "^7.0.0",
    "svelte": "^3.0.0"
  },
  "dependencies": {
    "sirv-cli": "^1.0.0"
  }
}
```

코드 1-8

package.json 파일을 살펴봅시다.

- name: 프로젝트 이름으로 첫 프로젝트 생성 시 svelte-app으로 설정됩니다.

- version: 프로젝트의 버전 정보로 첫 프로젝트 생성 시 1.0.0으로 설정됩니다.

- **scripts**: npm 명령어가 정의되어 있습니다. 터미널에서 아래의 명령어를 실행할 수 있습니다.

  - **npm run build**: 배포 가능하도록 public 폴더 안에 빌드된 파일을 생성합니다.
  - **npm run dev**: 개발을 위해 프로젝트를 실행시킵니다.
  - **npm start**: public 폴더를 기준으로 프로젝트를 실행시킵니다. 웹팩 프로젝트의 경우 start 명령어가 없습니다.

- **devDependencies**: 개발 및 테스트에만 필요한 패키지입니다. 롤업 프로젝트와 웹팩 프로젝트는 서로 다른 번들러를 사용하기 때문에 이 필드에 정의된 패키지 목록은 서로 다릅니다.

  Svelte가 devDependencies에 포함되었는데, Svelte는 컴파일러이기 때문에 개발 환경에서만 필요합니다. 다음 장에서 Svelte를 이야기할 때 좀 더 자세히 살펴보도록 하겠습니다.

- **dependencies**: 프로덕션 환경에서 필요한 패키지입니다. 웹팩 프로젝트는 dependencies 필드가 없습니다. 필요한 패키지는 얼마든지 dependencies 조건으로 설치 가능합니다.

스크립트 명령어 중 build와 dev를 기억해 두시는 것이 좋습니다. 앞으로의 예제들은 npm run dev 명령어를 사용하여 결과를 확인하게 됩니다.

참고

devDependencies와 dependencies

devDependencies는 이름 그대로 개발 종속성을 가진 패키지입니다. 브라우저가 실행되는 동안에 실행되어야 하는 패키지는 dependencies로 설치되어야 합니다. devDependencies로 패키지를 설치하기 위해서는 npm install --save-dev 패키지명(약어: npm install –D 패키지명)으로, dependencies로 패키지를 설치하기 위해서는 npm install --save 패키지명 혹은 --save 옵션을 생략한 npm install 패키지명으로 설치할 수 있습니다.

코드 1–1과 코드 1–2의 npm install 명령어를 사용하면 devDependencies와 dependencies에 정의된 패키지가 모두 설치됩니다.

1-4 Svelte 개발자 도구 사용

Svelte 개발자 도구를 설치합니다. 그 후 Svelte 프로젝트를 실행하여 크롬 브라우저에서 웹 페이지를 열어 크롬 개발자 툴을 확인하면, 다음 그림과 같이 Svelte 탭이 추가되어 있는 것을 볼 수 있습니다.

그림 1-11

Svelte 개발자 도구를 사용하면 컴포넌트의 데이터 값들을 쉽게 확인할 수 있어, 좀 더 편하게 디버깅을 진행할 수 있습니다.

Chapter
2

Svelte 소개

2-1 Svelte 특징

Vue, React, Angular를 프런트엔드 3대장이라고 흔히 이야기합니다. 2019년 3.0 버전으로 새롭게 등장한 Svelte는 낮은 러닝 커브와 높은 퍼포먼스, 적은 용량으로 프레임워크 3대장의 자리를 위협하고 있습니다.

Svelte라는 단어는 날씬한, 호리호리한이라는 뜻을 가지고 있습니다. 단어의 뜻처럼 Svelte는 적은 코드와 작은 용량이 장점입니다. Svelte의 세 가지 특징을 살펴보겠습니다.

> **참고**
>
> ### 프런트엔드 프레임워크 트렌드
>
> https://stateofjs.com/라는 사이트를 통해 최근 프런트엔드 프레임워크의 트렌드를 알 수 있습니다. StateOf에서 React, Vue, Angular 등 여러 프레임워크를 비교해서 볼 수 있습니다.

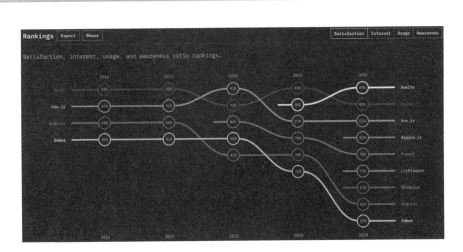

그림 2-1

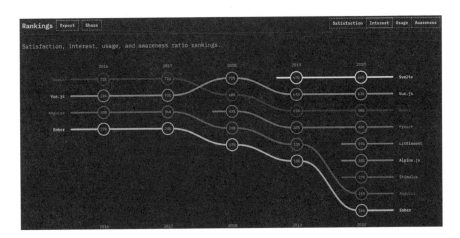

그림 2-2

StateOf(https://2020.stateofjs.com/ko-KR/technologies/front-end-frameworks/)에 따르면 2020년 만족도와 관심도에서 Svelte가 1위를 차지한 것을 볼 수 있습니다.

2-1-1. Write Less Code

Svelte는 Vue, React에 비해 적은 양의 코드를 작성해서 동일한 기능의 서비스를 만들 수 있습니다. 아래의 그림을 Vue, React, Svelte로 구현해보도록 하겠습니다.

그림 2-3

Vue로 작성한 코드는 다음과 같습니다.

```
<template>
  <div>
    <input type="number" v-model.number="a">
    <input type="number" v-model.number="b">

    <p>{{a}} + {{b}} = {{a + b}}</p>
  </div>
</template>

<script>
  export default {
    data: function() {
      return {
        a: 1,
        b: 2
      };
```

```
    }
  };
</script>
```

코드 2-1

React로 작성한 코드는 다음과 같습니다.

```
import React, { useState } from 'react';

export default () → {
  const [a, setA] = useState(1);
  const [b, setB] = useState(2);

  function handleChangeA(event) {
    setA(+event.target.value);
  }

  function handleChangeB(event) {
    setB(+event.target.value);
  }

  return (
    <div>
      <input type="number" value={a} onChange={handleChangeA}/>
      <input type="number" value={b} onChange={handleChangeB}/>

      <p>{a} + {b} = {a + b}</p>
    </div>
  );
};
```

코드 2-2

마지막으로 Svelte로 작성한 코드는 다음과 같습니다.

```
<script>
  let a = 1;
  let b = 2;
</script>

<input type="number" bind:value={a}>
<input type="number" bind:value={b}>

<p>{a} + {b} = {a + b}</p>
```

코드 2-3

글자 수를 세어보면, Vue로 작성된 코드 2-1은 공백을 제외하고 200자, React로 작성된 코드 2-2는 공백을 제외하고 366자, Svelte로 작성된 코드 2-3은 공백을 제외하고 119자입니다. Svelte 코드가 Vue나 React에 비해 적은 것을 확인할 수 있습니다. 코드 양이 줄어들면 두 가지 장점이 있습니다.

- **번들 크기 감소**: 코드 양이 줄어들면 컴파일되어 생성된 번들 파일의 크기도 줄어듭니다. 번들의 크기가 작아지면, SPA(Single Page Application)의 단점인 첫 렌더링 속도가 빨라지게 됩니다.

- **프로젝트 개발 시간 단축**: 당연한 이야기일 수도 있지만, 작성해야 하는 코드 양이 줄어들면 프로젝트 개발 시간이 단축됩니다. 프로젝트 개발 시간과 버그의 개수는 2차식으로 증가한다고 합니다.

번들 파일이란

롤업(Rollup)이나 웹팩(Webpack)과 같은 번들러는 개발자가 여러 파일로 나눠서 작성한 코드를 하나(설정에 따라 그 이상)의 파일로 뭉쳐주는 역할을 합니다. 이때 뭉쳐진 파일을 번들 파일이라고 합니다.

SPA(Single Page Application) 단점

SPA의 단점 중 하나는 첫 렌더링 속도가 느리다는 것입니다. 첫 웹 페이지 로딩 시 사용되는 모든 리소스를 다운로드하고, 파싱하고, 실행되어야 하기 때문에 첫 렌더링에 많은 시간이 걸리게 됩니다. 사용되는 리소스의 크기가 줄어들면 다운로드할 시간, 파일을 파싱할 시간, 실행되어야 할 양 모두 줄어들어 첫 렌더링이 빨라집니다.

프로젝트 개발 시간과 버그 개수의 관계

https://blog.codinghorror.com/diseconomies-of-scale-and-lines-of-code/와 https://www.mayerdan.com/ruby/2012/11/11/bugs-per-line-of-code-ratio를 참고하면, 프로젝트 개발 시간과 버그의 개수는 1차식이 아니라 2차식으로 증가한다고 합니다.

2-1-2. No Virtual DOM

Vue와 React는 가상돔(Virtual DOM)을 사용합니다. Vue와 React는 가상돔이 빠르다는 인식을 개발자들에게 심어 주었습니다. 물론 대부분의 경우는 가상돔이 실제돔(Real DOM)보다 빠릅니다.

하지만 가상돔이 항상 빠른 것은 아닙니다. 가상돔이 변경되면, 새로운 가상돔과 변경되기 전의 가상돔을 비교한 후 변경된 내용을 실제돔에 적용합니다. 이때 가상돔을 비교하는 오버헤드가 발생합니다. 오버헤드는 사용자가 서비스를 사용하는 런타임 동안에 발생합니다. 이 때문에 사용자에게 애플리케이션이 느리다는 사용자 경험을 주게됩니다. Svelte는 가상돔을 사용하지 않기 때문에 런타임 동안에 발생하는 오버헤드가 없습니다.

Svelte의 번들 파일에는 런타임에 필요한 프레임워크를 포함하지 않습니다. 프레임워크는 가상 돔에서 변경된 내용을 알기 위해 사용됩니다. Svelte의 번들 파일에는 프레임워크가 포함되지 않기 때문에 번들 파일의 크기는 Vue나 React보다 더 작습니다.

참고

런타임(Runtime)이란

런타임이란 컴퓨터 프로그램이 실행되는 동안의 동작을 이야기합니다. 런타임 중에 실행되는 코드는 사용자가 애플리케이션을 사용하는 동안에 실행되는 코드라고 이해할 수 있습니다.

참고

가상돔의 속도 전략

가상돔은 2가지 속도 개선 전략을 가지고 있습니다.

- **버퍼 역할:** 화면이 업데이트될 때마다 실제돔에 적용할 경우, 실제돔 업데이트는 느리기 때문에 화면 갱신이 매끄럽지 않을 수 있습니다. 가상돔은 버퍼 역할을 하여, 업데이트해야 하는 항목을 모아 두었다가 한 번에 업데이트해서 불필요한 부하를 줄일 수 있습니다.
- **가상돔 비교 알고리즘 최적화:** 가상돔을 사용하면, 변경된 후의 가상돔과 변경되기 전의 가상돔을 비교하는 알고리즘이 존재해야 합니다. 가상돔을 비교하는 알고리즘을 빠르게 하면 가상돔이 빨라지게 됩니다. 실제로 Vue는 가상돔 비교 알고리즘이 React보다 빠르다(https://kr.vuejs.org/v2/guide/comparison.html)고 합니다.

Svelte 퍼포먼스 비교

https://krausest.github.io/js-framework-benchmark/current.html 웹 페이지에서 벤치마크를 통해 프런트엔드 라이브러리들의 퍼포먼스 비교를 보실 수 있습니다. 다음 그림은 바닐라제이에스(순수 자바스트립트), Svelte(v3.29.4), Vue(v3.0.2), Angular(v8.2.14), React(v17.0.1)의 속도를 비교한 그림입니다.

Duration in milliseconds ± 95% confidence interval (Slowdown = Duration / Fastest)

Name Duration for...	vanillajs	svelte-v3.29.4	vue-v3.0.2	angular-v8.2.14	react-v17.0.1
Implementation notes	772				
create rows creating 1,000 rows	97.3 ±0.9 (1.00)	124.5 ±1.3 (1.28)	128.3 ±1.4 (1.32)	139.7 ±3.8 (1.43)	170.2 ±2.9 (1.75)
replace all rows updating all 1,000 rows (5 warmup runs).	100.6 ±0.6 (1.00)	126.7 ±0.7 (1.26)	114.4 ±1.0 (1.14)	125.6 ±1.4 (1.25)	137.6 ±1.1 (1.37)
partial update updating every 10th row for 1,000 rows (3 warmup runs). 16x CPU slowdown.	131.3 ±1.6 (1.00)	163.7 ±2.0 (1.25)	174.6 ±8.5 (1.33)	140.0 ±3.1 (1.07)	240.9 ±1.9 (1.83)
select row highlighting a selected row. (no warmup runs). 16x CPU slowdown.	19.8 ±1.2 (1.00)	33.0 ±2.2 (1.67)	162.1 ±4.8 (8.20)	72.0 ±1.0 (3.64)	129.0 ±4.5 (6.53)
swap rows swap 2 rows for table with 1,000 rows. (5 warmup runs). 4x CPU slowdown.	45.9 ±0.4 (1.00)	49.6 ±0.9 (1.08)	54.3 ±0.4 (1.18)	406.5 ±2.0 (8.86)	414.8 ±3.6 (9.04)
remove row removing one row. (5 warmup runs).	21.6 ±0.4 (1.00)	22.3 ±0.1 (1.03)	24.4 ±0.8 (1.13)	25.6 ±0.6 (1.18)	26.3 ±0.6 (1.22)
create many rows creating 10,000 rows	923.1 ±8.3 (1.00)	1,179.4 ±19.7 (1.28)	1,106.7 ±3.5 (1.20)	1,240.3 ±15.7 (1.34)	1,588.2 ±41.3 (1.72)
append rows to large table appending 1,000 to a table of 10,000 rows. 2x CPU slowdown	200.5 ±1.4 (1.00)	256.7 ±2.2 (1.28)	256.9 ±2.8 (1.28)	280.8 ±7.4 (1.40)	314.5 ±1.4 (1.57)
clear rows clearing a table with 1,000 rows. 8x CPU slowdown	93.9 ±0.6 (1.00)	135.4 ±1.1 (1.44)	125.0 ±1.1 (1.33)	233.4 ±2.1 (2.49)	142.4 ±0.6 (1.52)
geometric mean of all factors in the table	1.00	1.27	1.53	1.91	2.22
compare: Green means significantly faster, red significantly slower	compare	compare	compare	compare	compare

그림 2-4

바닐라제이에스를 1이라고 기준으로 잡았을 때, 항목별로 괄호 안에 각 라이브러리의 점수를 확인할 수 있습니다. 1에 가까울수록 좋은 점수입니다. 총 평균을 보면, Svelte가 1.27로 가장 좋은 퍼포먼스를 보이는 것을 확인할 수 있습니다.

2-1-3. Truly Reactive

Vue와 React는 런타임에 가상돔을 비교하여 변경된 부분을 파악하는 방식을 사용합니다. 반면에 Svelte는 빌드 타임(번들 파일로 만드는 동안)에 어떤 부분이 변경될지 파악하는 방식을 사용합니다. Svelte는 빌드 타임에 변경될 부분을 파악하기 때문에 런타임 동안에 어떤 부분이 변경되는지 바로 알 수 있는 진짜 반응형입니다.

> **참고**
>
> ### Svelte는 컴파일러입니다.
>
> Svelte 공식 문서를 보면 Svelte를 컴파일러라고 소개합니다. 컴파일러가 무엇인지 위키백과 (https://ko.wikipedia.org/wiki/컴파일러)를 참고하면, "컴파일러는 특정 프로그래밍 언어로 쓰여 있는 문서를 다른 프로그래밍 언어로 옮기는 프로그램을 말한다."라고 정의하고 있습니다.
>
> Svelte는 빌드 타임에 Svelte 문법으로 작성된 코드를 브라우저가 동작할 수 있는 코드로 변환하기 때문에 Svelte를 컴파일러라고 이야기할 수 있습니다.

2-2 Svelte 사용 시 유의사항

Svelte는 가볍고 빠른 라이브러리입니다. 하지만 Svelte만의 특징들과 후발 주자로서 생기는 이유들 때문에 Svelte를 실제 서비스에 적용할 때 몇 가지 유의사항들을 알아두어야 합니다.

2-2-1. CDN으로 Svelte 사용 불가

Svelte는 빌드 타임에 반응형이 결정됩니다. 이 특징에는 오버헤드를 줄여 성능을 향상시킬 수 있는 장점이 있습니다. 하지만 런타임 동안에 동작하는 프레임워크가 아니기 때문에 CDN을 제공하지 않습니다. Vue의 경우는 다음 코드와 같이 CDN으로 사용할 수 있지만, Svelte는 불가능합니다.

```
<!DOCTYPE html>
<html lang="en">
  <head>
    <script src="https://cdn.jsdelivr.net/npm/vue/dist/vue.js"></script>
  </head>
  <body>
    <!-- … -->
  </body>
</html>
```

코드 2-4

> **참고**
>
> ### CDN이란
>
> CDN은 Contents Delivery Network의 약자입니다. 물리적으로 멀리 떨어져 있는 사용자에게 콘텐츠를 빠르게 제공할 수 있는 기술을 말합니다. React는 https://unpkg.com/react@17/umd/react.production.min.js에서 Vue는 https://cdn.jsdelivr.net/npm/vue@2.6.0에서 런타임 프레임워크를 제공합니다. 하지만 Svelte는 런타임 프레임워크가 아니기 때문에 CDN을 제공하지 않습니다.

2-2-2. 브라우저 지원 체크 필요

Svelte는 여러 최신 기술들을 사용하기 때문에 인터넷 익스플로러 11 이하의 구형 브라우저에서 제대로 동작하지 않을 수 있습니다. 구형 브라우저에서 동작하기 위해서는 별도의 폴리필을 추가해 주는 등의 설정 작업이 필요합니다.

참고

폴리필(Polyfill)이란?

폴리필은 개발자가 특정 기능을 지원하지 않는 웹브라우저 내의 기능을 구현하는 코드를 말합니다. 기능을 지원하지 않는 웹브라우저에서 원하는 기능을 구현할 수 있으나, 폴리필 플러그인 로드 때문에 시간과 트래픽이 늘어나고, 브라우저별 기능을 추가하는 것 때문에 코드가 매우 길어지고, 성능이 많이 저하된다는 단점이 있습니다.

2-2-3. Svelte 생태계 유의

Svelte는 프런트엔드 생태계의 후발 주자이기 때문에, Vue나 React만큼 생태계가 크지 않습니다. Vue나 React만큼 많은 라이브러리가 없기 때문에 Svelte를 사용할 때 생태계 크기에 유의하는 것이 좋습니다.

Chapter
3

기초 문법

3-1 데이터 정의

Svelte에서 화면을 그리기 위해 사용되는 데이터를 정의하는 방법은 매우 간단합니다.

```
<script>
  let name = 'world';
</script>

<h1>Hello {name.toUpperCase()}!</h1>
```

코드 3-1

코드 3-1과 같이 평범한 자바스크립트 변수를 선언하듯이 작성한 후, HTML 태그에서 중괄호({···}) 안에 변수를 사용하면 됩니다. 이렇게 만들어진 변수는 값이 변경되면 화면도 자동으로 업데이트됩니다. 또한 〈h1〉Hello {name.toUpperCase()}!〈/h1〉에서 확인할 수 있듯이, 중괄호 안에는 자바스크립트 문법을 사용할 수도 있습니다.

3-2 속성 정의

HTML 태그에 속성을 정의하는 방법도 데이터 정의에서 이야기한 중괄호를 사용하면 됩니다.

```
<script>
  let src = 'https://beomy.github.io/assets/img/logo.png';
  let name = 'Beomy';
</script>

<img src="{src}" alt="{name}">
```

코드 3-2

코드 3-2의 〈img src="{src}" alt="{name}"〉과 같이 속성에 사용한 큰따옴표("…")는 〈img src={src} alt={name}〉 이렇게 생략 가능합니다.

3-2-1. 속성 약어

Svelte는 코드 양을 좀 더 줄일 수 있도록 속성 약어 기능을 제공합니다. 속성 약어는 다음 코드와 같이 작성할 수 있습니다.

```
<script>
  let src = 'https://beomy.github.io/assets/img/logo.png';
  let name = 'Beomy';
</script>

<img {src} alt="{name}">
```

코드 3-3

HTML 태그의 속성 이름과 속성에 할당된 변수 이름이 동일할 때 속성 약어로 작성할 수 있습니다. 코드 3-3은 img 태그의 속성 이름과 변수 이름이 src로 동일하기 때문에 속성 약어 사용이 가능합니다.

3-2-2. 클래스 속성 약어

클래스 속성은 HTML 태그의 속성 중 가장 많이 사용되는 속성입니다. Svelte는 클래스 속성 약어를 제공합니다. 클래스 속성 약어를 사용하지 않을 경우에는 다음 코드와 같이 작성할 수 있습니다.

```
<button
  class="{current === 'foo' ? 'active' : ''}"
  on:click="{() → current = 'foo'}"
>foo</button>
```

코드 3-4

on:click은 버튼을 클릭했을 때 current 변수를 foo로 업데이트하는 코드입니다. on:click과 같은 이벤트 등록은 다음 장에서 자세히 살펴보겠습니다. 코드 3-4를 다음 코드와 같이 작성할 수 있습니다.

```
<button
  class:active="{current === 'foo'}"
  on:click="{() → current = 'foo'}"
>foo</button>
```

코드 3-5

Svelte는 코드 양을 더 줄이기 위해 코드 3-3과 비슷한 클래스의 속성 약어 기능을 제공합니다. 코드 3-5에 다음과 같이 active 변수 값에 따라 active 클래스를 추가해봅시다.

```
<button
  class:active={active}
  on:click={() → active = true}
>active</button>
```

코드 3-6

코드 3-6은 다음 코드와 같이 클래스 속성 약어를 사용할 수 있습니다.

```
<button
  class:active
  on:click={() → active = true}
>active</button>
```

코드 3-7

HTML 태그에 정의할 클래스 이름과 변수 이름이 동일할 경우에는 코드 3-7과 같이
약어로 작성할 수 있습니다. 클래스 약어를 사용하면 코드를 좀 더 직관적으로 바꿀
수 있어 가독성이 좋아집니다.

3-3 컴포넌트 정의

컴포넌트를 레고 블록이라고 예를 들어 보겠습니다. 레고 블록을 조합해서 완성품을
만들어내는 것처럼 컴포넌트를 조합해서 프로젝트를 완성해야 합니다. 컴포넌트를 사
용하는 간단한 예제를 만들겠습니다.

```
<!-- src/Child.svelte -->
<p>Child 컴포넌트입니다.</p>
```

코드 3-8

```
<!-- src/App.svelte -->
<script>
  import Child from './Child.svelte';
</script>

<p>App 컴포넌트 입니다.</p>
<Child />
```

코드 3-9

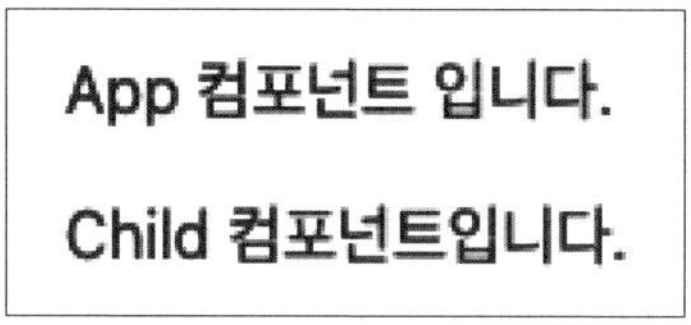

App 컴포넌트 입니다.

Child 컴포넌트입니다.

그림 3-1

코드 3-8과 코드 3-9에 작성된 컴포넌트의 실행 결과는 그림 3-1입니다. 컴포넌트를 사용하면 한 파일에 작성해야 할 코드를 여러 파일로 나눠서 작성할 수 있습니다. 목적에 맞게 컴포넌트 파일을 나눠 작성하면 가독성이 좋아지고 유지보수를 쉽게 만들 수 있습니다.

3-4 스타일 정의

스타일을 적용하는 방법은 보통의 HTML 페이지에서 스타일을 적용하는 방법과 동일합니다. 스타일 태그를 사용하는 방법, 인라인 스타일 속성을 사용하는 방법 두 가지 방법이 있습니다.

3-4-1. 스타일 태그 사용

스타일 태그를 사용해서 스타일을 적용하는 방법은 다음 코드와 같습니다.

```
<p>Hello World!</p>

<style>
  p {
    font-size: 30px;
  }
</style>
```

코드 3-10

3-4-2. 인라인 스타일 속성 사용

인라인 스타일 속성을 사용해서 스타일을 적용하는 방법은 다음 코드와 같습니다.

```
<script>
  let fontSize = 30;
</script>

<p
  style="font-size:{fontSize}px;"
  on:click={() → fontSize += 1}
>Hello World!</p>
```

코드 3-11

스타일 속성을 사용해서 스타일을 적용하는 방법은 HTML 태그의 속성을 사용하는 것이기 때문에 코드 3-11과 같이 작성할 수 있습니다. Hello World! 글자를 클릭할 때마다 글자 크기가 1px씩 커지는 코드입니다.

3-4-3. 스타일 동작 원리

코드 3-10과 같이 스타일이 작성된 경우에는 프로젝트의 모든 p 태그의 글자 크기가
30px로 적용될 것으로 생각됩니다. 하지만 실제로는 스타일 태그를 작성한 컴포넌트
에만 스타일이 적용됩니다. 이해를 돕기 위한 예제를 만들어 보도록 하겠습니다.

```
<!-- src/First.svelte -->
<p>큰 글씨</p>

<style>
  p {
    font-size: 30px;
  }
</style>
```

코드 3-12

```
<!-- src/Second.svelte -->
<p>빨간 글씨</p>

<style>
  p {
    color: red;
  }
</style>
```

코드 3-13

```
<!-- src/App.svelte -->
<script>
  import First from './First.svelte';
  import Second from './Second.svelte'
</script>
```

```
<First />
<Second />
```

코드 3-14

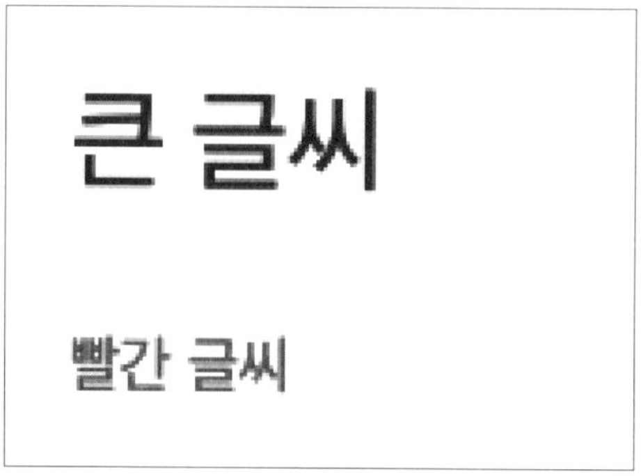

큰 글씨

빨간 글씨

그림 3-2

First 컴포넌트와 Second 컴포넌트를 만들고 두 컴포넌트를 App 컴포넌트에서 불러와 화면에 출력한 예제입니다. 실행 결과는 그림 3-2와 같습니다.

First 컴포넌트에서는 p 태그 스타일로 글씨 크기를 30px로 정의하고, Second 컴포넌트에서는 p 태그 스타일로 글자 색을 빨간색으로 정의하였습니다. 두 컴포넌트 모두 p 태그에 스타일을 지정했습니다. 하지만 해당 컴포넌트에서 정의한 스타일만 적용이 되는 것을 볼 수 있습니다.

이렇게 동작할 수 있는 이유는, 스타일 태그 안에 작성된 스타일 태그에 고유의 값을 가진 클래스 속성이 추가되기 때문입니다. 추가되는 클래스는 컴포넌트마다 고유한 값을 가지고 있습니다. 그림 3-2의 실행 결과를 크롬 개발자 도구로 살펴봅시다.

```
<!DOCTYPE html>                              Styles    Computed
<html lang="en">
 ▶ <head>…</head>                            Filter
 ▼ <body>
 ···     <p class="svelte-wa4w5q">큰 글씨</p> == $    element.style {
         <p class="svelte-17bjde4">빨간 글씨</p>   }
     </body>
 </html>                                      p.svelte-wa4w5q {
                                                 font-size: 30px;
                                              }
```

그림 3-3

큰 글씨라고 보이는 First 컴포넌트와 빨간 글씨라고 보이는 Second 컴포넌트는 각각
클래스 속성에 svelte-wa4w5q와 svelte-17bjde4라는 고유한 클래스가 추가된 것을 볼 수
있습니다. p 태그 스타일이 First 컴포넌트에서는 p.svelte-wa4w5q로, Second 컴포넌트에
는 p.svelte-17bjde4로 적용되기 때문에 각자의 컴포넌트에만 스타일이 적용됩니다.

컴포넌트에서 사용한 HTML 태그에 스타일이 정의되어 있지 않다면 해당 태그에는
클래스 속성이 추가되지 않습니다. 다음 코드와 같이 First 컴포넌트에 span 태그를 추
가하고, 스타일을 정의하지 않고 진행해봅시다.

```
<!-- src/First.svelte -->
<p>큰 글씨</p>
<span>스타일을 정의하지 않았습니다.</span>

<style>
  p {
    font-size: 30px;
  }
</style>
```

코드 3-15

```
<!DOCTYPE html>
<html lang="en">
▶ <head>...</head>
▼ <body>
    <p class="svelte-wa4w5q">큰 글씨</p>
    <span>스타일을 정의하지 않았습니다.</span> ==
    <p class="svelte-17bjde4">빨간 글씨</p>
  </body>
</html>
```

그림 3-4

그림 3-4에서 볼 수 있듯이 클래스 속성이 추가되지 않는 것을 볼 수 있습니다.

3-4-4. : global 수식어

컴포넌트의 스타일 태그 내에서 사용된 CSS 선택자는 컴포넌트 안에서 스타일을 적용할 HTML 태그를 찾습니다. 즉, 위에서 이야기한 것처럼 A 컴포넌트 스타일 태그에서 작성한 스타일은 B 컴포넌트의 스타일에 영향을 주지 않습니다. 대부분의 경우에서는 컴포넌트 내에서 정의된 스타일만 적용되는 것이 바람직합니다. 하지만 다음 코드와 같은 경우가 필요할 때도 있습니다.

```
<!-- src/Child.svelte -->
<p>Active 되면 글자 색을 바꾸고 싶어요.</p>
```

코드 3-16

```
<!-- src/App.svelte -->
<script>
  import Child from './Child.svelte';
  let active = false;
```

```
</script>

<div class:active>
  <Child />
  <button on:click={() → active = !active}>Toggle</button>
</div>

<style>
  div.active p {
    color: red;
  }
</style>
```

코드 3-17

코드 3-17에서 active 클래스가 적용되었더라도, App 컴포넌트에서는 p 태그가 사용되지 않았기 때문에, Child 컴포넌트에서 p 태그가 있더라도 Child 컴포넌트의 p 태그 글자 색은 변경되지 않습니다. 이때 글자 색을 바꾸기 위해 사용할 수 있는 것이 :global 수식어입니다. 코드 3-16과 코드 3-17이 기대한 만큼 동작하기 위해서 다음과 같이 App 컴포넌트를 수정합니다.

```
<!-- src/App.svelte -->
<script>
  import Child from './Child.svelte';
  let active = false;
</script>

<div class:active>
  <Child />
  <button on:click={() → active = !active}>Toggle</button>
</div>

<style>
```

```
    div.active :global(p) {
      color: red;
    }
</style>
```

코드 3-18

:global 수식어는 함수처럼, :global(선택자)와 같이 함수 파라미터로 DOM 선택자를 전달하면 됩니다.

:global 수식어의 동작 원리는 :global 수식어가 사용된 HTML 태그에는 고유한 클래스가 추가되지 않는다는 것에 있습니다. :global 수식어를 사용한 코드와 사용하지 않은 코드에서 스타일이 적용된 것을 비교해 보도록 하겠습니다.

```
<div class="not-used">
  <p>:global을 사용하지 않습니다.</p>
</div>
<div class="used">
  <p>:global을 사용합니다.</p>
</div>

<style>
  .not-used p {
    font-size: 30px;
  }
  .used :global(p) {
    font-size: 30px;
  }
</style>
```

코드 3-19

```
<!DOCTYPE html>
<html lang="en">
▶ <head>…</head>
▼ <body>
  ▼ <div class="not-used svelte-1w9aifv">
··· <p class="svelte-1w9aifv">:global을 사용하지 않습니다.</p> == $0
    </div>
  ▼ <div class="used svelte-1w9aifv">
      <p>:global을 사용합니다.</p>
    </div>
  </body>
</html>
```

그림 3-5

그림 3-5는 코드 3-19의 실행 결과를 크롬 개발자 도구에서 확인한 것입니다.

p 태그에 클래스가 있는지 없는지에 따라 차이가 있습니다. :global 수식어를 사용하지 않은 p 태그는 .not-used.svelte-1w9aifv p.svelte-1w9aifv { ···.}로 스타일이 적용되었고, :global 수정자를 사용한 p 태그는 .used.svelte-1w9aifv p { ··· }로 스타일이 적용되었습니다. :global 수식어를 사용한 선택자는 고유한 클래스가 붙지 않아, 전역 선택자 역할을 하게 됩니다.

3-4-5. 스타일 번들 파일 살펴보기

마지막으로 번들된 스타일 파일을 살펴보겠습니다. npm run build를 통해 빌드되어 생성된 번들 파일은 롤업 프로젝트가 public/build 폴더에 생성됩니다.

```
<p>스타일이 정의된 p 태그입니다.</p>

<style>
  p {
    font-size: 30px;
```

```
  }
  span {
    color: red;
  }
</style>
```

코드 3-20

```
p.svelte-1v4eo9p{font-size:30px}
```

코드 3-21

코드 3-20을 빌드해서 생성된 스타일 번들 파일이 코드 3-21입니다. 코드 3-20을 보면 span 태그는 존재하지 않고 스타일만 정의되어 있기 때문에, span 태그 스타일은 사용되지 않는 불필요한 코드입니다. 트리 쉐이킹을 통해 불필요한 코드는 제거되어 스타일 번들 파일이 생성됩니다.

> **참고**
>
> ### 트리 쉐이킹(Tree Shaking)이란?
>
> 나무를 흔들어서 필요 없는 것을 떨어트리는 것처럼, 번들링(번들 파일을 만드는) 과정에서 사용하지 않는 코드를 제거하고 번들 파일 크기를 줄이는 방법을 말합니다.

3-5 HTML 문자열 표현

문자열로 표현된 HTML 태그를 화면에 나타내야 할 때가 있습니다. 다음 코드와 같이 작성한다면 단순 문자열로 인식되기 때문에 화면에 태그가 그대로 보이게 됩니다.

```
<script>
  let string = 'Hello <strong>Word</stroing>!'
</script>

<p>{string}</p>
```

코드 3-22

Hello <strong>Word</stroing>!

그림 3-6

그림 3-6은 코드 3-22의 실행 결과입니다. HTML 태그가 문자열 그대로 노출되는 것을 볼 수 있습니다. @html을 사용하면 문자열로 표현된 HTML 태그를 화면에 나타낼수 있습니다.

```
<script>
  let string = 'Hello <strong>Word</stroing>!'
</script>

<p>{@html string}</p>
```

코드 3-23

Hello **Word!**

그림 3-7

그림 3-7은 코드 3-23의 실행 결과입니다. 기대했던 대로 HTML 태그가 화면에 나타내는 것을 볼 수 있습니다.

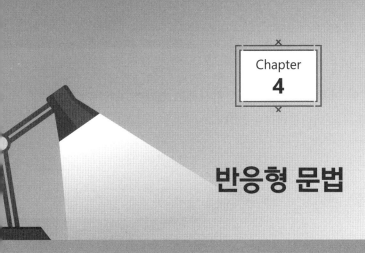

반응형 문법

4-1 데이터 할당

사용자 행동(클릭 등) 또는 데이터 변화에 따라 자동으로 데이터 혹은 화면이 업데이트 되는 것을 반응형 동작이라고 합니다. 예를 들어 다음 코드를 살펴봅시다.

```
<script>
  let count = 0;
  setInterval(() ⇒ count += 1, 1000);
</script>

<p>count: {count}</p>
```

코드 4-1

코드 4-1은 count 값이 업데이트되면 반응형 동작으로 화면이 업데이트됩니다. 데이터가 할당되면 반응형 동작을 하게 되는데, 데이터 할당되는 대표적인 경우는 이벤트가 발생하여 이벤트 핸들러에서 데이터를 업데이트하는 경우입니다.

4-1-1. 이벤트 리스너

이벤트 리스너는 HTML 태그에 이벤트가 발생하는지 감시하고 있다가 이벤트가 발생했을 때 이벤트 핸들러를 호출하는 역할입니다. 이벤트 리스너를 등록하는 방법은 다음 코드와 같습니다.

```
<button on:이벤트 이름="{이벤트 핸들러}">Click</button>
```

코드 4-2

코드 4-2에서 이벤트 이름에는 click, change, mousedown 등 이벤트 이름이 옵니다. 이벤트 핸들러에는 함수를 선언해주어야 합니다. 스크립트 태그 내 이벤트 핸들러 함수를 작성한 후 이벤트 핸들러를 선언하는 방법과 인라인 이벤트 핸들러를 선언하는 방법 두 가지가 있습니다.

4-1-2. 이벤트 핸들러 함수

다음 코드는 스크립트 태그 안에서 이벤트 핸들러 함수를 정의한 후 이벤트 리스너에 전달하는 방법입니다.

```
<script>
  let count = 0;
  function handleClick (event) {
    count += 1;
  }
</script>

<button on:click="{handleClick}">count: {count}</button>
```

코드 4-3

이벤트 핸들러 함수의 첫 파라미터는 이벤트 객체입니다.

4-1-3. 이벤트 인라인 핸들러

다음 코드는 인라인 핸들러를 리스너에 전달하는 방법입니다.

```
<script>
  let count = 0;
</script>

<button on:click="{(event) ⇒ count += 1}">count: {count}</button>
```

코드 4-4

일부 프레임워크에서는 성능상의 이유로 인라인 이벤트 핸들러 사용을 피하라고 추천합니다. 하지만 Svelte는 컴파일되면서 최적화하기 때문에 인라인 핸들러를 성능 고민 없이 사용할 수 있습니다.

4-2 데이터 할당 시 주의사항

Svelte의 반응형은 데이터가 할당되었을 때 동작합니다. Number나 String 타입 등의 기본형 변수가 아닌 Array나 Object 타입의 참조형 변수는 다음 코드와 같이 데이터 할당 없이 참조된 데이터 업데이트가 가능합니다.

```
const arr = [];
arr.push('Hello World!');
arr[0] = 'hellpWorld!';
```

```
const obj = { foo: 'bar' };
obj.foor = 'baz';
```

코드 4-5

참조형 변수의 값을 데이터 할당 없이 업데이트 할 수 있더라도, 참조형 변수 역시 데이터 할당이 되어야 반응형 동작을 하게 됩니다.

4-2-1. 배열 데이터 할당

배열의 push, splice 같은 메서드를 사용하여 배열의 참조 값을 업데이트한 경우에는 자동으로 화면을 업데이트하지 않습니다. 다음 코드와 같이 할당이 되어야 반응형으로 동작합니다.

```
<script>
  let numbers = [];

  function addNumber () {
    numbers.push(numbers.length + 1);
    numbers = numbers;
  }
</script>

<p>{numbers}</p>
<button on:click="{addNumber}">추가</button>
```

코드 4-6

코드 4-6와 같이 push 메서드를 사용한 후, 반응형으로 동작하도록 numbers = numbers로 할당해주는 방법이 있습니다. 또는 다음 코드와 같이 작성되어야 합니다.

```
<script>
  let numbers = [];

  function addNumber () {
    numbers = [...numbers, numbers.length + 1];
  }
</script>

<p>{numbers}</p>
<button on:click="{addNumber}">추가</button>
```

코드 4-7

4-2-2. 객체 데이터 할당

객체 데이터를 할당할 때, 할당되는 변수가 할당 식의 가장 왼쪽에 나타나야 합니다.
다음 코드와 같이 할당할 경우 반응형 동작을 하지 않습니다.

```
<script>
  let obj = {
    foo: {
      bar: 'bar'
    }
  };
  function handleClick () {
    const foo = obj.foo;
    foo.bar = 'baz'; // 반응형으로 동작하지 않습니다.
  }
</script>

<p>{obj.foo.bar}</p>
<button on:click="{handleClick}">변경</button>
```

코드 4-8

코드 4-8은 다음 코드와 같이 수정되어야 반응형으로 동작합니다.

```
<script>
  let obj = {
    foo: {
      bar: 'bar'
    }
  };
  function handleClick () {
    obj.foo.bar = 'baz';
    // 또는
    // const foo = obj.foo;
    // foo.bar = 'baz';
    // obj = obj;
  }
</script>

<p>{obj.foo.bar}</p>
<button on:click="{handleClick}">변경</button>
```

코드 4-9

4-3 $ 문법

$ 문법은 특정 데이터를 감시합니다. $ 문법을 사용하면 특정 데이터가 업데이트되었을 때 필요한 동작을 수행하는 코드를 작성할 수 있습니다. $ 문법을 사용하는 방식에 따라 반응형 선언, 반응형 실행으로 구분할 수 있습니다.

4-3-1. 반응형 선언

반응형으로 값을 선언하는 방법 즉, 데이터가 업데이트되었을 때 자동으로 값을 선언하는 방법을 반응형 선언이라고 합니다. 다음 코드와 같이 반응형 선언으로 $ 문법을 사용할 수 있습니다.

```
<script>
  let count = 0;

  // let doubled와 같은 변수 선언이 필요하지 않습니다.
  $: doubled = count * 2; // count 업데이트 시 재계산 됩니다.
</script>

<button on:click="{(event) → count += 1}">count: {count}</button>
<p>{doubled}</p>
```

코드 4-10

코드 4-10에서 $ 문법은 $: 블록에서 사용한 count 변수를 감시합니다. count 값이 업데이트되면 $: 블록이 반응형으로 실행되어, doubled 값을 업데이트합니다. doubled 값이 화면에 그리는 데 사용되었기 때문에 doubled 값이 업데이트되면 화면도 따라 업데이트됩니다.

코드 4-6의 $: doubled = count * 2;와 같이 정의되지 않은 변수에 값을 할당하는 구문으로만 이루어진 경우, let doubled와 같은 변수 선언이 필요하지 않습니다.

> **참고**
>
> ## 라벨 문법
>
> $: 라는 표현이 조금 어색해 보일 수도 있지만, 사실 라벨(label)이라는 자바스크립트 문법입니다. 라벨 문법 사용 방법은 다음 코드와 같습니다.

```
let str = '';

loop1:
for (let i = 0; i < 5; i++) {
  if (i === 1) {
    continue loop1;
  }
  str = str + i;
}
```

코드 4-11

Svelte에서는 참조된 값이 변경될 때마다 이 코드가 다시 실행된다는 의미의 라벨 이름으로 $를 사용한 것입니다. 코드 4-6의 참조된 값은 count로 count가 변경되면 $: 블록의 자바스크립트가 실행됩니다.

4-3-2. 반응형 실행

반응형으로 값을 선언하는 것뿐만 아니라, 반응형으로 코드 블록을 실행할 수도 있습니다. 다음과 같이 $ 문법으로 반응형 실행을 사용할 수 있습니다.

```
<script>
  let count = 0;
  $: console.log(`count: ${count}`);
</script>

<button on:click="{(event) → count += 1}">count: {count}</button>
```

코드 4-12

코드 4-12에서 $ 문법은 $: 블록에서 사용한 count 변수를 감시합니다. count 값이 변경될 때마다 값을 console.log로 출력합니다. 다음 코드와 같이 블록으로 코드를 작성할 수 있습니다.

```
<script>
  let count = 0;
  $: {
    console.log(`count: ${count}`);
    if (count >= 10) {
      alert('count가 10보다 큽니다.');
    }
  }
</script>

<button on:click="{(event) → count += 1}">count: {count}</button>
```

코드 4-13

코드 4-13에서 $ 문법은 $: 블록에서 사용한 count 값을 감시합니다. count 값이 변경
될 때, $:에 작성된 코드 블록이 실행됩니다. 실행되는 코드 if 문이나 for 문 등의 문법
만 사용할 경우, 다음 코드와 같이 작성할 수 있습니다.

```
<script>
  let count = 0;
  $: if (count >= 10) {
    alert('count가 10보다 큽니다.');
  }
</script>

<button on:click="{(event) → count += 1}">count: {count}</button>
```

코드 4-14

코드 4-14에서 $ 문법은 $: 이후의 if 문 블록에서 사용한 count 값을 감시합니다.
count 값이 변경되었을 때 if 문 블록이 실행됩니다.

다음 코드와 같이 $: 블록에서 두 개 이상의 변수를 사용한다면 두 개의 변수를 모두 감시합니다.

```
<script>
  let count = 0;
  let isEnter = false;
  $: {
    // count 또는 isEnter 값이 변경될 때 실행됩니다.
    console.log(`count: ${count}, isEnter: ${isEnter}`);
  }
</script>

<p>isEnter: {isEnter}</p>
<button
  on:click="{(event) → count += 1}"
  on:mouseenter="{() → isEnter = true}"
  on:mouseleave="{() → isEnter = false}"
>count: {count}</button>
```

코드 4-15

코드 4-15는 버튼이 클릭되었을 때 count를 증가시키고, mouseenter, mouseleave 이벤트 리스너를 사용하여 마우스가 버튼 안에 있을 경우에는 isEnter 값을 true로 변경하는 코드입니다.

코드 4-15는 $: 블록에서 사용한 count 변수와 isEnter 변수를 모두 감시합니다. count 값이나 isEnter 값이 변경될 경우 $: 블록이 실행됩니다.

4-4 $ 문법 사용 시 주의사항

$ 문법은 Svelte로 프로젝트를 개발할 때 빼놓을 수 없는 기능입니다. 많이 사용되는 기능이기 때문에 $ 문법을 사용할 때 주의해야 할 몇 가지 사항들을 살펴보겠습니다.

4-4-1. 첫 렌더링 시 실행

$: 블록은 첫 렌더링 시에도 실행이 됩니다. 다음 코드를 살펴봅시다.

```
<script>
  let count = 0;
  $: console.log(`count: ${count}`);
</script>
```

코드 4-16

```
<script>
  let count;
  $: console.log(`count: ${count}`);
  count = 0;
</script>
```

코드 4-17

코드 4-16과 코드 4-17 모두 첫 렌더링 시 count: 0이라는 로그가 출력됩니다.

4-4-2. 최상위 레벨에서 선언

$ 문법은 최상위 레벨에서 선언되어야 합니다. 다음 코드와 같이 함수 안이나 블록 문 안에서 사용되면 데이터를 감시할 수 없습니다.

```
<script>
  let count = 0;
  {
    // 블록 안에서 사용한 $는 데이터를 감시하지 못합니다.
    $: console.log(`count: ${count}`)
  }
  function init () {
    // 함수 안에서 사용한 $는 데이터를 감시하지 못합니다.
    $: console.log(`count: ${count}`)
  }
  init();
</script>

<button on:click="{(event) → count += 1}">count: {count}</button>
```

코드 4-18

4-4-3. 감시 데이터 최적화

$ 문법은 $: 블록에서 사용된 데이터를 감시합니다. 사용된 데이터를 모두 감시하기 때문에 사용된 데이터 중 하나라도 업데이트되면 $: 블록이 실행됩니다. 하나의 $: 블록에서 많은 양의 데이터를 감시하게 되면, 데이터가 업데이트되었을 때 불필요한 코드가 실행될 수 있어 성능 저하가 발생할 수 있습니다. 감시하는 데이터를 분리할 수 있다면 여러 개의 $: 블록으로 분리하여 필요한 코드만 동작하게 하는 것이 좋습니다.

4-4-4. 감시 데이터 명시

$: 블록에서 직접 사용되는 값들만 감시하여 반응형으로 동작합니다. 예를 들어 다음 코드를 살펴봅시다.

```
<script>
  let x = 0;
  let y = 0;

  function yPlusAValue(value) {
    return value + y;
  }

  $: total = yPlusAValue(x);
</script>

Total: {total}
<button on:click={() → x++}>
  Increment X
</button>

<button on:click={() → y++}>
  Increment Y
</button>
```

코드 4-19

코드 4-19의 $: 블록에서 yPlusAValue 함수의 파라미터로 x값을 전달해주면 x와 y값이 합쳐져 total 값이 업데이트됩니다. x값이나 y값이 변경되면 $: 블록이 실행되어 total 값을 업데이트할 것을 기대합니다. 하지만 실제로는 $: 블록에 직접 사용된 값은 x 뿐이기 때문에 x 값이 업데이트될 때만 반응형으로 동작합니다.

Chapter
5

Props

5-1 Props란

부모 컴포넌트에서 자식 컴포넌트로 전달되는 데이터들을 Properties(이하 Props)라고 합니다. 이번 장에서는 Props에 대해 살펴보겠습니다.

5-1-1. Attributes와 Props 차이

3장 기초 문법에서 속성(Attribute)에 대해 살펴보았습니다. 속성과 Props의 개념은 동일합니다. HTML 태그에서 사용하는 것을 속성이라 하고, 컴포넌트에서 사용하는 것을 Props라고 하는 용어의 차이만 있을 뿐입니다.

```
<script>
  import Component from './Component.svelte';
</script>

<div class="this-is-attribute"></div><!-- class는 속성입니다. -->
<Component text="this-is-property" /><!-- text는 Props입니다. -->
```

코드 5-1

5-1-2. 단방향 데이터 흐름

Props는 기본적으로 단방향 데이터 흐름으로 이루어집니다. 단방향 데이터 흐름은 부모에서 자식 컴포넌트로 데이터가 전달되는 것을 말합니다. 반대로 자식에서 부모 컴포넌트로 데이터를 전달하기 위해서는 이벤트를 통해야 합니다.

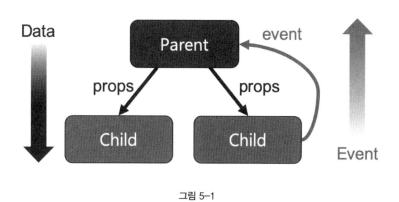

그림 5-1

자식 컴포넌트에서 Props의 값을 변경하더라도 부모 컴포넌트에서는 Props로 전달한 값은 업데이트되지 않습니다. 단방향 데이터 흐름은 데이터 흐름을 단순하게 만들고, 흐름이 이해하기 쉽기 때문에 개발과 유지보수가 편리한 서비스를 만들 수 있습니다.

> **참고**
>
> ### Props 바인딩
>
> 8장 데이터 바인딩에서 이야기할 데이터 바인딩을 사용하면 Props를 양방향 데이터 흐름으로 사용할 수 있습니다. 양방향 데이터 흐름을 사용하면, 자식 컴포넌트에서 변경된 내용이 부모 컴포넌트에 영향을 미칠 수 있게 됩니다.

양방향 데이터 흐름이란

단방향 데이터 흐름은 부모에서 자식 컴포넌트로 데이터를 전달해주고, 자식 컴포넌트에서는 전달받은 데이터의 값을 변경해도 부모 컴포넌트의 데이터에 영향을 줄 수 없기 때문에, 이벤트로 업데이트할 값을 부모 컴포넌트에 전달해주고, 부모 컴포넌트에서 전달받은 값으로 데이터를 업데이트해줘야 했습니다.

양방향 데이터 흐름은 데이터를 업데이트하기 위한 이벤트를 전달하는 방식이 아닌 자식 컴포넌트에서 직접 데이터를 업데이트하면 부모 컴포넌트의 데이터도 함께 업데이트되는 방식을 말합니다. 즉, 하나의 데이터를 양방향(부모 컴포넌트에서도, 자식 컴포넌트에서도)에서 업데이트할 수 있습니다.

단방향 데이터 흐름의 장점은 데이터 흐름이 단순해지는 반면에 코드는 장황해질 수 있습니다. 양방향 데이터 흐름은 코드를 간략하게 작성할 수 있습니다. 하지만 예상치 못한 버그를 만들어낼 수 있기 때문에 데이터 변화가 완벽히 통제된 상태에서 양방향 데이터 흐름을 사용하는 것이 좋습니다.

5-2 Props 정의

다음 코드와 같이 자식 컴포넌트로 Props를 전달할 수 있습니다.

```
<!-- src/Child.svelte -->
<script>
  export let text;
</script>

<p>{text}</p>
```

코드 5-2

```
<!-- src/App.svelte -->
<script>
  import Child from './Child.svelte';
```

```
</script>

<Child text="Hello World!" />
```

코드 5-3

코드 5-2와 같이 export를 사용해서 Props를 전달받을 수 있습니다. export 문법은 보통 자바스크립트 모듈을 다른 파일에서 사용할 수 있도록 내보내는 역할을 합니다. 그러나 .svelte 파일에서 사용되는 export는 Props로 전달받았다는 것을 표시하기 위한 문법으로 사용됩니다.

5-2-1. Props 약어

속성과 마찬가지로 Props 이름과 전달하는 변수의 이름이 동일할 경우에는 다음 코드와 같이 약어로 작성할 수 있습니다.

```
<!-- App.svelte -->
<script>
  import Child from './Child.svelte';
  let text = 'Hello World!';
</script>

<Child {text} />
```

코드 5-4

5-3 기본값 설정

자식 컴포넌트에 Props 값이 전달되지 않았을 경우를 대비하여 Props의 기본값을 설정할 수 있습니다. Props의 기본값을 설정하는 방법은 다음 코드와 같습니다.

```
<!-- src/Child.svelte -->
<script>
  export let text = '전달받은 값이 없습니다.';
</script>

<p>{text}</p>
```

코드 5-5

부모 컴포넌트로부터 text Props를 전달받지 못하면, '전달받은 값이 없습니다.'라는 문장이 화면에 출력됩니다. 평범한 변수에 값을 정의하듯이 Props의 기본값을 정의할 수 있습니다.

5-4 전개 연산자 사용

전개 연산자(Spread Operator)는 많은 양의 Props를 자식 컴포넌트에 전달해야 할 때, 코드 양을 줄이는 역할을 합니다. 전개 연산자를 사용하지 않으면 다음 코드와 같이 작성될 수 있습니다.

```
<!-- src/Info.svelte -->
<script>
  export let name;
  export let version;
  export let speed;
  export let website;
</script>

<p>
  The <code>{name}</code> package is {speed} fast.
  Download version {version} from <a href="https://www.npmjs.com/package/{name}"
>npm</a>
```

```
   and <a href={website}>learn more here</a>
</p>
```

코드 5-6

```
<!-- src/App.svelte -->
<script>
  import Info from './Info.svelte';
  const pkg = {
    name: 'svelte',
    version: 3,
    speed: 'blazing',
    website: 'https://svelte.dev'
  };
</script>

<Info
  name={pkg.name}
  version={pkg.version}
  speed={pkg.speed}
  website={pkg.website}
/>
```

코드 5-7

코드 5-7은 전개 연산자를 사용해서 다음 코드와 같이 코드 양을 줄일 수 있습니다.

```
<!-- src/App.svelte -->
<script>
  import Info from './Info.svelte';
  const pkg = {
    name: 'svelte',
    version: 3,
```

```
   speed: 'blazing',
   website: 'https://svelte.dev'
  };
</script>


<Info { ... pkg}/>
```

코드 5-8

5-5 $$props와 $$restProps

Svelte는 Props를 전달받은 컴포넌트에서 export로 Props를 선언하지 않아도 Props를 사용할 수 있는 방법을 제공합니다. 최적화하기 어렵기 때문에 이 방법은 추천하지 않지만 어떤 Props가 컴포넌트로 전달될지 모르는 경우에 유용하게 사용될 수 있습니다.

5-5-1. $$props

$$porps 변수는 컴포넌트로 전달된 모든 Props를 담고 있습니다. $$props를 사용하는 코드로 코드 5-6을 다음과 같이 작성할 수 있습니다.

```
<!-- src/Info.svelte -->
<p>
  The <code>{$$props.name}</code> package is {$$props.speed} fast.
   Download version {$$props.version} from <a href="https://www.npmjs.com/
package/{$$props.name}">npm</a>
  and <a href={$$props.website}>learn more here</a>
</p>
```

코드 5-9

5-5-2. $$restProps

$$restProps 변수는 export로 정의되지 않은 Props만 담고 있습니다. 다음 코드와 같이 사용할 수 있습니다.

```
<!-- src/Info.svelte -->
<script>
  export let name;
  export let version;
</script>
<p>
  The <code>{name}</code> package is {$$restProps.speed} fast.
   Download version {version} from <a href="https://www.npmjs.com/package/
{$$restProps.name}">npm</a>
  and <a href={$$restProps.website}>learn more here</a>
</p>
```

코드 5-9

코드 5-10의 $$restProps 변수는 export로 선언하지 않은 speed와 website 정보만 담고 있는 객체입니다. name과 version Props는 export로 선언되었기 때문에 $$restProps.name 과 $$restProps.version의 값은 undefined입니다.

5-6 --style-props

사용자 지정 CSS 속성을 컴포넌트 Props로 전달할 수 있습니다. --style-props는 문법적 설탕입니다. 예를 들어,

```
<Slider
  bind:value
  min={0}
  --rail-color="black"
  --track-color="rgb(0, 0, 255)"
/>
```

코드 5-11

코드 5-11은 다음 코드와 동일한 기능을 제공합니다.

```
<div style="display: contents; --rail-color: black; --track-color: rgb(0, 0,
255)">
<Slider
    bind:value
    min={0}
    max={100}
    />
</div>
```

코드 5-12

코드 5-12와 같은 코드를 좀 더 간결하게 만들기 위해서 문법적 설탕인 --style-props를 사용할 수 있습니다. --style-props는 display: contents를 사용하는데, contents는 IE 등의 구형 브라우저에서 지원하지 않기 때문에 브라우저 지원 현황을 파악하고 사용하는 것이 좋습니다. https://caniuse.com/css-display-contents를 보면 어떤 브라우저에서 display: contents를 지원하는지 한눈에 볼 수 있습니다.

문법적 설탕(Syntactic sugar)

문법적 설탕이란 사용자가 좀 더 간편하게 사용할 수 있고, 좀 더 명확하게 이해할 수 있도록 도와주는 문법을 이야기합니다. ES6에 추가된 Class도 문법적 설탕이라고 합니다. 새로운 개념의 문법을 이야기하는 것이 아니라, 기존의 문법을 간편하게 사용하고, 명확하게 이해할 수 있도록 제공하는 문법을 이야기합니다.

사용자 지정 CSS 속성

사용자 지정 CSS 속성은 CSS에서 사용하는 변수라고 생각하면 이해하기 쉽습니다. 다음 코드와 같이 사용자 지정 CSS 속성을 선언하고 var 함수를 사용하여 사용자 지정 CSS 속성을 사용할 수 있습니다.

```
<!DOCTYPE html>
<html lang="en">
<head>
<style>
    html {
      --theme-color: blue;
    }
    div {
      color: var(--theme-color);
      background-color: var(--theme-bg-color, red);
    }
</style>
</head>
<body>
<div>테마 적용</div>
</body>
</html>
```

코드 5-13

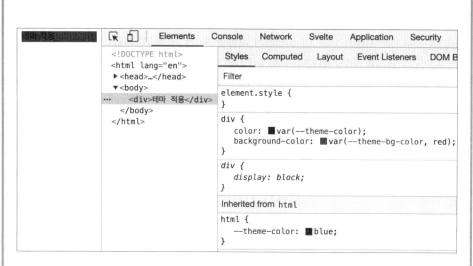

그림 5-2

그림 5-2는 코드 5-13의 실행 결과입니다. var 함수의 첫 번째 파라미터로 전달한 CSS 변수가 정의되어 있지 않은 경우 두 번째 파라미터 값이 적용됩니다.

사용자 지정 CSS 속성은 IE 등의 구형 브라우저에서 동작하지 않습니다. https://developer.mozilla.org/ko/docs/Web/CSS/Using_CSS_custom_properties에서 좀 더 자세한 내용을 확인할 수 있습니다.

 참고

Can I Use에서 브라우저 지원 현황 파악하기

크롬, IE, 사파리, 엣지 등등 브라우저 종류는 다양하기 때문에 사용하려는 자바스크립트 문법이나, CSS 문법이 어떤 브라우저에서 지원하지 않는지 전부 기억해두는 것은 어려운 일입니다. https://caniuse.com/에서 자바스크립트 문법이나 CSS 문법이 어떤 브라우저까지 지원하는지 간편하게 검색해서 알아볼 수 있습니다.

--style-props를 사용하는 방법은 다음 코드와 같습니다.

```css
/* public/global.css */
html {
  --theme-color: black;
}
```

코드 5-14

```svelte
<!-- src/StyleProps.svelte -->
<div>테마 적용</div>

<style>
  div {
    color: var(--theme-color);
  }
</style>
```

코드 5-15

```svelte
<!-- src/App.svelte -->
<script>
  import StyleProps from './StyleProps.svelte';
</script>

<StyleProps --theme-color="red" />
<StyleProps />
```

코드 5-16

그림 5-3

그림 5-3은 코드 5-14, 코드 5-15, 코드 5-16의 실행 결과입니다. 코드 5-14의
global.css에서 전역으로 --theme-color가 정의됩니다. --theme-color는 코드 5-15의 Styl-
eProps 컴포넌트에서 div { color: var(--theme-color); }로 사용되었습니다. 코드 5-16에서
StyleProps 컴포넌트를 2개 선언하였습니다. 하나는 --theme-color="red"를 전달하고 나
머지 하나에는 아무것도 전달하지 않았습니다. --theme-color를 전달한 StyleProps 컴포
넌트의 글씨는 빨간색으로, 전달하지 않은 StyleProps는 검은색으로 나타납니다.

Chapter
6

논리 블록

6-1 조건문 블록

Svelte는 조건에 따라 DOM을 화면에 나타낼지 나타내지 않을지 선택할 수 있는 조건문 블록을 제공합니다. 자바스크립트의 If 문의 If, Else, Else-if 와 동일하게 If, Else, Else-if 블록이 있습니다.

6-1-1. If 블록

If 블록의 사용 방법은 다음 코드와 같습니다.

```
<script>
  let user = { loggedIn: false };

  function toggle() {
    user.loggedIn = !user.loggedIn;
  }
</script>


{#if user.loggedIn}
```

```
  <button on:click={toggle}>
    Log out
  </button>
{/if}


{#if !user.loggedIn}
  <button on:click={toggle}>
    Log in
  </button>
{/if}
```

코드 6-1

코드 6-1은 클릭 이벤트가 발생하면 toggle 이벤트 핸들러를 호출하게 되고 toggle 이벤트 핸들러에서는 user.loggedIn 값을 변경합니다. user.loggedIn 값에 따라 If 블록이 어떤 버튼을 노출할지 결정합니다.

6-1-2. Else 블록

코드 6-1을 Else 블록을 사용하여 다음 코드와 같이 좀 더 단순하게 작성할 수 있습니다.

```
<script>
  let user = { loggedIn: false };

  function toggle() {
    user.loggedIn = !user.loggedIn;
  }
</script>


{#if user.loggedIn}
  <button on:click={toggle}>
```

```
    Log out
  </button>
{:else}
  <button on:click={toggle}>
    Log in
  </button>
{/if}
```

코드 6-2

#문자는 블록을 여는 태그로, / 문자는 블록을 닫는 태그로, :문자는 {:else}와 같은 계속되는 블록 태그에 사용됩니다.

6-1-3. Else-if 블록

Else-if 블록을 사용하는 방법은 다음 코드와 같습니다.

```
<script>
  let x = 7;
</script>

{#if x > 10}
  <p>{x} is greater than 10</p>
{:else if 5 > x}
  <p>{x} is less than 5</p>
{:else}
  <p>{x} is between 5 and 10</p>
{/if}
```

코드 6-3

6-2 반복문 블록

Svelte는 자바스크립트의 for 문처럼 배열을 DOM으로 그릴 수 있는 반복문 블록을 제공합니다.

6-2-1. Each 블록

Each 블록을 사용하여 배열을 화면에 그릴 수 있습니다. Each 블록을 사용하는 방법은 아래 코드와 같습니다.

```
<script>
  const array = ['H', 'e', 'l', 'l', 'o'];
</script>

<ul>
  {#each array as item}
    <li>{item}</li>
  {/each}
</ul>
```

코드 6-4

코드 6-4와 같은 배열뿐만 아니라 다음 코드와 같은 유사 배열에도 Each 블록을 사용할 수 있습니다.

```
<script>
  const arrayLike = {
    0: 'H',
    1: 'e',
    2: 'l',
    3: 'l',
    4: 'o',
```

```
    length: 5,
  };
</script>

<ul>
  {#each arrayLike as item}
    <li>{item}</li>
  {/each}
</ul>
```

코드 6-5

참고

유사 배열이란

document.querySelectorAll의 반환값인 NodeList 타입이나, document.body.children의 HTMLCollection 타입은 모두 유사 배열입니다. 유사 배열은 코드 6-5의 arrayLike 변수와 같이 키가 숫자이고 length 속성을 가진 객체입니다.

반복 가능한(iterable) 객체는 다음 코드와 같이 Each 블록을 사용할 수 있습니다.

```
<script>
  const iterable = {
    [Symbol.iterator]: function* () {
      yield 'H';
      yield 'e';
      yield 'l';
      yield 'l';
      yield 'o';
    }
  };
```

```
</script>
<ul>
  {#each [...iterable] as item}
    <li>{item}</li>
  {/each}
</ul>
```

코드 6-6

이터레이터(Iterator)와 이터러블(Iterable)

— 이터레이터(iterator)

value와 done이라는 두 개의 속성을 가진 객체를 반환하는 next 함수를 포함한 객체를 말합니다.

```
const range = {
  from: 1,
  to: 5,
  current: 1,
  next () {
    if (this.current <= this.to) {
      return { done: false, value: this.current++ };
    } else {
      return { done: true };
    }
  }
}
```

코드 6-7

코드 6-7의 range는 value와 done 두 개의 속성을 가진 객체를 반환하는 next 함수를 포함한 객체이기 때문에 이터레이터입니다.

– 이터러블(iterable)

이터레이터를 반환하는 [Symbol.interator] 함수를 가진 객체를 말합니다.

```javascript
const range = {
  from: 1,
  to: 5,
  current: 1,
  [Symbol.iterator] () {
    this.current = this.from;
    return this;
  },
  next () {
    if (this.current <= this.to) {
      return { done: false, value: this.current++ };
    } else {
      return { done: true };
    }
  }
}
```

코드 6-8

코드 6-8는 [Symbol.iterator] 함수가 이터레이터인 자기 자신을 반환하기 때문에 range는 이터러블입니다.

6-2-2. Else 블록

Each 블록의 배열이 비어 있을 경우, 예외 처리 표현을 위해 Else 블록을 사용할 수 있습니다. 사용 방법은 다음 코드와 같습니다.

```
<script>
  let array = [];
  setTimeout(() → {
    array = ['H', 'e', 'l', 'l', 'o'];
  }, 1000);
</script>

<ul>
  {#each array as item}
    <li>{item}</li>
  {:else}
    <li>빈 배열입니다.</li>
  {/each}
</ul>
```

코드 6-9

첫 렌더링 시 "빈 배열입니다." 라는 문구가 화면에 렌더링되었다가 1초 후 배열의 값
이 설정되면 H, e, l, l, o 값이 화면에 나타납니다.

6-2-2. index 사용

Each 블록의 두 번째 파라미터로 현재의 index를 알 수 있습니다. 사용 방법은 다음 코
드와 같습니다.

```
<script>
  const array = ['H', 'e', 'l', 'l', 'o'];
</script>

<ul>
  {#each array as item, i}
```

```
    <li>{i + 1}: {item}</li>
  {/each}
</ul>
```

코드 6-10

6-2-3. 구조 분해 사용

Each 블록에서 다음 코드와 같이 구조 분해 문법을 사용할 수 있습니다.

```
<script>
  const array = [
    { id: 1, value: 'H' },
    { id: 2, value: 'e' },
    { id: 3, value: 'l' },
    { id: 4, value: 'l' },
    { id: 5, value: 'o' },
  ];
</script>

<ul>
  {#each array as { id, value }}
    <li>{id}: {value}</li>
  {/each}
</ul>
```

코드 6-11

6-2-4. Key 지정

Key는 Each 블록의 업데이트를 최적화하기 위해 사용됩니다. Key를 지정하면 업데이
트되었을 때, 업데이트된 위치를 정확히 인지해 해당 DOM만 업데이트할 수 있습니

다. 다음과 같이 작성된 코드를 살펴봅시다.

```
<script>
  let array = [
    { id: 1, value: 'H' },
    { id: 2, value: 'e' },
    { id: 3, value: 'l' },
    { id: 4, value: 'l' },
    { id: 5, value: 'o' },
  ];
</script>

<ul>
  {#each array as item}
    <li>{item.id}: {item.value}</li>
  {/each}
</ul>

<button on:click="{() → array = array.slice(1)}">첫 번째 아이템 제거</button>
```

코드 6-12

버튼을 클릭해 첫 번째 아이템을 제거하면, 다음 그림과 같이 DOM 업데이트 동작이
일어납니다.

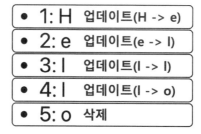

그림 6-1

첫 번째 아이템이 제거되면, 위의 그림과 같이 위에서부터 순차적으로 업데이트가 되고, 마지막 아이템이 삭제되어 총 5번의 업데이트가 발생합니다. 다음 코드와 같이 Key를 지정하면 실제로 변경된 아이템만 업데이트되어 최적화됩니다.

```
<script>
  let array = [
    { id: 1, value: 'H' },
    { id: 2, value: 'e' },
    { id: 3, value: 'l' },
    { id: 4, value: 'l' },
    { id: 5, value: 'o' },
  ];
</script>

<ul>
  {#each array as item (item.id)}
    <li>{item.id}: {item.value}</li>
  {/each}
</ul>

<button on:click="{() → array = array.slice(1)}">첫 번째 아이템 제거</button>
```

코드 6-13

Key를 지정하는 방법은 코드 6-13의 {#each array as item (item.id)}와 같이 소괄호((…))에 Key를 지정하는 것입니다. 코드 6-13과 같이 작성되면 다음과 같이 최적화됩니다.

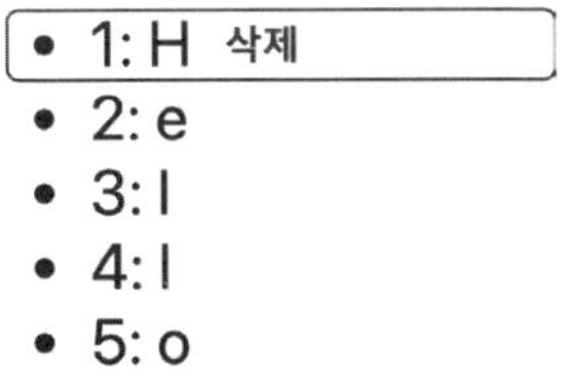

- 1: H 삭제
- 2: e
- 3: l
- 4: l
- 5: o

그림 6-2

Svelte는 내부적으로 Map 객체를 사용하기 때문에 Key에 숫자나 문자열뿐만 아니라 객체를 사용할 수도 있습니다. 즉, 코드 6-13에서 사용한 Key를(item.id) 대신(item)으로 변경할 수 있습니다.

객체 타입의 Key를 사용할 경우

API를 통해 가져온 배열을 화면에 그리게 될 때, Key를 객체로 지정할 경우 {} !== {}이기 때문에 API를 재호출하여 결과를 받아 배열을 재정의하면 배열의 모든 항목에서 업데이트가 발생합니다. 그렇기 때문에 Key는 배열에서 문자열 혹은 숫자 타입의 고유한 ID를 가지는 필드를 사용하는 것이 좋습니다.

6-3 비동기 블록

많은 웹 애플리케이션은 비동기 데이터 처리를 합니다. Svelte는 HTML 영역에서 직접 비동기 데이터 처리를 할 수 있습니다.

6-3-1. Await 블록

다음 코드와 같이 Await 블록을 사용하면 HTML 영역에서 비동기 데이터 처리를 할 수 있습니다.

```
<script>
  let promise = getRandomNumber();

  function getRandomNumber () {
    return new Promise((resolve, reject) → {
      setTimeout(() → {
        resolve(Math.random());
```

```
    }, 2000);
  });
}

function handleClick () {
  promise = getRandomNumber();
}
</script>

{#await promise}
  <p>기다리는 중 ... </p>
{:then number}
  <p>생성된 숫자는 {number} 입니다.</p>
{:catch error}
  <p style="color: red">{error}</p>
{/await}

<button on:click="{handleClick}">생성하기</button>
```

코드 6-14

코드 6-14의 Await 블록을 살펴보면 다음과 같이 구성되어 있습니다.

- {#await promise}…{:then number}: 비동기 작업이 응답하기 전 화면에 노출되는 블록입니다. 스켈레톤 UI를 사용하기 적당한 블록입니다.

- {:then number}…{:catch error}: 비동기 작업이 응답하여 응답된 결과가 화면에 노출되는 블록입니다. {:then number}의 number는 Promise의 resolve 함수에 전달된 파라미터 값입니다. Async 함수의 경우에는 반환값입니다.

- {:catch error}…{/await}: 비동기 작업에서 에러가 발생할 때 화면에 노출되는 블록입니다. {:catch error}의 error는 Promise의 reject 함수에 전달된 파라미터 값입니다. Async 함수의 경우에는 throw로 반환된 값입니다.

6-3-1. 간략한 Await 블록

비동기 작업에서 에러(혹은 reject)가 발생하지 않을 것을 확신할 수 있다면 Catch 블록을 생략할 수 있습니다. Catch 블록을 생략한 코드는 다음과 같습니다.

```
{#await promise}
  <p>기다리는 중 ... </p>
{:then number}
  <p>생성된 숫자는 {number} 입니다.</p>
{/await}
```

코드 6-15

비동기 작업을 기다리는 동안 화면에 노출될 필요가 없을 경우에는 코드 6-14의 첫 번째 블록을 다음 코드와 같이 생략할 수 있습니다.

```
{#await promise then number}
  <p>생성된 숫자는 {number} 입니다.</p>
{/await}
```

코드 6-16

6-4 Key 블록

Key 블록을 사용하면 블록에 사용한 표현식이 업데이트되면서 Key 블록의 내용들이 제거된 후 다시 추가됩니다. Key 블록의 사용 방법은 다음과 같습니다.

```
<!-- src/KeyComp.svelte -->
<script>
  export let value;
```

```
  console.log('create');
</script>


<div>{value}</div>
```

코드 6–17

```
<!-- src/App.svelte -->
<script>
  import KeyComp from './KeyComp.svelte';
  let value = 0;
</script>

{#key value}
  <KeyComp {value} />
{/key}
<button on:click={() → value++}>Add Value</button>
```

코드 6–18

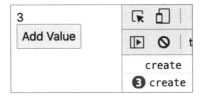

그림 6–3

그림 6–3은 코드 6–17과 코드 6–18의 실행 결과입니다. 첫 렌더링 시 컴포넌트가 생성되어 create 로그가 출력된 것을 볼 수 있습니다. Key 블록의 조건이 업데이트될 때마다 컴포넌트가 제거된 후 다시 생성됩니다. 이 때문에 Add Value 버튼이 3번 클릭되어 create 로그가 3번 출력되는 것을 볼 수 있습니다.

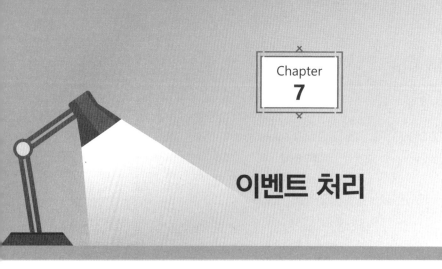

Chapter
7

이벤트 처리

7-1 이벤트 수식어

Svelte는 DOM 이벤트를 처리할 때 이벤트 수식어 기능을 제공합니다. 이벤트 수식어
사용 방법은 다음 코드와 같습니다.

```
<script>
  function handleClick() {
    alert('no more alerts')
  }
</script>

<button on:click|once={handleClick}>
  Click me
</button>
```

코드 7-1

코드 7-1은 once 이벤트 수식어를 사용한 코드입니다. once 이벤트 수식어는 이벤트가
발생했을 때 이벤트 핸들러를 단 한 번만 호출합니다.

7-1-1. 수식어 종류

Svelte는 아래 7가지의 이벤트 수식어를 제공합니다.

- **preventDefault**: 이벤트 핸들러가 실행되기 전 event.preventDefault()를 호출합니다. 태그의 기본 동작을 막는 이벤트 수식어입니다.

- **stopPropagation**: event.stopPropagation()가 호출됩니다. 이벤트가 다음 요소로 흐르는 것을 막는 이벤트 수식어입니다.

- **passive**: 터치 혹은 휠 이벤트로 발생하는 스크롤의 성능을 향상시키는 이벤트 수식어입니다. Svelte는 안전한 곳에 자동으로 추가합니다.

- **nonpassive**: passive: false를 지정해주는 수식어입니다.

- **capture**: 캡처 방식으로 이벤트 핸들러를 실행합니다.

- **once**: 이벤트 핸들러를 단 한 번만 실행하도록 하는 이벤트 수식어입니다.

- **self**: event.target과 이벤트 핸들러를 정의한 요소가 같을 때 이벤트 핸들러를 실행하도록 하는 이벤트 수식어입니다.

위에서 이야기한 이벤트 수식어를 on:click|once|capture={⋯}와 같이 체인으로 연결해 수식어 여러 개를 사용할 수 있습니다.

> **참고**
>
> ### passive 이벤트 수식어
>
> 다음 코드와 같이 터치, 휠 이벤트는 preventDefault를 사용하면 스크롤을 막을 수 있습니다.
>
> ```
> <script>
>   function handle (event) {
>     event.preventDefault();
>   }
> ```

```
</script>
<div on:wheel={handle} on:touchmove={handle}></div>
<style>
  div {
    height: 200vh;
  }
</style>
```

코드 7-2

브라우저에서는 터치, 휠 이벤트가 발생할 때마다 스크롤을 할지 말지 결정해야 합니다. 이벤트마다 스크롤을 할지 말지 판단하게 된다면 브라우저의 성능 저하가 발생할 수 있습니다.

이때, passive 이벤트 수식어를 사용하여 브라우저에 preventDefault를 사용해서 스크롤을 막지 않겠다고 알려줍니다. 그러면 브라우저는 항상 스크롤하는 것으로 인식하고, 스크롤할지 말지 판단하는 데 사용되는 자원을 절약해서 성능을 향상시킬 수 있게 됩니다.

참고

이벤트 버블링(Event Bubbling),
이벤트 캡처링(Event Capturing)

- 이벤트 버블링(Event Bubbling)

이벤트 버블링은 이벤트가 발생했을 때 해당 이벤트가 상위 요소로 전달되는 것을 말합니다. 이벤트는 기본적으로 버블링으로 동작합니다.

```
<html>
  <head>
    <style>
      div {
        width: 100px;
        height: 100px;
```

```
      background-color: #555;
    }
  </style>
</head>
<body>
  <div class="one">
    <div class="two">
      <div class="three"></div>
    </div>
  </div>
  <script>
    document.querySelectorAll('div').forEach(function (div) {
      div.addEventListener('click', function (event) {
        console.log(event.currentTarget.className);
      });
    });
  </script>
</body>
</html>
```

코드 7-3

코드 7-3에서 출력한 로그를 확인해봅시다.

```
three          index.html:20
two            index.html:20
one            index.html:20
```

그림 7-1

그림 7-1과 같이 이벤트 버블링으로 하위 요소에서 상위 요소로 이벤트가 전달되는 것을 확인할 수 있습니다.

- 이벤트 캡처링(Event Capturing)

이벤트 캡처링은 이벤트 버블링과 반대 방향으로 이벤트가 전파됩니다. 자바스크립트에서 이벤트 캡처 사용 방법은 다음 코드와 같습니다.

```html
<html>
  <head>
    <style>
      div {
        width: 100px;
        height: 100px;
        background-color: #555;
      }
    </style>
  </head>
  <body>
    <div class="one">
      <div class="two">
        <div class="three"></div>
      </div>
    </div>
    <script>
      document.querySelectorAll('div').forEach(function (div) {
        div.addEventListener('click', function (event) {
          console.log(event.currentTarget.className);
        }, {
          capture: true // 기본 값은 false 입니다.
        });
      });
    </script>
  </body>
</html>
```

코드 7-4

코드 7-4에서 출력한 로그를 확인해봅시다.

```
one                    index.html:20
two                    index.html:20
three                  index.html:20
```

그림 7-2

그림 7-2과 같이 이벤트 캡처는 상위 요소에서 하위 요소로 이벤트가 전달되는 것을 확인할 수 있습니다.

7-2 컴포넌트 이벤트

컴포넌트에서 이벤트를 발생시켜 상위 컴포넌트로 데이터를 전달할 수 있습니다. 다음 코드와 같이 작성하면 컴포넌트 이벤트를 발생시킬 수 있습니다.

```
<!-- src/Inner.svelte -->
<script>
  import { createEventDispatcher } from 'svelte';

  const dispatch = createEventDispatcher();

  function sayHello() {
    dispatch('message', {
      text: '안녕하세요!'
    });
  }
```

```
</script>

<button on:click={sayHello}>인사하기</button>
```

```
<!-- src/App.svelte -->
<script>
  import Inner from './Inner.svelte';

  function handleMessage(event) {
    alert(event.detail.text);
  }
</script>

<Inner on:message={handleMessage}/>
```

svelte 패키지에서 createEventDispatcher 함수를 가져온 후, createEventDispatcher의 반환 함수로 이벤트를 발생시킬 수 있습니다.

7-2-1. createEventDispatcher 함수

createEventDispatcher 함수는 이벤트를 발생시키는 dispatch 함수를 반환합니다.

```
dispatch: ((name: string, detail?: any) → void) = createEventDispatcher();
```

dispatch 함수는 name과 detail 두 개의 파라미터를 전달받습니다.

- name: 이벤트 이름입니다. 코드 7-5는 message라는 이름의 이벤트를 발생시킵니다.

- detail: 이벤트 객체의 detail 필드에 담을 데이터입니다. 코드 7-5는 text 정보를 담은 객체를 전달합니다. 부모 컴포넌트에서는 코드 7-6과 같이 event.detail에 값이 담기게 됩니다.

createEventDispatcher 함수는 컴포넌트가 처음 생성될 때 호출되어야 합니다. 다음 코드와 같이 함수 안에서 createEventDispatcher를 호출하여 dispatch를 사용하면 이벤트 전달이 되지 않습니다.

```
<!-- src/Inner.svelte -->
<script>
  import { createEventDispatcher } from 'svelte';

  function sayHello() {
    const dispatch = createEventDispatcher(); // 함수 안에서 createEventDispatcher를
사용하면 이벤트 전달이 안 됩니다.

    dispatch('message', {
      text: '안녕하세요!'
    });
  }
</script>

<button on:click={sayHello}>인사하기</button>
```

코드 7-8

CustomEvent

createEventDispatcher로 생성된 컴포넌트 이벤트는 CustomEvent입니다. 순수 자바스크립트에서는 다음 코드와 같이 CustomEvent를 생성할 수 있습니다.

```
var event = new CustomEvent('message', {
  detail: {
    text: '안녕하세요!'
  }
});

document.addEventListener('message', function (e) {
  alert(e.detail.text);
}, false);

document.dispatchEvent(event);
```

코드 7-9

7-3 이벤트 포워딩

DOM 이벤트와 달리 컴포넌트 이벤트는 버블링되지 않습니다. 자동으로 상위 요소로 이벤트가 전달되지 않기 때문에 의도적으로 부모 컴포넌트로 이벤트를 전달해야 합니다. 다음 코드와 같이 부모 컴포넌트로 이벤트를 전달할 수 있습니다.

```
<!-- src/Inner.svelte -->
<script>
  import { createEventDispatcher } from 'svelte';

  const dispatch = createEventDispatcher();

  function sayHello() {
    dispatch('message', {
      text: '안녕하세요!'
    });
  }
</script>

<button on:click={sayHello}>인사하기</button>
```

코드 7-10

```
<!-- src/Outer.svelte -->
<script>
  import Inner from './Inner.svelte';
  import { createEventDispatcher } from 'svelte';

  const dispatch = createEventDispatcher();

  function forward(event) {
    dispatch('message', event.detail);
  }
</script>

<Inner on:message={forward}/>
```

코드 7-11

```
<!-- src/App.svelte -->
<script>
  import Outer from './Outer.svelte';

  function handleMessage(event) {
    alert(event.detail.text);
  }
</script>

<Outer on:message={handleMessage}/>
```

코드 7-12

코드 7-10 ~ 코드 7-12와 같이 이벤트 포워딩을 할 수 있습니다. Svelte는 이벤트 포워딩 코드 양을 줄일 수 있는 약어를 제공합니다. Outer.svelte를 다음 코드와 같이 약어를 사용하여 작성할 수 있습니다.

```
<!-- src/Outer.svelte -->
<script>
  import Inner from './Inner.svelte';
</script>

<Inner on:message/>
```

코드 7-13

포워딩을 위한 약어는 컴포넌트 이벤트뿐만 아니라 DOM 이벤트에서도 사용할 수 있습니다.

```
<!-- src/Button.svelte -->
<button on:click>클릭</button>
```

코드 7-14

```
<!-- src/App.svelte -->
<script>
  import Button from './Button.svelte';

  function handleClick() {
    alert('클릭!');
  }
</script>

<Button on:click={handleClick}/>
```

코드 7-15

Chapter
8

데이터 바인딩

8-1 데이터 바인딩이란

일반적으로 Svelte는 부모 컴포넌트에서 자식 컴포넌트로 데이터가 전달되는 단 방향 데이터 흐름을 가집니다. 단 반향 데이터 흐름으로 인해, 부모 컴포넌트에서 자식 컴포넌트로 전달되는 데이터가 업데이트될 때 자식 컴포넌트는 영향을 받아 반응형 동작을 하게 되지만, 반대로 자식 컴포넌트에서 부모 컴포넌트로 전달받은 데이터가 업데이트될 때 부모 컴포넌트는 영향을 받지 않습니다.

이런 규칙을 깨고 자식 컴포넌트에서 부모 컴포넌트로 전달 받은 데이터가 업데이트될 때 부모 컴포넌트가 반응형 동작을 할 수 있게 하는 양 방향 데이터 흐름을 가질 수 있도록 하는 것이 데이터 바인딩입니다.

8-2 Input 태그

Input 태그에 데이터 바인딩하는 방법을 살펴보겠습니다. 데이터 바인딩을 사용하지 않으면 value 속성에 값을 할당하고 input 이벤트가 발생할 때마다 value 속성을 업데이트해줘야 합니다. 데이터 바인딩으로 이 과정을 생략할 수 있습니다.

8-2-1. type="text"

Input 태그의 type 속성이 text 혹은 정의되지 않았을 경우, 다음 코드와 같이 value 속성을 데이터 바인딩할 수 있습니다.

```
<script>
  let name = 'world';
</script>

<input bind:value="{name}">
<h1>Hello {name}!</h1>
```

코드 8-1

데이터 바인딩하는 방법은 bind:속성 이름 이렇게 바인딩할 속성 이름 앞에 bind:를 추가해주면 됩니다. 코드 8-1은 bind:value로 value 속성을 바인딩하였습니다.

8-2-2. type="number", type="range"

Input 태그의 type 속성이 number 혹은 range일 경우, type이 text인 경우와 동일하게 데이터 바인딩을 할 수 있습니다.

```
<script>
  let a = 1;
  let b = 2;
</script>

<label>
  <input type="number" bind:value="{a}" min="0" max="10">
  <input type="range" bind:value="{a}" min="0" max="10">
</label>
```

```
<label>
  <input type="number" bind:value="{b}" min="0" max="10">
  <input type="range" bind:value="{b}" min="0" max="10">
</label>


<p>{a} + {b} = {a + b}</p>
```

코드 8-2

Input 태그의 type 속성이 number 혹은 range일 경우 바인딩되는 값은 자동으로 Number 타입이 됩니다.

8-2-3. type="checkbox"

Type 속성이 checkbox인 경우에는 다음 코드와 같이 데이터 바인딩을 할 수 있습니다.

```
<script>
  let yes = false;
</script>

<label>
<input type="checkbox" bind:checked="{yes}">
  CheckBox
</label>
```

코드 8-3

type 속성이 checkbox인 경우, 코드 8-3과 같이 bind:checked를 사용해서 checked 속성을 바인딩해야 합니다.

8-2-4. type="radio"

Type 속성이 radio인 경우 여러 개의 Input 태그들이 동일한 데이터에 바인딩되어야 합니다. 다음 코드와 같이 데이터를 바인딩할 수 있습니다.

```
<script>
  let picked = null;
</script>
<label>
  <input type="radio" value="One" bind:group="{picked}">
  One
</label>
<br>
<label>
  <input type="radio" value="Two" bind:group="{picked}">
  Two
</label>
<br>
<span>선택: {picked}</span>
```

코드 8-4

bind:group을 사용하여 데이터를 바인딩 합니다. value 속성에서는 각각 Input 태그들
이 선택되었을 때 저장되어야 하는 데이터를 지정합니다. bind:group은 type이 radio에
서뿐만 아니라 동일한 데이터를 바인딩해야 할 경우에도 다음 코드와 같이 사용할 수
있습니다.

```
<script>
  const names = ['jack', 'John', 'Mike'];
  let checkedNames = [];
</script>
{#each names as name, index (index)}
  <label>
    <input type="checkbox" value="{name}" bind:group="{checkedNames}">
    {name}
```

```
  </label>
{/each}
<br>
<span>체크한 이름: {checkedNames}</span>
```

코드 8-5

8-3 Textarea 태그

Textarea 태그의 데이터 바인딩 방법은 Input 태그의 type 속성이 text인 경우와 동일합니다. 다음 코드와 같이 데이터를 바인딩할 수 있습니다.

```
<script>
  let value = 'Some Text';
</script>

<style>
  textarea { width: 100%; height: 200px; }
</style>

<textarea bind:value="{value}"></textarea>
```

코드 8-6

바인딩해야 하는 속성 이름과 변수 이름이 동일할 경우에는 다음과 같이 약어 기능을 제공합니다.

```
<textarea bind:value></textarea>
```

코드 8-7

8-4 Select 태그

Select 태그는 다음 코드와 같이 데이터를 바인딩할 수 있습니다.

```
<script>
  const list = [
    { id: 1, text: 'A' },
    { id: 2, text: 'B' },
    { id: 3, text: 'C' }
  ]
  let selected
</script>
<select bind:value="{selected}">
  {#each list as item (item.id)}
    <option value="{item}">{item.text}</option>
  {/each}
</select>
<span>선택함: {selected ? selected.id : '기다리는 중 ... '}</span>
```

코드 8-8

bind:value로 데이터 바인딩되는 값의 타입은 Object, String 등 모든 타입이 가능합니다. 바인딩 데이터의 초기값이 정의되어 있지 않다면 리스트의 첫 번째 값이 기본값으로 저장됩니다.

8-4-1. multiple 속성

Select 태그는 multiple 속성을 지원합니다. multiple 속성을 사용하면 바인딩된 데이터는 배열이 됩니다. 다음 코드와 같이 Select 태그에서 multiple 속성을 사용할 수 있습니다.

```
<script>
  const list = [
    { id: 1, text: 'A' },
    { id: 2, text: 'B' },
    { id: 3, text: 'C' }
  ]
  let selected = []
</script>
<select multiple bind:value="{selected}">
  {#each list as item (item.id)}
    <option value="{item}">{item.text}</option>
  {/each}
</select>
<span>선택함: {selected ? selected.map(x → x.id).join(',') : '기다리는 중…
'}</span>
```

코드 8-9

8-5 contenteditable 속성

contenteditable 속성을 true로 설정하면 textContent와 innerHTML 속성을 바인딩해서
사용할 수 있습니다. 다음 코드와 같이 contenteditable 속성을 사용할 수 있습니다.

```
<script>
  let html = '<p>텍스트를 입력해주세요.</p>';
</script>

<div
  contenteditable="true"
  bind:innerHTML={html}
></div>
```

```
<div
  contenteditable="true"
  bind:textContent={html}
></div>

<pre>{html}</pre>

<style>
  [contenteditable] {
    padding: 0.5em;
    border: 1px solid #eee;
    border-radius: 4px;
  }
</style>
```

코드 8–10

8-6 Each 블록 바인딩

반복문 블록 안에서 다음 코드와 같이 데이터 바인딩을 사용할 수 있습니다.

```
<script>
  let todos = [
    { done: false, text: '독서하기' },
    { done: false, text: 'Svelte 공부하기' },
    { done: false, text: '일기 쓰기' }
  ];
</script>

{#each todos as todo, index (index)}
  <label class:done={todo.done}>
    <input
      type=checkbox
```

```
      bind:checked={todo.done}
    >
      {todo.text}
   </label>
{/each}
```

코드 8-11

8-7 Media 태그

Svelte는 Audio와 Video 미디어 태그에 바인딩할 수 있는 몇 가지 속성을 제공합니다. 다음 코드는 미디어 태그에 바인딩할 수 있는 속성을 사용한 예시입니다.

```
<script>
  // 미디어 태그에 바인딩되는 변수입니다.
  let time = 0;
  let duration;
  let paused = true;

  let showControls = true;
  let showControlsTimeout;

  function handleMousemove(e) {
    // controls 영역을 노출합니다. 2.5초 후에 fade out 됩니다.
    clearTimeout(showControlsTimeout);
    showControlsTimeout = setTimeout(() → showControls = false, 2500);
    showControls = true;

    if (!(e.buttons & 1)) return; // 마우스 다운 상태가 아닐 경우
    if (!duration) return; // 동영상이 로드되지 않았을 경우

    // 마우스 드래그로 재생 위치를 변경합니다.
```

```
    const { left, right } = this.getBoundingClientRect();
    time = duration * (e.clientX - left) / (right - left);
  }

  function handleMousedown(e) {
    // 드래그 후 클릭 이벤트를 사용할 수 없어 별도로 클릭을 위한 이벤트를 작성했습니다.

    function handleMouseup() {
      if (paused) e.target.play();
      else e.target.pause();
      cancel();
    }

    function cancel() {
      e.target.removeEventListener('mouseup', handleMouseup);
    }

    e.target.addEventListener('mouseup', handleMouseup);

    setTimeout(cancel, 200);
  }

  function format(seconds) {
    if (isNaN(seconds)) return '...';

    const minutes = Math.floor(seconds / 60);
    seconds = Math.floor(seconds % 60);
    if (seconds < 10) seconds = '0' + seconds;

    return `${minutes}:${seconds}`;
  }
</script>

<h1>Caminandes: Llamigos</h1>
```

```
<p>From <a href="https://cloud.blender.org/open-projects">Blender Open
Projects</a>. CC-BY</p>

<div>
  <video
    poster="https://sveltejs.github.io/assets/caminandes-llamigos.jpg"
    src="https://sveltejs.github.io/assets/caminandes-llamigos.mp4"
    on:mousemove={handleMousemove}
    on:mousedown={handleMousedown}
    bind:currentTime={time}
    bind:duration
    bind:paused>
    <track kind="captions">
  </video>

  <div class="controls" style="opacity: {duration && showControls ? 1 : 0}">
    <progress value="{(time / duration) || 0}"/>

    <div class="info">
      <span class="time">{format(time)}</span>
      <span>click anywhere to {paused ? 'play' : 'pause'} / drag to seek</span>
      <span class="time">{format(duration)}</span>
    </div>
  </div>
</div>
```

코드 8-12

코드 8-12에서 4부분의 코드를 살펴보겠습니다.

- **bind:duration:** duration은 총 재생 길이입니다. bind:duration={duration}을 약어로
  작성한 코드입니다. <span class="time">{format(duration)}</span>으로 총 재생 길이
  를 화면에 표시합니다.

- bind:currentTime={time}: currentTime은 현재 재생 위치입니다. controls의 format(time)으로 총 재생 길이를 화면에 표시합니다.

- bind:paused: 일시 정지 됐는지 표시하는 플래그입니다.

- ⟨progress value="{(time / duration) || 0}"/⟩: time과 duration을 사용해서 현재 위치를 표시합니다.

미디어 태그에는 바인딩 가능한 8개의 읽기 전용 속성과 4개의 읽기, 쓰기 가능한 속성이 있습니다.

8-7-1. 읽기 전용 속성

아래 목록은 읽기 전용으로 바인딩할 수 있는 8개의 속성입니다.

- duration (Number): 총 재생 길이(초 단위)입니다.

- buffered (Array⟨{start: Number, end: Number}⟩): {start, end} 객체의 배열로 버퍼된 위치(초 단위 범위)의 배열입니다.

- seekable (Array⟨{start: Number, end: Number}⟩): {start, end} 객체의 배열로 위치를 찾을 수 있는 범위를 나타내는 배열입니다.

- played (Array⟨{start: Number, end: Number}⟩): {start, end} 객체의 배열로 재생했던 위치들을 나타내는 배열입니다.

- seeking (Boolean): 찾는 중인지 표시하는 플래그입니다.

- ended (Boolean): 재생이 종료되었는지 표시하는 플래그입니다.

- videoWidth (Number): Video 태그에서 사용할 수 있습니다. Video 태그의 너비를 나타냅니다.

- videoHeight (Number): Video 태그에서 사용할 수 있습니다. Video 태그의 높이를 나타냅니다.

8-7-2. 읽기, 쓰기 가능한 속성

아래 목록은 읽기, 쓰기가 가능한 4개의 속성입니다.

- currentTime (Number): 현재 재생 위치(초 단위)를 나타냅니다.

- playbackRate (Number): 재생 속도를 나타냅니다. (Normal: 1)

- paused (Boolean): 일시 정지 됐는지 표시하는 플래그입니다.

- volume (Number): 음량의 크기를 나타냅니다 (0과 1 사이)

8-8 Dimension 바인딩

블록 레벨 요소(div, p 혹은 display:block 스타일이 지정된 요소)들은 clientWidth, clientHeight, offsetWidth, offsetHeight를 읽기 전용으로 바인딩할 수 있습니다. 이 값을 변경하더라도 width와 height는 변경되지 않습니다. 다음과 같이 바인딩해 사용할 수 있습니다.

```
<script>
  let w;
  let h;
  let size = 42;
  let text = 'Hello World!';
</script>

<style>
  input { display: block; }
  div { display: inline-block; }
  span { word-break: break-all; }
</style>
```

```
<input type=range bind:value={size}>
<input bind:value={text}>

<p>size: {w}px x {h}px</p>

<div bind:clientWidth={w} bind:clientHeight={h}>
  <span style="font-size: {size}px">{text}</span>
</div>
```

코드 8-13

Dimension 정보를 바인딩할 때 주의해야 할 두 가지 사항이 있습니다.

첫 번째로 성능 이슈입니다. 요소의 높이와 너비를 계산해야 하기 때문에 성능상 오버헤드가 발생합니다. 많은 요소에서 사용하는 것을 추천하지 않습니다.

두 번째는 인라인 레벨 요소에는 바인딩할 수 없습니다. 인라인 태그는 높이 너비 스타일을 가질 수 없기 때문에 자연스럽게 이해하실 수 있습니다. 인라인 레벨 요소뿐만 아니라 Canvas와 같이 다른 태그를 포함할 수 없는 태그에서도 바인딩할 수 없습니다.

8-9 This 바인딩

DOM 요소를 가져오고 싶거나, 컴포넌트 인스턴스를 가져올 때 사용하는 것이 This 바인딩입니다.

8-9-1. HTML 태그에서 This 바인딩

다음 코드와 같이 작성하면 DOM 요소를 바인딩할 수 있습니다.

```
<script>
  let value;
  let input;
</script>

<input bind:value bind:this="{input}">
<button on:click="{() → input.focus()}">Focus</button>
```

코드 8-14

코드 8-14는 버튼을 클릭하면 Input 태그가 포커스되고, bind:this="{input}"와 같이 작
성하면 input 변수에 Input 태그가 바인딩됩니다. 이벤트 핸들러 등의 다른 함수에서
바인딩된 DOM 요소를 접근해서 사용할 수 있습니다.

8-9-2. 컴포넌트에서 This 바인딩

다음 코드들은 코드 8-14를 컴포넌트로 나누어 동일 기능을 구현한 예제입니다.

```
<!-- src/Inner.svelte -->
<script>
  let value, input;
</script>

<input bind:value bind:this="{input}">
```

코드 8-15

```
<!-- src/App.svelte -->
<script>
  import Inner from './Inner.svelte';
  let inner;
</script>
```

```
<Inner bind:this="{inner}" />
<button on:click="{() → inner.$capture_state().input.focus()}">Focus</button>
```

코드 8-16

This를 바인딩하여 컴포넌트 인스턴스를 가져온 경우, 바인딩된 컴포넌트 인스턴스의 $capture_state 함수를 호출하면 해당 컴포넌트의 데이터(상태(state)라고도 함) 값을 가져올 수 있습니다.

8-10 컴포넌트 Props 바인딩

HTML 속성을 바인딩한 것처럼 bind:Props 이름을 사용하여 컴포넌트의 Props를 바인딩할 수 있습니다.

```
<!-- src/Inner.svelte -->
<script>
  export let value;
</script>

<input bind:value>
```

코드 8-17

```
<!-- src/App.svelte -->
<script>
  import Inner from './Inner.svelte';
  let value;
  function handleClick () {
```

```
    alert(value);
  }
</script>

<Inner bind:value />
<button on:click="{handleClick}">출력</button>
```

코드 8-18

Inner 컴포넌트는 value라는 Props를 전달받고, App 컴포넌트는 bind:value로 value라는 Props를 바인딩하였습니다. 이렇게 컴포넌트의 Props를 바인딩하면, Inner 컴포넌트에서도 App 컴포넌트에서도 value 값을 업데이트할 수 있는 양방향 데이터 흐름을 가지게 됩니다. 양 방향 데이터 흐름은 경우에 따라 편리한 기능이긴 하지만 값이 수정되었을 때 어디서 수정된 것인지 찾기 어려워 필요한 곳에만 사용하는 것이 좋습니다.

Chapter
9

라이프 사이클

9-1 라이프 사이클(Lifecycle)이란

컴포넌트의 라이프 사이클이란 컴포넌트가 생성되고 제거되는 과정을 이야기합니다. 컴포넌트가 화면에 그려지거나, 업데이트, 제거될 때 실행되는 콜백 함수를 라이프 사이클 함수라고 합니다. Svelte는 onMount, onDestroy, beforeUpdate, afterUpdate 네 가지 종류의 라이프 사이클 함수가 있습니다.

라이프 사이클 함수는 import { 라이프 사이클 함수 이름 } from 'svelte'로 가져와서 사용할 수 있습니다. 라이프 사이클 함수는 콜백으로 실행되는 함수를 파라미터로 전달받습니다.

9-2 onMount

onMount는 가장 많이 사용되는 라이프 사이클 함수입니다. 컴포넌트가 DOM에 마운트된 후 파라미터로 전달된 함수가 실행됩니다. onMount 함수의 형태는 다음과 같습니다.

```
onMount(callback: () → void)
```

코드 9-1

```
onMount(callback: () → () → void)
```

코드 9-2

onMount 함수는 다음 코드와 같이 사용할 수 있습니다.

```svelte
<script>
  import { onMount } from 'svelte';

  let photos = [];

  onMount(async () → {
    const res = await fetch('https://jsonplaceholder.typicode.com/photos?_
limit=20');
    photos = await res.json();
  });
</script>

<style>
  .photos {
    width: 100%;
    display: grid;
    grid-template-columns: repeat(5, 1fr);
    grid-gap: 8px;
  }

  figure, img {
    width: 100%;
    margin: 0;
  }
```

```
</style>

<h1>Photo album</h1>

<div class="photos">
  {#each photos as photo}
    <figure>
      <img src={photo.thumbnailUrl} alt={photo.title}>
      <figcaption>{photo.title}</figcaption>
    </figure>
  {:else}
    <p>기다리는 중 ... </p>
  {/each}
</div>
```

코드 9-3

코드 9-3은 컴포넌트가 마운트된 후 onMount 함수의 파라미터로 전달된 콜백 함수가
실행되어 네트워크를 통해 데이터를 가져옵니다. 네트워크를 통해 데이터를 가져오기
전까지는 {:else} 블록이 화면에 노출됩니다.

9-2-1. 네트워크 작업

초기에 네트워크를 통해 데이터를 가져와야 하는 작업이 있다면 Script 태그 상단이 아
닌 onMount 함수에서 가져오는 것이 좋습니다. onMount의 콜백 함수는 컴포넌트가
마운트된 후 실행되기 때문에 데이터를 가져오느라 DOM이 느리게 마운트되는 문제
를 피할 수 있습니다.

9-2-2. 반환 함수

코드 9-2 형태로 onMount 함수를 사용하여 콜백 함수의 반환값으로 함수를 전달한다
면, 이 함수는 컴포넌트가 DOM에서 제거될 때 실행됩니다. onMount 함수에서 할당

한 자원이 있다면 이 반환 함수는 할당된 자원을 반환하는 역할로 사용하기에 적당합니다. 다음 코드와 같이 onMount 함수에서 할당한 자원을 반환 함수에서 자원을 반환할 수 있습니다.

```
<script>
  import { onMount } from 'svelte';

  let seconds = 0;

onMount(() → {
    const interval = setInterval(() → seconds += 1, 1000);
    return () →clearInterval(interval);
  });
</script>

<p>{seconds} {seconds === 1 ? 'second' : 'seconds'}</p>
```

코드 9-4

onMount 함수에서 setInterval을 사용하여 자원을 할당하고 반환 함수에서 자원을 반환합니다. 자원을 할당하고 반환하는 코드가 한 함수 안에 있어서 코드의 흐름을 파악하기 쉽습니다.

9-3 onDestroy

컴포넌트에 제거되기 직전에 onDestroy 함수의 파라미터로 전달된 함수가 실행됩니다. onDestroy함수의 형태는 다음과 같습니다.

```
onDestroy(callback: () → void)
```

코드 9-5

onDestroy 함수는 다음 코드와 같이 사용할 수 있습니다.

```
<script>
  import { onDestroy } from 'svelte';

  let seconds = 0;
  const interval = setInterval(() → seconds += 1, 1000);

  onDestroy(() → clearInterval(interval));
</script>
<p>{seconds} {seconds === 1 ? 'second' : 'seconds'}</p>
```

코드 9-6

onDestroy 함수의 콜백 함수는 컴포넌트가 제거되기 직전에 호출되기 때문에 할당받은
자원들을 해제하는 데 사용되기에 적합합니다.

9-4 beforeUpdate

컴포넌트가 업데이트되기 직전에 beforeUpdate 함수의 파라미터로 전달된 함수가 실행
됩니다. beforeUpdate 함수의 형태는 다음과 같습니다.

```
beforeUpdate(callback: () → void)
```

코드 9-7

beforeUpdate 함수는 다음 코드와 같이 사용할 수 있습니다.

```
<script>
  import { beforeUpdate } from 'svelte';

  let div;
  let autoscroll;

  beforeUpdate(() → {
    autoscroll = div && (div.offsetHeight + div.scrollTop) > (div.scrollHeight
- 20);
  });
</script>
<div bind:this="{div}">DIV</div>
```

코드 9-8

beforeUpdate 함수는 컴포넌트가 마운트되기 전에도 호출되기 때문에 DOM에 접근할 때 DOM이 존재하는지 체크하는 동작이 필요합니다. 코드 9-7은 bind:this로 div를 바인딩 합니다. div를 사용하기 전에 div && …으로 유효성 체크를 하는 것을 볼 수 있습니다.

9-5 afterUpdate

컴포넌트가 업데이트된 후에 afterUpdate 함수의 파라미터로 전달된 함수가 실행됩니다. afterUpdate 함수의 형태는 다음과 같습니다.

```
afterUpdate(callback: () → void)
```

코드 9-9

afterUpdate 함수는 다음 코드와 같이 사용할 수 있습니다.

```
<script>
  import { beforeUpdate, afterUpdate } from 'svelte';

  let div;
  let autoscroll;

  beforeUpdate(() → {
    autoscroll = div && (div.offsetHeight + div.scrollTop) > (div.scrollHeight
- 20);
  });

  afterUpdate(() → {
    if (autoscroll) div.scrollTo(0, div.scrollHeight);
  });
</script>
<div bind:this="{div}">DIV</div>
```

코드 9-10

9-6 라이프 사이클 모듈화

Svelte의 라이프 사이클 함수는 어디서 사용할지는 중요하지 않습니다. 함수 안에서 라이프 사이클 함수가 호출될 수도 있고, 다른 파일에 작성하고 컴포넌트에서 import하여 사용할 수도 있기 때문에 기능별로 모듈화하기 쉽습니다. 다음 코드는 코드 9-5의 라이프 사이클을 모듈화한 예제입니다.

```
// src/utils.js
import { onDestroy } from 'svelte';

export function onInterval(callback, milliseconds) {
  const interval = setInterval(callback, milliseconds);
```

```
  onDestroy(() → {
    clearInterval(interval);
  });
}
```

코드 9-11

```
<!— src/App.svelte —>
<script>
  import { onInterval } from './utils.js';

  let seconds = 0;
  onInterval(() → seconds += 1, 1000);
</script>

<p>{seconds} {seconds === 1 ? 'second' : 'seconds'}</p>
```

코드 9-12

코드 9-10의 onInterval 함수는 자원을 할당하는 setInterveal 함수와 자원을 해제하는 onDestroy 함수를 모두 포함하기 때문에 다른 컴포넌트에서도 간편하게 사용할 수 있습니다.

9-7 tick

컴포넌트가 마운트된 후 호출되는 onMount와 컴포넌트가 제거된 후 호출되는 onDe-stroy와 달리 tick 함수는 특정한 호출 시점이 없습니다. tick 함수는 Promise를 반환합니다. 이 Promise는 변경된 내용이 있다면 변경된 내용이 DOM에 반영된 직후에 resolve 되고, 변경된 내용이 없다면 바로 해결됩니다.

사용 방법은 다음 코드와 같습니다. 다음 예제는 문자열을 선택한 후 탭 키를 누르면 소문자는 대문자로, 대문자는 소문자로 변경되는 예제입니다.

```
<script>
  import { tick } from 'svelte';

  let text = `탭 키를 누르시면 선택된 문자열이 대/소문자로 변경됩니다.`;

  async function handleKeydown(event) {
    if (event.which !== 9) return;

    const { selectionStart, selectionEnd, value } = this;
    const selection = value.slice(selectionStart, selectionEnd);

    const replacement = /[a-z]/.test(selection)
      ? selection.toUpperCase()
      : selection.toLowerCase();

    text = (
      value.slice(0, selectionStart) +
      replacement +
      value.slice(selectionEnd)
    );

    await tick();
    this.selectionStart = selectionStart;
    this.selectionEnd = selectionEnd;
  }
</script>

<style>
  textarea {
    width: 100%;
    height: 200px;
  }
```

```
</style>

<textarea value={text} on:keydown|preventDefault={handleKeydown}></textarea>
```

코드 9-13

코드 9-12를 살펴봅시다.

- preventDefault 이벤트 수식어를 사용하여 Textarea 태그의 기본 동작을 막습니다.

- handleKeydown 이벤트 핸들러에서 사용한 this는 Textarea 태그를 가리킵니다.

- Tick 함수의 리턴 값은 Promise이기 때문에 await를 사용할 수 있습니다.

Svelte는 데이터가 변경되면 즉시 업데이트되지 않습니다. 정해진 시간 이후에 변경된 내용들이 한꺼번에 업데이트됩니다. 이런 동작은 불필요한 업데이트를 피할 수 있으며, 브라우저가 효율적으로 작업을 일괄 처리할 수 있게 됩니다.

Chapter
10

스토어

10-1 스토어란

Svelte는 내부에 상태 관리 라이브러리(svelte/store)를 포함하고 있습니다. 스토어는 서로 관계없는 컴포넌트끼리 같은 데이터를 접근해야 할 경우 사용됩니다.

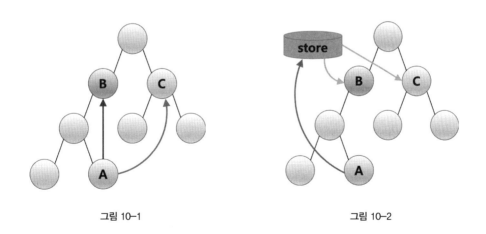

그림 10-1

그림 10-2

그림 10-1과 같이 A 컴포넌트의 데이터가 B와 C 컴포넌트에서 필요한 경우, 그림 10-2와 같이 스토어를 사용하면 별도의 저장소에 A 컴포넌트의 데이터를 저장하고 그

데이터를 B와 C 컴포넌트에서 가져와 사용하도록 만들 수 있습니다.

스토어는 스토어 값의 변화를 구독하는 subscribe 함수를 포함한 객체입니다. 스토어의 값을 업데이트할 수 있는 set, update 함수의 유무에 따라 Writable 스토어, Readable 스토어로 구분할 수 있습니다. 그 밖에 다른 스토어의 값을 참고하여 새로운 값을 나타내는 Derived 스토어, 사용자가 직접 만드는 Custom 스토어 이렇게 네 가지 종류의 스토어가 있습니다. 한 가지씩 살펴보겠습니다.

10-2 Writable 스토어

대부분의 스토어는 읽기는 물론 쓰기(수정)도 가능해야 합니다. Writable 스토어는 읽기, 쓰기 모두 가능한 스토어로 가장 많이 사용되는 스토어입니다. Writable 스토어는 subscribe 함수뿐만 아니라, 스토어 값을 업데이트할 수 있는 set과 update 함수를 포함한 객체입니다.

10-2-1. writable 함수

Writable 스토어는 writable 함수를 사용해서 만들 수 있습니다. writable 함수는 set 함수의 유무에 따라 두 가지 형태로 구분됩니다. 다음 코드는 set 함수를 사용하지 않는 간단한 형태입니다.

```
store = writable(value: any)
```

코드 10-1

코드 10-1의 writable 함수의 파라미터 정보는 다음과 같습니다.

- value: 스토어의 초기값입니다.

사용하는 방법은 다음 코드와 같습니다.

```
// src/stores.js
import { writable } from 'svelte/store';

export const count = writable(0);
```

코드 10-2

```
<!-- src/Updater.svelte -->
<script>
  import { count } from './stores';

  export let num;
  export let text;

  function handleUpdate () {
count.update(n → n + num);
  }
</script>

<button on:click="{handleUpdate}">{text}</button>
```

코드 10-3

```
<!-- src/Setter.svelte -->
<script>
  import { count } from './stores';

  export let num;
  export let text;

  function handleSet () {
```

```
count.set(num);
  }
</script>


<button on:click="{handleSet}">{text}</button>
```

코드 10–4

```
<!-- src/App.svelte -->
<script>
  import { count } from './stores';
  import Updater from './Updater.svelte';
  import Setter from './Setter.svelte';

  let viewCount;

  count.subscribe(value → {
    viewCount = value;
  });
</script>


<p>{viewCount}</p>
<div>
  <Updater num="{1}" text="+" />
  <Updater num="{-1}" text="-" />
  <Setter num="{0}" text="reset"/>
</div>
```

코드 10–5

코드 10–2의 count는 writable(0)으로 생성한 set와 update, subscribe 함수가 있는 Writable 스토어입니다. count 스토어는 App, Updater, Setter 컴포넌트에서 공유됩니다.

코드 10–3의 Updater 컴포넌트는 Writable 스토어의 update 함수를 사용해서 count 스토어의 값을 업데이트합니다. update 함수는 함수를 파라미터로 전달받습니다. 이 함수는 기존 스토어의 값을 파라미터로 받고 새로운 값을 반환하는데, 반환한 값으로 스토어의 값이 업데이트됩니다.

코드 10-4의 Setter 컴포넌트는 Writable 스토어의 set 함수를 사용해서 count 스토어의 값을 할당합니다. set 함수의 파라미터로 전달된 값으로 스토어의 값이 변경됩니다.

코드 10-5의 App 컴포넌트는 Updater 컴포넌트와 Setter 컴포넌트에서 변경되는 count 스토어의 값을 화면에 출력합니다. subscribe 함수를 사용해서 count 스토어가 변경되는지 감시합니다. count 스토어의 값이 업데이트되면 subscribe 함수의 파라미터로 전달된 함수가 실행됩니다. 이 함수는 파라미터로 새로운 count 스토어의 값을 전달받습니다. 이 값을 사용하여 화면을 업데이트합니다.

다음 코드는 set 함수를 사용할 수 있는 형태의 writable 함수입니다.

```
store = writable(value: any, (set: (value: any) → void) → () → void)
```

코드 10-6

코드 10-6의 writable 함수의 파라미터와 반환값 정보는 다음과 같습니다.

- **value**: 스토어의 초기값입니다.

- **(set: (value: any) → void) → () → void**: 스토어를 감시하는 구독자가 생길 경우 호출되는 함수입니다. set 함수를 파라미터로 받고, 함수를 반환합니다.

- **set: (value: any) → void**: 스토어의 값을 새로운 값으로 설정하는 함수입니다.

- **value**: 스토어에 새롭게 저장할 값입니다.

- **() → void (반환값)**: 스토어를 감시하는 구독자가 없어졌을 때 호출되는 함수입니다. 스토어에서 사용된 자원을 해제하는 데 사용하기에 적당합니다.

Writable 스토어를 만드는 방법은 다음 코드와 같습니다.

```
// src/stores.js
import { writable } from 'svelte/store';

export const count = writable(0, (set) → {
  // set 함수를 사용하여 count 스토어의 값을 업데이트할 수 있습니다.
  console.log('count 스토어 감시를 시작합니다.');
  return () → console.log('count 스토어 감시가 종료됩니다.');
});
```

코드 10-7

스토어를 감시하는 구독자 수가 0에서 1(혹은 그 이상)이 되었을 때 두 번째 파라미터로 전달된 함수가 실행되어, 'count 스토어 감시를 시작합니다'라는 로그를 출력합니다. 스토어를 감시하는 구독자 수가 1(혹은 그 이상)에서 0이 될 때 두 번째 파라미터로 전달된 함수의 반환 함수가 실행되어, 'count 스토어 감시가 종료됩니다.'라는 로그를 출력합니다.

10-2-2. 자원 해제

코드 10-5 예제는 스토어를 감시하기 위해 사용된 자원을 해제하는 코드가 빠져 있습니다. subscribe 함수의 반환값은 감시를 해제해주는 함수입니다. 코드 10-5를 다음 코드와 같이 수정하면 스토어를 감시하는 데 사용된 자원을 해제할 수 있습니다.

```
<!-- src/App.svelte -->
<script>
  import { onDestroy } from 'svelte';
  import { count } from './stores';
  import Updater from './Updater.svelte';
  import Setter from './Setter.svelte';
```

```
  let viewCount;

  const unsubscribe = count.subscribe(value → {
viewCount = value;
  });

  onDestroy(() → {
    unsubscribe();
  })
</script>

<p>{viewCount}</p>
<div>
  <Updater num="{1}" text="+" />
  <Updater num="{-1}" text="-" />
  <Setter num="{0}" text="reset"/>
</div>
```

코드 10-8

onDestroy 라이프 사이클 함수를 사용하여 컴포넌트가 제거됐을 때, subscribe 함수의 반환 함수로 감시하기 위해 사용한 자원을 해제하였습니다.

10-2-3. 자동 구독

스토어를 사용하면 아래의 작업은 항상 수행되어야 합니다.

- subscribe 함수를 사용하여 스토어를 감시합니다.

- 감시 중인 스토어의 값이 변경되면, 화면에 표시되는 변수를 업데이트합니다.

- onDestroy 라이프 사이클 함수에서 subscribe 함수의 반환 함수를 사용하여 감시하기 위해 사용되는 자원을 해제해줍니다.

Svelte는 자동 구독 기능을 제공하여 이런 일련의 과정을 생략할 수 있습니다. 자동 구독을 사용하면 코드 10-8은 아래 코드와 같이 수정됩니다.

```
<!-- src/App.svelte -->
<script>
  import { count } from './stores';
  import Updater from './Updater.svelte';
  import Setter from './Setter.svelte';
</script>

<p>{$count}</p>
<div>
  <Updater num="{1}" text="+" />
  <Updater num="{-1}" text="-" />
  <Setter num="{0}" text="reset"/>
</div>
```

코드 10-9

코드 10-9와 같이 스토어 이름 앞에 $를 붙여 사용하면 자동 구독을 할 수 있습니다. 자동 구독을 사용하면 HTML 태그에서뿐만 아니라 자바스크립트에서도 사용할 수 있습니다. 자동 구독을 사용하면 코드 10-3과 코드 10-4는 다음 코드와 같이 수정됩니다.

```
<!-- src/Updater.svelte -->
<script>
  import { count } from './stores';

  export let num;
  export let text;

  function handleUpdate () {
```

```
    $count += num;
  }
</script>
<button on:click="{handleUpdate}">{text}</button>
```

코드 10-10

```
<!-- src/Setter.svelte -->
<script>
  import { count } from './stores';

  export let num;
  export let text;

  function handleSet () {
    $count = num;
  }
</script>

<button on:click="{handleSet}">{text}</button>
```

코드 10-11

코드 10-10, 코드 10-11과 같이 자동 구독을 사용한 $count를 일반 변수처럼 자바스크립에서 사용할 수 있습니다. 자동 구독 기능을 사용할 때 두 가지 주의사항이 있습니다.

첫 번째는 스토어 변수는 최상위 스코프에 정의되어야 합니다. 최상위 스코프에 있다는 것은 블록 안에서 변수가 정의되지 않고 script 태그 바로 하위에 정의되는 것을 말합니다. import된 스토어 혹은 최상위 스코프에서 정의된 스토어는 자동 구독을 사용할 수 있습니다.

두 번째는 $를 접두사로 사용하는 변수를 선언할 수 없습니다. 자동 구독을 위해 $ 접두사를 사용하기 때문에 Svelte는 $ 접두사를 사용하는 변수 선언이 불가능합니다.

10-2-4. 스토어 바인딩

스토어도 컴포넌트의 Props나 HTML 태그의 속성에 바인딩할 수 있습니다. 바인딩이 가능하려면 set 함수가 존재하는 Writable 스토어여야 합니다. 바인딩하는 방법은 간단합니다.

```
// src/stores.js
import { writable } from 'svelte/store';

export const count = writable(0);
```

코드 10-12

```
<!-- src/App.svelte -->
<script>
  import { count } from './stores';
</script>

<input bind:value="{$count}" />
<p>{$count}</p>
```

코드 10-13

코드 10-13과 같이 자동 구독을 사용한 $count를 일반 변수와 같이 생각하고, 데이터 바인딩을 사용하면 스토어를 바인딩할 수 있습니다.

10-3 Readable 스토어

마우스의 위치나 사용자 위치, 현재 시간 등 수정이 필요하지 않는 데이터를 스토어로 만들어 사용해야 할 때가 있습니다. 외부에서 스토어의 값을 변경할 필요가 없을 때 읽기만 가능한 Readable 스토어를 사용할 수 있습니다.

10-3-1 . readable 함수

Readable 스토어는 readable 함수를 사용하여 만들 수 있습니다. readable 함수는 다음 코드와 같은 형태를 가집니다.

```
store = readable(value: any, (set: (value: any) → void) → () → void)
```

코드 10-14

코드 10-14의 readable 함수의 파라미터와 반환값 정보는 코드 10-6의 writable 함수의 형태와 동일합니다.

- value: 스토어의 초기값입니다.

- (set: (value: any) → void) → () → void: 스토어를 감시하는 구독자가 생길 경우 호출되는 함수입니다. set 함수를 파라미터로 받고, 함수를 반환합니다.

  - **set: (value: any) → void**: 스토어의 값을 새로운 값으로 설정하는 함수입니다. Readable 스토어의 값을 변경할 수 있는 유일한 방법입니다.

    - value: 스토어에 새롭게 저장할 값입니다.

  - **() → void (반환값)**: 스토어를 감시하는 구독자가 없어졌을 때 호출되는 함수

입니다. 스토어에서 사용된 자원을 해제하는 데 사용하기에 적당합니다.

Readable 스토어를 만드는 방법은 다음 코드와 같습니다.

```javascript
// src/stores.js
import { readable } from 'svelte/store';

export const time = readable(new Date(), function start(set) {
  const interval = setInterval(() → {
    set(new Date());
  }, 1000);

  return function stop() {
    clearInterval(interval);
  };
});
```

코드 10-15

```svelte
<!-- src/App.svelte -->
<script>
  import { time } from './stores.js';

  const formatter = new Intl.DateTimeFormat('en', {
    hour12: true,
    hour: 'numeric',
    minute: '2-digit',
    second: '2-digit'
  });
</script>

<p>{formatter.format($time)}</p>
```

코드 10-16

코드 10-15에서 readable 함수의 두 번째 파라미터인 start 함수는 첫 번째 구독자가 발생했을 때 실행되어 setInterval로 1초마다 현재 시간을 스토어 값으로 설정합니다. 구독자가 없어졌을 때 stop 함수가 호출되어 clearInterval로 사용된 자원을 해제합니다.

코드 10-16에서 $time으로 time 스토어를 자동 구독하여 사용하였습니다. Readable 스토어는 Writable 스토어와 동일하게 자동 구독을 사용할 수 있습니다.

10-4 Derived 스토어

Derived 스토어는 이미 존재하는 하나 이상의 스토어 값을 사용해서 새로운 스토어를 만들어 사용하고 싶을 때 사용됩니다. Derived 스토어는 참고한 스토어의 값에 종속적이기 때문에 Readable 스토어와 동일하게 읽기만 가능한 스토어입니다.

10-4-1. derived 함수

Derived 스토어는 derived 함수를 사용하여 만들 수 있습니다. derived 함수는 참고하는 스토어의 개수와 set 함수의 유무의 따라 네 가지 형태로 사용할 수 있습니다.

```
store = derived(a, callback: (a: any) → any)
```

코드 10-17

코드 10-17은 하나의 스토어를 참고하는 가장 간단한 derived 함수 사용 형태입니다. 파라미터와 반환값 정보는 다음과 같습니다.

- a: Derived 스토어를 만들기 위해 참고되는 스토어입니다.

- callback: (a: any) → any: 참고하는 스토어의 값을 사용하여 Derived 스토어에 저장할 값을 반환하는 함수입니다. 참고하는 스토어의 값이 변경되면 호출되어 Derived 스토어의 값을 업데이트합니다.

- **a**: 참고하는 스토어의 값입니다.

- **반환값**: Derived 스토어에 저장할 값입니다.

사용 방법은 다음 코드와 같습니다.

```
// src/stores.js
import { writable, derived } from 'svelte/store';

export const count = writable(0);
export const doubled = derived(count, $count → $count * 2);
```

코드 10-18

```
<!-- src/App.svelte -->
<script>
  import { count, doubled } from './stores';
</script>

<input bind:value="{$count}"/>
<p>{$count} X 2 = {$doubled}</p>
```

코드 10-19

코드 10-18의 doubled 스토어는 count 스토어를 참고하여 2배 곱을 나타내는 Derived 스토어입니다. 코드 10-19는 input 태그의 value에 자동 구독을 사용한 count 스토어를 바인딩하고, count 스토어 값의 2배 값을 나타내는 doubled 스토어를 자동 구독으로 화면에 나타내는 예제입니다. 코드에서 볼 수 있듯이 Derived 스토어 역시 자동 구독을 사용할 수 있습니다.

다음 코드는 하나의 스토어를 참고하고, set 함수를 사용하여 Derived 스토어의 값을 변경하는 derived 함수 사용 형태입니다.

```
store = derived(a, callback: (a: any, set: (value: any) → void) → void | ()
→ void, initial_value: any)
```

코드 10-20

코드 10-20의 derived 함수의 파라미터와 반환값 정보는 다음과 같습니다.

- a: Derived 스토어를 만들기 위해 참고되는 스토어입니다.

- callback: (a: any, set: (vale: any) → void) →void | () → void: 참고하는 스토어의 값을 사용하여 set 함수로 Derived 스토어 값을 설정하는 함수입니다. 참고하는 스토어의 값이 변경될 경우 호출됩니다.
  - a: 참고하는 스토어의 값입니다.
  - set: (value: any) → void: 스토어의 값을 새로운 값으로 설정하는 함수입니다.
    - value: 스토어에 새롭게 저장할 값입니다.
  - void | () → void (반환 값): 반환값이 함수일 경우, 스토어를 감시하는 구독자가 없어졌을 때 호출됩니다. 스토어에서 사용된 자원을 해제하는 데 사용하기에 적당합니다.

- initial_value: set 함수로 스토어 값이 설정되기 전까지 스토어에 저장되는 초기값입니다.

사용 방법은 다음 코드와 같습니다.

```
// src/stores.js
import { writable, derived } from 'svelte/store';

export const count = writable(0);
export const doubled = derived(count, ($count, set) → {
  const interval = setTimeout(() ⇒ set($count * 2), 1000);
  return () → {
```

```
    clearInterval(interval);
  };
}, '1초 후 값이 반영됩니다.');
```

코드 10-21

코드 10-21에서 두 번째 파라미터로 전달된 함수는 count 스토어의 값이 변경될 경우 호출되어, 1초 후 doubled 스토어를 새로운 값으로 변경합니다. 스토어를 감시하는 구독자가 없어질 경우 clearInterval로 자원 할당이 해제됩니다.

다음 코드는 여러 개의 스토어를 참고하는 Derived 스토어를 만드는 derived 함수 사용 형태입니다.

```
store = derived([a, …b], callback: ([a: any, …b: any[]]) → any)
```

코드 10-22

코드 10-22의 derived 함수의 파라미터와 반환값 정보는 다음과 같습니다.

- [a, …b]: Derived 스토어를 만들기 위해 참고되는 스토어 배열입니다.
- callback: ([a: any, …b: any[]]) →any: 참고하는 스토어 값의 배열을 사용하여 Derived 스토어에 저장할 값을 반환하는 함수입니다. 참고하는 스토어 값 중 하나라도 값이 변경될 경우 호출되어 Derived 스토어의 값을 업데이트합니다.
    - [a: any, …b: any[]]: 참고하는 스토어 값의 배열입니다.
    - 반환값: Derived 스토어에 저장할 값입니다.

사용 방법은 다음 코드와 같습니다.

```
// src/stores.js
import { writable, derived } from 'svelte/store';

export const num1 = writable(0);
export const num2 = writable(2);
export const multiple = derived([num1, num2], ([$num1, $num2]) → $num1 *
$num2);
```

코드 10-23

```
<!-- src/App.svelte -->
<script>
  import { num1, num2, multiple } from './stores';
</script>

<input bind:value="{$num1}" />
<input bind:value="{$num2}" />
<p>{$num1} X {$num2} = {$multiple}</p>
```

코드 10-24

코드 10-23의 derived 함수는 num1과 num2 스토어를 참고하여 num1과 num2 스토어의 값의 곱을 저장하는 multiple이라는 Derived 스토어를 만듭니다. 코드 10-24는 자동 구독을 사용하여 num1, num2 스토어를 input 태그의 value 속성에 바인딩하고, num1과 num2, multiple 스토어에 저장된 값을 자동 구독을 사용하여 화면에 나타냅니다.

다음 코드는 여러 개의 스토어를 참고하고, set 함수를 사용하여 Derived 스토어의 값을 변경하는 derived 함수 사용 형태입니다.

```
store = derived([a, ...b], callback: ([a: any, ...b: any[]], set: (value: any)
→ void) → void ¦ () → void, initial_value: any)
```

코드 10-25

코드 10-25에서 derived 함수의 파라미터와 반환값 정보는 다음과 같습니다.

- **[a, ···b]:** Derived 스토어를 만들기 위해 참고되는 스토어 배열입니다.

- **callback: ([a: any, ...b: any[]], set: (value: any) → void) → void | () → void:** 참고하는 스토어 값의 배열을 사용하여 set 함수로 Derived 스토어 값을 설정하는 함수입니다. 참고하는 스토어 값 중 하나라도 값이 변경될 경우 호출되어 Derived 스토어의 값을 업데이트합니다.

  - **[a: any, ...b: any[]]:** 참고하는 스토어 값의 배열입니다.

  - **set: (value: any) → void:** 스토어의 값을 새로운 값으로 설정하는 함수입니다.

    - value: 스토어에 새롭게 저장할 값입니다.

  - **void | () → void (반환값):** 반환값이 함수일 경우, 스토어를 감시하는 구독자가 없어졌을 때 호출됩니다. 스토어에서 사용된 자원을 해제하는 데 사용하기에 적당합니다.

- **initial_value:** set 함수로 스토어 값이 설정되기 전까지 스토어에 저장되는 초기값입니다.

사용 방법은 다음 코드와 같습니다.

```
// src/stores.js
import { writable, derived } from 'svelte/store';

export const num1 = writable(0);
export const num2 = writable(2);
export const multiple = derived([num1, num2], ([$num1, $num2], set) → {
  const interval = setTimeout(() → set($num1 * $num2), 1000);
  return () → {
    clearInterval(interval);
  };
}, '1초 후 값이 반영됩니다.');
```

코드 10-26

코드 10-26에서 두 번째 파라미터로 전달된 함수는 num1스토어나 num2 스토어의 값 중 하나라도 변경되면 호출되어, 1초 후 multiple 스토어를 새로운 값으로 변경합니다. 스토어를 감시하는 구독자가 없어질 경우 clearInterval로 자원 할당이 해제됩니다.

10-5 Custom 스토어

사용자 입맛에 맞게 스토어를 직접 만드는 방법을 살펴보겠습니다. 앞부분에서 '스토어는 subscribe 함수를 포함한 객체입니다.'라고 말씀드렸습니다. subscribe 함수만 구현할 수 있다면 Custom 스토어는 간단하게 만들 수 있습니다. subscribe 함수는 writable 함수의 반환값을 통해 가져올 수 있습니다. 예제로 살펴봅시다.

```js
// src/stores.js
import { writable } from 'svelte/store';

function createCount() {
  const { subscribe, set, update } = writable(0);

  return {
    subscribe,
    increment: () → update(n → n + 1),
    decrement: () → update(n → n - 1),
    reset: () → set(0)
  };
}

export const count = createCount();
```

코드 10-27

```
<!-- src/App.svelte -->
<script>
  import { count } from './stores.js';
</script>

<h1>The count is {$count}</h1>

<button on:click={count.increment}>+</button>
<button on:click={count.decrement}>-</button>
<button on:click={count.reset}>reset</button>
```

코드 10-28

코드 10-27의 count 스토어는 subscribe, increment, decrement, reset 함수를 가지는 스토어입니다. subscribe 함수는 writable 함수의 반환값을 사용했습니다. Count 스토어의 커스텀 함수 설명은 다음과 같습니다.

- **subscribe**: writable 함수를 호출하여 생성한 subscribe 함수입니다.

- **increment**: update(n → n + 1)로 관찰하는 값을 1 증가시킵니다.

- **decrement**: update(n → n - 1)로 관찰하는 값을 1 감소시킵니다.

- **reset**: set(0)으로 관찰하는 값을 0으로 초기화시킵니다.

10-6 get 함수

대부분의 경우 자동 구독이나 subscribe 함수를 사용하여 스토어를 구독하고 스토어의 값을 읽어 와서 사용합니다. 스토어의 값을 구독할 필요가 없을 경우, get 함수를 사용하여 스토어의 값을 가져올 수 있습니다. 코드 10-15, 코드 10-16 예제의 App 컴포넌트를 다음 코드와 같이 수정하겠습니다.

```
<!-- src/App.svelte -->
<script>
  import { get } from 'svelte/store';
  import { time } from './stores.js';

  const formatter = new Intl.DateTimeFormat('en', {
    hour12: true,
    hour: 'numeric',
    minute: '2-digit',
    second: '2-digit'
  });
</script>

<p>{formatter.format($time)}</p>
<p>{formatter.format(get(time))}</p>
```

코드 10-29

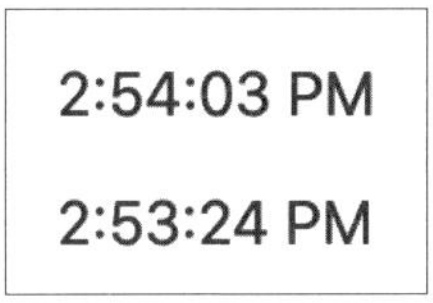

2:54:03 PM

2:53:24 PM

그림 10-3

그림 10-3은 코드 10-29의 실행 결과입니다. 자동 구동을 사용한 $time은 매초마다 업데이트하여 현재 시간을 나타냅니다. 하지만 get 함수를 사용하여 가져온 time 스토어 값은 컴포넌트가 처음 그려질 때의 time 스토어의 값을 화면에 나타냅니다. get 함수로 가져온 스토어 값은 구독하지 않아 업데이트되지 않지만, 구독에 사용되는 자원을 줄일 수 있는 장점이 있습니다.

11-1 모션이란

HTML 태그에 데이터를 바인딩하면, 데이터의 값이 변경됐을 때 자동으로 화면이 업데이트됩니다. Svelte는 사용자에게 좀 더 매끄러운 화면 업데이트 경험을 제공하기 위해 데이터의 값이 변경되어 화면을 업데이트할 때 애니메이션이 동작하는 모션 기능을 제공합니다.

svelte/motion에는 모션을 만들 수 있는 tweened, spring 두 가지 함수가 있습니다. 이두 함수는 Writable 스토어를 반환합니다. 이 스토어는 set이나 update 함수 호출 후에즉시 값이 업데이트되는 것이 아니라 시간에 따라 업데이트됩니다.

모션은 애니메이션을 동작시키기 때문에 예제를 직접 실행하여 애니메이션을 확인하는 것이 모션을 학습하는 데 도움이 됩니다.

11-2 Tweened

Tweened 모션은 사용자가 지정한 임의의 고정된 시간 동안 값을 업데이트합니다.

11-2-1. tweened 함수

Tweened 모션은 tweened 함수를 사용해서 만들 수 있습니다. Tweened 함수 형태는 다음 코드와 같습니다.

```
store = tweened(value: any, options)
```

코드 11-1

tweened 함수의 파라미터와 옵션 정보는 다음과 같습니다.

- value: 모션이 적용될 데이터 초기값입니다. undefined 또는 null이면 첫 번째 값은 즉시 반영됩니다.

  - **options**: Tweened 모션의 옵션입니다.

  - **delay (number, default 0)**: ms 단위입니다. 설정한 시간 후에 모션이 시작됩니다.

  - **duration (number, default 400)**: ms 단위입니다. 설정한 시간 동안 모션이 동작합니다.

  - **easing (function, default t → t)**: easing 함수입니다. Svelte는 svelte/easing에 30가지 Easing 함수(https://svelte.dev/docs#svelte_easing)를 제공합니다. svelte/easing에서 제공하는 함수가 아닌 커스텀 함수를 직접 만들 수도 있습니다.

  - **interpolate ((a, b) → t → value)**: 업데이트되기 전 값(a)과 업데이트될 값(b) 사이를 보간하여 화면에 보여주기 위해 사용되는 옵션입니다. 숫자, 날짜, 동일한 모양의 배열과 객체 사이는 자동으로 보간해주지만, 문자열 등은 보간 함수를 작성해주어야 합니다.

    - a: 시작 값입니다.

    - b: a 값이 도달해야 하는 목표 값입니다.

    - t → value: t 값에 따라 화면에 출력될 값(value)을 반환하는 보간 함수입

니다. 모션이 동작하는 동안에 반복적으로 호출되는 콜백 함수입니다.

- t: 0과 1 사이의 숫자입니다. 보간 함수가 호출될 때마다 t는 0에서 1 까지 점차 증가된 값으로 호출됩니다.
- value: 결과값입니다. t의 값에 따른 a 값을 반환해야 합니다.

참고

Easing 함수란

Easing 함수는 애니메이션을 자연스럽게 만들어주는 함수입니다. Easing 함수는 시간의 흐름에 따른 값의 변화율을 반환합니다. https://easings.net/ko에서 Easing 함수의 변화율을 간편히 확인할 수 있습니다.

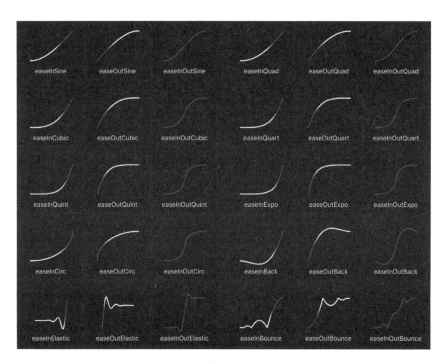

그림 11-1

그림 11-1은 https://easings.net/ko에서 제공하는 Easing 함수의 변화율 그림입니다.

보간법(Interpolation)이란

보간법은 두 점을 연결하는 방법을 의미합니다. 선형 보간법, 포물선 보간법 등이 있는데 두 점 사이를 연결하여 압축된 정보를 원본에 가깝게 복원하는 것이 목표입니다. 모션에서 보간은 업데이트 전과 후 사이의 값을 채워 넣어 사용자에게 부드러운 애니메이션을 제공하는 것이 목표입니다.

코드 11-1의 사용 방법은 다음 코드와 같습니다.

```
<script>
  import { tweened } from 'svelte/motion';
  import { cubicOut } from 'svelte/easing';

  const progress = tweened(0, {
    duration: 400,
    easing: cubicOut
  });
</script>

<style>
  progress {
    display: block;
    width: 100%;
  }
</style>

<progress value={$progress}></progress>

<button on:click="{() →progress.set(0)}">0%</button>
<button on:click="{() →progress.set(0.25)}">25%</button>
<button on:click="{() →progress.set(0.5)}">50%</button>
```

```
<button on:click="{() →progress.set(0.75)}">75%</button>
<button on:click="{() →progress.set(1)}">100%</button>
```

코드 11-2

코드 11-2를 살펴보면 tweened 함수의 옵션으로 duration은 400, easing 함수로 cubi-cOut을 사용한 것을 볼 수 있습니다. 버튼을 클릭할 경우 400ms 동안 그림 11-1의 easeOutCubic 변화율로 데이터가 업데이트되어 프로그레스 바(Progress Bar) 위치를 변경합니다.

tweened 함수로 생성된 Writable 스토어의 set, update 함수는 Promise를 반환합니다. 이 Promise는 Tweened 모션이 종료되면 해결(resolve)됩니다. set, update 함수는 두 번째 파라미터로 코드 11-1의 options 값을 전달할 수 있습니다. 코드로 살펴봅시다.

```
<script>
  import { tweened } from 'svelte/motion';
  import { cubicOut } from 'svelte/easing';

  const progress = tweened(0, {
    duration: 400,
    easing: cubicOut
  });

  async function handleSet(value, options) {
    await progress.set(value, options);
    alert('반영 완료!');
  }
</script>

<style>
  progress {
    display: block;
```

```
    width: 100%;
  }
</style>

<progress value={$progress}></progress>

<button on:click="{() →handleSet(0, { duration: 1000 })}">0%</button>
<button on:click="{() →handleSet(0.25, { duration: 2000 })}">25%</button>
<button on:click="{() →handleSet(0.5, { duration: 3000 })}">50%</button>
<button on:click="{() →handleSet(0.75, { duration: 4000 })}">75%</button>
<button on:click="{() →handleSet(1, { duration: 5000 })}">100%</button>
```

코드 11-3

코드 11-3의 tweened 함수로 생성한 progress 스토어의 set 함수는 Promise를 반환합니다. 이 Promise는 모션이 종료될 때 해결(resolve) 됩니다. 이 Promise를 사용하여 handleSet 함수에서 Tweened 모션이 종료되면 '반영 완료!'라는 Alert 메시지가 출력됩니다.

set 함수의 두 번째 파라미터로 options의 duration이 전달됩니다. set 함수의 두 번째 파라미터로 전달된 options는 progress 스토어를 생성할 때 전달된 options 값에 오버라이드됩니다. 즉, 코드 11-3의 버튼들은 순서대로 클릭될 때 1초, 2초, 3초, 4초, 5초 동안 cubicOut 애니메이션이 동작합니다.

11-3 Spring

Spring 모션은 이름에서 짐작할 수 있듯이 스프링처럼 튕기는 애니메이션이 동작하는 모션입니다. Tweened 모션은 옵션으로 전달된 duration 값으로 고정된 시간에 애니메이션이 동작합니다. 반면에 Spring 모션은 고정된 시간 없이 옵션으로 전달되는 stiffness 와 damping 값으로 애니메이션이 동작합니다.

Spring 모션은 속도에 의해 애니메이션이 동작하는 시간이 결정되기 때문에 많은 경우에서 좀 더 자연스러운 애니메이션 동작을 확인할 수 있습니다. 자주 변경되는 값인 경우 Spring 모션을 사용하는 것이 좀 더 자연스러울 수 있습니다.

11-3-1. spring 함수

Spring 모션은 spring 함수를 사용해서 만들 수 있습니다. spring 함수 형태는 다음 코드와 같습니다.

```
store = spring(value: any, options)
```

코드 11-4

spring 함수의 파라미터와 옵션 정보는 다음과 같습니다.

- **value:** 모션이 적용될 데이터 초기값입니다. undefined 또는 null이면 첫 번째 값은 즉시 반영됩니다.

- **options:** Spring 모션의 옵션입니다.

  - **stiffness (number, default 0.15):** 0과 1 사이의 값입니다. 높을수록 단단한 스프링이 튀는 듯한 애니메이션이 동작합니다.

  - **damping (number, default 0.8):** 0과 1 사이의 값입니다. 낮을수록 탄성이 좋은 스프링처럼 튕기는 횟수가 증가합니다.

  - **precision (number, default 0.001):** 스프링처럼 튕기는 동작이 안착(settled)된 것으로 판단하는 임곗값(threshold)입니다. 값이 낮을수록 더욱 정확해집니다.

사용 방법은 다음 코드와 같습니다.

```
<script>
  import { spring } from 'svelte/motion';

  let coords = spring({ x: 50, y: 50 }, {
    stiffness: 0.1,
    damping: 0.25
  });
</script>

<style>
svg { width: 100%; height: 100% }
  circle { fill: #ff3e00 }
</style>

<div style="position: absolute; right: 1em;">
  <label>
    <h3>stiffness ({coords.stiffness})</h3>
    <input bind:value={coords.stiffness} type="range" min="0" max="1" step="0.01">
  </label>

  <label>
    <h3>damping ({coords.damping})</h3>
    <input bind:value={coords.damping} type="range" min="0" max="1" step="0.01">
  </label>
</div>

<svg
  on:mousemove="{e ⇒ coords.set({ x: e.clientX, y: e.clientY })}"
>
  <circle cx={$coords.x} cy={$coords.y} r={10}/>
</svg>
```

코드 11-5

코드 11-5는 마우스 커서를 따라다니는 원을 화면에 그린 예제입니다. Input 태그의 value에 coords.stiffness와 cords.damping이 바인딩되어 있습니다. 이 두 값은 업데이트되면 바로 Spring 모션에 반영됩니다.

tweened 함수와 마찬가지로 spring 함수로 생성된 Writable 스토어의 set, update 함수는 Promise를 반환합니다. 이 Promise는 Spring 모션이 종료되면 해결(resolve)됩니다. set, update 함수는 두 번째 파라미터로 hard 또는 soft를 포함한 객체를 전달할 수 있습니다. { hard: true }일 경우 값이 즉시 변경됩니다. { soft: n }일 경우 Spring 모션이 정착(Settling)되기 전에 n초 동안 운동량을 보존합니다. { soft: true }는 { soft: 0.5 }와 동일합니다. 코드로 살펴봅시다.

```
<script>
  import { spring } from 'svelte/motion';

  let size = spring(10);
</script>

<style>
svg { width: 100%; height: 100% }
  circle { fill: #ff3e00 }
</style>

<svg
  on:mousedown="{() → size.set(30, { hard: true })}"
  on:mouseup="{async () → {
    await size.set(10);
    alert('반영 완료!');
  }}"
>
  <circle cx={100} cy={100} r={$size}/>
</svg>
```

코드 11-6

코드 11-6은 mousedown, mouseup 이벤트가 발생했을 때 원의 크기를 변경하는 예제입니다. Mousedown 이벤트가 발생하면 set 함수의 두 번째 파라미터로{ hard: true }가 전달됐기 때문에 즉시 값이 업데이트되어 애니메이션 없이 원의 크기가 커집니다. Mouseup 이벤트가 발생하면 Spring 모션이 동작하고 모션이 완료되면 '반영 완료!'라는 Alert 메시지가 출력됩니다.

12-1 트랜지션이란

데이터의 값이 변경됐을 때 애니메이션이 동작하는 모션과 달리 트랜지션은 HTML 태그가 추가 혹은 제거되었을 때 애니메이션이 동작합니다. 모션은 모션 함수로 스토어를 생성하여 스토어 값을 업데이트하는 방법으로 사용하지만 트랜지션은 트랜지션 디렉티브에 트랜지션 함수를 선언해서 사용합니다.

트랜지션은 모션과 동일하게 애니메이션을 동작시키기 때문에 예제를 직접 실행하여 애니메이션을 확인하는 것이 트랜지션 학습에 도움이 됩니다.

12-1-1. 트랜지션 디렉티브

트랜지션 디렉티브(directive)를 사용하는 방법은 간단합니다. HTML 태그에 속성을 정의하는 것처럼 다음 코드와 같이 트랜지션 디렉티브에 트랜지션 함수를 선언하면 됩니다.

```
<script>
  import { fade } from 'svelte/transition';
  let condition = true;
</script>

<label>
  <input type="checkbox" bind:checked={condition}>
  상태 변경
</label>

{#if condition}
  <div transition:fade>
    Fades in and out
  </div>
{/if}
```

코드 12-1

코드 12-1은 svelte/transition에서 fade 트랜지션 함수를 가져와 트랜지션 디렉티브에 선언합니다. condition 값에 따라 p 태그가 서서히 나타나거나 서서히 없어지는 fade 애니메이션이 동작합니다.

트랜지션에 몇 가지 옵션을 설정할 수 있습니다. 트랜지션 함수마다 설정할 수 있는 옵션이 다르기 때문에 밑에서 트랜지션 함수를 살펴볼 때 자세히 이야기하도록 하겠습니다. 트랜지션에 옵션을 설정하는 방법은 다음 코드와 같습니다.

```
<script>
  import { fade } from 'svelte/transition';
  let condition = true;
</script>

<label>
  <input type="checkbox" bind:checked={condition}>
```

```
  상태 변경
</label>

{#if condition}
  <div transition:fade={{ duration: 1000 }}>
    Fades in and out
  </div>
{/if}
```

코드 12-2는 1초 동안 fade 트랜지션이 동작하는 예제입니다. 트랜지션에 옵션을 설정하는 방법은 트랜지션 디렉티브에 설정하려는 옵션을 객체로 바인딩하면 됩니다.

> **참고**
>
> ### 디렉티브(Directive)란
>
> Angular나 Vue를 사용해 보셨다면 디렉티브라는 단어를 접하셨을 수도 있습니다. 디렉티브를 직역하면 지시문이라는 뜻입니다. HTML 태그에 어떠한 동작을 하라고 지시하는 역할을 합니다. Angular의 디렉티브는 ng- 접두어로 시작하고 Vue의 디렉티브는 v- 접두어로 시작합니다. Svelte의 경우에는 미리 약속된 접두어는 없습니다. 데이터 바인딩을 위해 사용한 bind나 위에서 살펴본 transition ,이후에 살펴볼 in과 out 등을 디렉티브라고 합니다.
>
> bind 디렉티브의 경우에는 bind:속성 형태로 사용되는데 HTML 태그에 속성을 바인드하라고 지시하는 역할을 합니다. transition 디렉티브는 transition:트랜지션 함수 형태로 사용되는데 HTML 태그에 트랜지션 함수를 사용하여 HTML 태그를 추가/제거하라고 지시하는 역할을 하게 됩니다.

12-1-2. 인/아웃 디렉티브

트랜지션 디렉티브 대신 인/아웃 디렉티브를 사용하면, HTML 태그가 추가될 때와 제거될 때의 트랜지션을 다르게 설정할 수 있습니다. 다음 코드와 같이 인/아웃 디렉티브를 사용할 수 있습니다.

```
<script>
  import { fade, fly } from 'svelte/transition';
  let condition = true;
</script>

<label>
  <input type="checkbox" bind:checked={condition}>
  상태 변경
</label>

{#if condition}
  <div in:fly="{{ y: 200, duration: 2000 }}" out:fade>
    Flies in, fades out
  </div>
{/if}
```

코드 12-3

HTML 태그가 화면에 추가될 때는 y 위치가 200만큼 떨어진 곳에서 2초 동안 fly 트랜지션으로 추가됩니다. 제거될 때는 fade 트랜지션으로 제거됩니다.

12-2 트랜지션 종류

앞에서 fade 트랜지션과 fly 트랜지션을 살펴봤습니다. 그 밖에 Svelte는 svelte/transition 내에 7개의 트랜지션을 제공합니다. 트랜지션을 한 가지씩 살펴보겠습니다.

12-2-1. fade

fade 트랜지션은 HTML 태그의 opacity를 조절하는 트랜지션입니다. 서서히 나타나거나 서서히 제거되는 애니메이션이 동작합니다. 설정 가능한 옵션은 다음과 같습니다.

- delay (number, default 0): ms 단위입니다. 설정한 시간이 지난 후에 트랜지션이 시작합니다.

- duration (number, default 400): ms 단위입니다. 설정한 시간 동안 트랜지션이 동작합니다.

- easing (function, default linear): 모션에서 살펴봤던 것과 동일한 easing 함수입니다. easing 함수의 변화율로 HTML 태그가 서서히 나타나거나 서서히 제거됩니다.

다음 코드와 같이 사용할 수 있습니다.

```
<script>
  import { fade } from 'svelte/transition';
  let condition = true;
</script>

<label>
  <input type="checkbox" bind:checked={condition}>
  상태 변경
</label>

{#if condition}
  <div transition:fade="{{delay: 250, duration: 300}}">
    fades in and out
  </div>
{/if}
```

코드 12-4

condition 값에 따라 250ms 후에 300ms 동안 fade 트랜지션이 동작합니다.

12-2-2. blur

blur 트랜지션은 HTML 태그가 점차 뚜렷해지며 추가되거나 흐려지며 제거되는 애니메이션이 동작합니다. 설정 가능한 옵션은 다음과 같습니다.

- delay (number, default 0): ms 단위입니다. 설정한 시간이 지난 후에 트랜지션이 시작합니다.

- duration (number, default 400): ms 단위입니다. 설정한 시간 동안 트랜지션이 동작합니다.

- easing (function, default cubicInOut): easing 함수입니다. easing 함수의 변화율로 HTML 태그가 선명해지며 나타나거나 흐려지며 제거됩니다.

- opacity (number, default 0): 애니메이션의 불투명도 값(0에 가까울수록 투명)입니다. 설정한 불투명도 값만큼 불투명해졌다가 제거되거나, 설정한 불투명도 값에서 추가되어 완전히 불투명해집니다.

- amount (number, default 0): px 단위입니다. 흐릿해지는 애니메이션의 크기입니다.

다음 코드와 같이 사용할 수 있습니다.

```
<script>
  import { blur } from 'svelte/transition';
  let condition = true;
</script>

<label>
  <input type="checkbox" bind:checked={condition}>
  상태 변경
</label>

{#if condition}
  <div transition:blur="{{amount: 10}}">
    blurs in and out
  </div>
{/if}
```

코드 12-5

condition 값에 따라 10px 크기의 흐릿해지는 애니메이션이 발생하며 HTML 태그가 추가, 제거됩니다.

12-2-3. fly

fly 트랜지션은 단어 그대로 HTML 태그가 날아오면서 추가, 제거되는 트랜지션입니다. 설정 가능한 옵션은 다음과 같습니다.

- delay (number, default 0): ms 단위입니다. 설정한 시간이 지난 후에 트랜지션이 시작합니다.

- duration (number, default 400): ms 단위입니다. 설정한 시간 동안 트랜지션이 동작합니다.

- easing (function, default cubicOut): easing 함수입니다. easing 함수의 변화율로 HTML 태그가 움직입니다.

- x (number, default 0): 애니메이션에 적용하는 x 위치입니다. HTML 태그가 추가될 때는 설정한 x 위치에서 나타나며 추가되고, HTML 태그가 제거될 때는 x 위치까지 이동한 후 제거됩니다.

- y (number, default 0): 애니메이션에 적용하는 y 위치입니다. HTML 태그가 추가될 때는 설정한 y 위치에서 나타나며 추가되고, HTML 태그가 제거될 때는 y 위치까지 이동한 후 제거됩니다.

- opacity (number, default 0): 애니메이션의 불투명도 값(0에 가까울수록 투명)입니다. 설정한 불투명도 값만큼 불투명해졌다가 제거되거나, 설정한 불투명도 값에서 추가되어 완전히 불투명해집니다.

다음 코드와 같이 사용할 수 있습니다.

```
<script>
  import { fly } from 'svelte/transition';
  import { quintOut } from 'svelte/easing';
  let condition = true;
</script>

<label>
  <input type="checkbox" bind:checked={condition}>
  상태 변경
</label>

{#if condition}
  <div transition:fly="{{delay: 250, duration: 300, x: 100, y: 500, opacity:
0.5, easing: quintOut}}">
    flies in and out
  </div>
{/if}
```

코드 12-6

condition 값에 따라 250ms 후에 300ms 동안 트랜지션이 동작합니다. HTML 태그가 나타나거나 사라지는 위치(offset)는 { x: 100, y: 500 }입니다. 불투명도는 0.5가 되면서 사라지거나 0.5부터 시작해 나타납니다. easing 함수로 quintOut을 사용하여 quintOut 변화율로 HTML 태그가 움직이며 나타나거나 제거됩니다.

12-2-4. slide

slide 트랜지션은 위에서 아래로 슬라이드로 나타나거나 제거되는 트랜지션입니다. 설정 가능한 옵션은 다음과 같습니다.

- **delay (number, default 0):** ms 단위입니다. 설정한 시간이 지난 후에 트랜지션이 시작합니다.

- duration (number, default 400): ms 단위입니다. 설정한 시간 동안 트랜지션이 동작합니다.

- easing (function, default cubicOut): easing 함수입니다. easing 함수의 변화율로 HTML 태그가 펼쳐지거나 접힙니다.

다음 코드와 같이 사용할 수 있습니다.

```
<script>
  import { slide } from 'svelte/transition';
  import { quintOut } from 'svelte/easing';
  let condition = true;
</script>

<label>
  <input type="checkbox" bind:checked={condition}>
  상태 변경
</label>

{#if condition}
  <div transition:slide="{{delay: 250, duration: 300, easing: quintOut }}">
    slides in and out
  </div>
{/if}
```

코드 12-7

condition 값에 따라 250ms 후에 300ms 동안 quintOut 변화율로 slide 트랜지션이 동작합니다.

12-2-5. scale

scale 트랜지션은 커지거나 작아지면서 화면에 추가, 제거되는 트랜지션입니다. opacity

와 scale에 변화를 주는 애니메이션이 동작합니다. 설정 가능한 옵션은 다음과 같습니다.

- delay (number, default 0): ms 단위입니다. 설정한 시간이 지난 후에 트랜지션이 시작합니다.

- duration (number, default 400): ms 단위입니다. 설정한 시간 동안 트랜지션이 동작합니다.

- easing (function, default cubicOut): easing 함수입니다. easing 함수의 변화율로 HTML 태그가 커지거나 작아집니다.

- start (number, default 0): 애니메이션의 크기(원래의 크기는 1)입니다. 설정한 크기만큼 커지거나 작아지면서 추가, 제거됩니다.

- opacity (number, default 0): 애니메이션의 불투명도 값(0에 가까울수록 투명)입니다. 설정한 불투명도 값만큼 불투명해졌다가 제거되거나, 설정한 불투명도 값에서 추가되어 완전히 불투명해집니다.

다음 코드와 같이 사용할 수 있습니다.

```
<script>
  import { scale } from 'svelte/transition';
  import { quintOut } from 'svelte/easing';
  let condition = true;
</script>


<label>
  <input type="checkbox" bind:checked={condition}>
  상태 변경
</label>


{#if condition}
```

```
    <div transition:scale="{{duration: 500, delay: 500, opacity: 0.5, start:
0.5, easing: quintOut}}">
      scales in and out
    </div>
{/if}
```

코드 12-8

condition 값에 따라 500ms 후에 500ms 동안 quintOut 변화율로 scale 트랜지션이 동작합니다. opacity가 0.5로 불투명도가 0.5일 때까지 불투명해졌다 사라지거나, 불투명도가 0.5으로 나타나기 시작합니다. start는 0.5로 원래 크기의 절반까지 작아졌다 사라지거나, 절반 크기에서 나타나기 시작합니다.

12-2-6. draw

draw 트랜지션은 svg 태그가 화면에 그리듯 나타나는 트랜지션입니다. draw 트랜지션은 getTotalLength 함수가 정의되어 있는 path나 polyline 태그에서 사용 가능합니다. 설정 가능한 옵션은 다음과 같습니다.

- delay (number, default 0): ms 단위입니다. 설정한 시간이 지난 후에 트랜지션이 시작합니다.

- speed (number, default: undefined): 애니메이션의 속도입니다.

- duration (number, default 400): ms 단위입니다. 설정한 시간 동안 트랜지션이 동작합니다.

- easing (function, default cubicInOut): easing 함수입니다. easing 함수의 변화율로 svg 태그가 그려집니다.

다음 코드와 같이 사용할 수 있습니다.

```
<script>
  import { draw } from 'svelte/transition';
  import { quintOut } from 'svelte/easing';
  let condition = true;
</script>

<label>
  <input type="checkbox" bind:checked={condition}>
  상태 변경
</label>

<svg viewBox="0 0 5 5" xmlns="http://www.w3.org/2000/svg">
  {#if condition}
    <path transition:draw="{{duration: 5000, delay: 500, easing: quintOut}}"
      d="M2 1 h1 v1 h1 v1 h-1 v1 h-1 v-1 h-1 v-1 h1 z"
      fill="none"
      stroke="cornflowerblue"
      stroke-width="0.1px"
      stroke-linejoin="round"
    />
  {/if}
</svg>
```

코드 12-9

condition 값에 따라 500ms 후에 500ms 동안 quintOut 변화율로 svg 이미지가 그려지거
나 지워집니다.

12-2-7. crossfade 트랜지션

HTML 태그를 주고받는 트랜지션을 적용해야 할 경우에는 crossfade 트랜지션을 사용
할 수 있습니다. crossfade 트랜지션은 다음과 같은 순서로 동작합니다.

1. 전달하는 태그에서 send 트랜지션 발생

2. send 동작 완료

3. 전달받은 태그에서 receive 트랜지션 발생

4. receive 동작 완료

추가되는 트랜지션과 제거되는 트랜지션이 함께 동작하면 화면이 부자연스럽게 보이게 됩니다. crossfade 트랜지션은 자연스러운 애니메이션을 제공하기 위해 제거되는 트랜지션이 종료된 후에 추가되는 트랜지션이 동작합니다. 이런 특징으로 crossfade 트랜지션은 지연(defer) 트랜지션이라고도 불립니다. crossfade 트랜지션 함수의 형태는 다음과 같습니다.

```
[send, receive] = crossfade(options)
```

코드 12-10

crossfade 트랜지션 함수의 파라미터 정보는 다음과 같습니다.

- options: send와 receive 트랜지션을 만들기 위해 전달되는 옵션입니다.

  - **delay (number, default 0)**: ms 단위입니다. 설정한 시간이 지난 후에 트랜지션이 시작합니다.

  - **duration (number | function, default d → Math.sqrt(d) * 30)**: 숫자일 경우 ms 단위로 지정해야 합니다. 설정한 시간 동안 트랜지션이 동작합니다. 함수일 경우 파라미터 d는 거리이고, ms 단위의 숫자를 반환해야 합니다. 반환한 시간 동안 트랜지션이 동작합니다.

  - **easing (function, default cubicOut)**: easing 함수입니다. easing 함수의 변화율로 HTML 태그가 움직입니다.

  - **fallback (function)**: 이동할 대상이 없을 경우 실행되는 트랜지션을 정의합니다.

crossfade 트랜지션 함수의 반환값 정보는 다음과 같습니다.

- **[send, receive]**: crossfade 함수의 반환값은 트랜지션 함수의 배열입니다.

    - **send**: HTML 태그를 다른 곳으로 보낼 때 호출되는 트랜지션입니다.

    - **receive**: HTML 태그를 다른 곳에서 받게 되면 호출되는 트랜지션입니다.

crossfade 트랜지션은 다음 코드와 같이 사용할 수 있습니다.

```css
/* src/style.css */
.board {
  display: grid;
  grid-template-columns: 1fr 1fr;
  grid-gap: 1em;
  max-width: 36em;
  margin: 0 auto;
}

.board > input {
  font-size: 1.4em;
  grid-column: 1/3;
}

h2 {
  font-size: 2em;
  font-weight: 200;
  user-select: none;
  margin: 0 0 0.5em 0;
}

label {
  position: relative;
  line-height: 1.2;
```

```
  padding: 0.5em 2.5em 0.5em 2em;
  margin: 0 0 0.5em 0;
  border-radius: 2px;
  user-select: none;
  border: 1px solid hsl(240, 8%, 70%);
  background-color:hsl(240, 8%, 93%);
  color: #333;
}

input[type="checkbox"] {
  position: absolute;
  left: 0.5em;
  top: 0.6em;
  margin: 0;
}

.done {
  border: 1px solid hsl(240, 8%, 90%);
  background-color:hsl(240, 8%, 98%);
}

button {
  position: absolute;
  top: 0;
  right: 0.2em;
  width: 2em;
  height: 100%;
  background: no-repeat 50% 50% url("data:image/svg+xml,%3Csvg xmlns='http://
www.w3.org/2000/svg' viewBox='0 0 24 24'%3E%3Cpath fill='%23676778'
d='M12,2C17.53,2 22,6.47 22,12C22,17.53 17.53,22 12,22C6.47,22 2,17.53
2,12C2,6.47 6.47,2 12,2M17,7H14.5L13.5,6H10.5L9.5,7H7V9H17V7M9,18H15A1,1 0
0,0 16,17V10H8V17A1,1 0 0,0 9,18Z'%3E%3C/path%3E%3C/svg%3E");
  background-size: 1.4em 1.4em;
```

```
    border: none;
    opacity: 0;
    transition: opacity 0.2s;
    text-indent: -9999px;
    cursor: pointer;
  }


label:hover button {
    opacity: 1;
  }
```

코드 12-11

```
<!-- src/App.svelte -->
<script>
  import { quintOut } from 'svelte/easing';
  import { crossfade } from 'svelte/transition';
  import './style.css';

  const [send, receive] = crossfade({
    duration: d → Math.sqrt(d * 200),

    fallback(node, params) {
      const style = getComputedStyle(node);
      const transform = style.transform === 'none' ? '' : style.transform;

      return {
        duration: 600,
        easing: quintOut,
        css: t → `
          transform: ${transform} scale(${t});
          opacity: ${t}
```

```
    };
  }
});

let uid = 1;

let todos = [
  { id: uid++, done: false, description: 'Svelte 공부하기' },
  { id: uid++, done: false, description: '책 읽기' },
  { id: uid++, done: true,  description: '버그 수정하기' },
];

function add(input) {
  const todo = {
    id: uid++,
    done: false,
    description: input.value
  };

  todos = [todo, ... todos];
  input.value = '';
}

function remove(todo) {
  todos = todos.filter(t → t !== todo);
}

function mark(todo, done) {
  todo.done = done;
  remove(todo);
  todos = todos.concat(todo);
}
</script>
```

```
<div class='board'>
  <input
    placeholder="해야 할 일을 입력해 주세요."
    on:keydown={e → e.key === 'Enter' && add(e.target)}
  >

  <div class='left'>
    <h2>todo</h2>
    {#each todos.filter(t → !t.done) as todo (todo.id)}
      <label
        in:receive="{{key: todo.id}}"
        out:send="{{key: todo.id}}"
      >
        <input type=checkbox on:change={() → mark(todo, true)}>
        {todo.description}
        <button on:click="{() → remove(todo)}">remove</button>
      </label>
    {/each}
  </div>

  <div class='right'>
    <h2>done</h2>
    {#each todos.filter(t → t.done) as todo (todo.id)}
      <label
        class="done"
        in:receive="{{key: todo.id}}"
        out:send="{{key: todo.id}}"
      >
        <input type=checkbox checked on:change={() → mark(todo, false)}>
        {todo.description}
        <button on:click="{() → remove(todo)}">remove</button>
      </label>
    {/each}
  </div>
```

```
</div>
```

코드 12-12

해야 할 일을 입력해 주세요.

todo   done

☐ 스벨트 공부하기   ☑ 버그 수정하기

☐ 책 읽기

그림 12-1

코드 12-11과 코드 12-12는 이번에 살펴볼 ToDo 리스트 예제로, 그림 12-1은 결과 화면입니다. 코드 12-11은 ToDo 리스트의 스타일이고, 코드 12-12는 crossfade를 사용한 Svelte 코드입니다. crossfade 함수를 사용한 Svelte 코드에 집중하겠습니다.

crossfade 함수의 반환값은 [send, receive] 형태의 트랜지션 함수 배열입니다. send는 보내는 트랜지션으로 화면에서 제거되기 때문에 out:send="{{key: todo.id}}"와 같이 아웃 디렉티브에 정의되어야 합니다. receive는 받는 트랜지션으로 화면에 추가되기 때문에 in:receive="{{key: todo.id}}"와 같이 인 디렉티브에 정의되어야 합니다.

send, receive 트랜지션에 { key: todo.id } 형태의 객체를 전달합니다. send 트랜지션이 발생하면 받은 쪽의 receive 트랜지션에서 send 트랜지션에 설정한 key와 동일한 값이 있는지 확인합니다. 동일한 key가 존재한다면 crossfade 트랜지션이 동작하고, 존재하지 않는다면 crossfade 함수의 옵션에 전달한 fallback 함수가 실행됩니다.

코드 12-12의 fallback 함수는 보내는 쪽과 받는 쪽에 매칭되는 key가 없는 경우 호출됩니다. 예제에서는 ToDo 리스트에 항목이 추가, 제거되었을 때 fallback 함수가 호출됩니다. Fallback 함수에 트랜지션을 정의하는 방법은 사용자 정의 트랜지션에서 자세히 살펴보도록 하겠습니다.

12-3 사용자 정의 트랜지션

Svelte에서 제공하는 7가지 트랜지션 외에 트랜지션이 필요할 때, 사용자 정의 트랜지션을 만들 수 있습니다. CSS와 자바스크립트를 사용하여 사용자 정의 트랜지션을 만드는 방법을 살펴보겠습니다. crossfade 트랜지션 함수의 fallback 함수도 사용자 정의 트랜지션과 동일한 방법으로 정의되어야 합니다.

12-3-1. 트랜지션 함수

Svelte에서 제공하는 트랜지션은 단순한 함수입니다. 실제로 fade 트랜지션은 다음 코드와 같이 구현되어 있습니다.

```
function fade(node, { delay = 0, duration = 400, easing: easing$1 = easing.
linear } = {}) {
  const o = +getComputedStyle(node).opacity;
  return {
    delay,
    duration,
    easing: easing$1,
    css: t → `opacity: ${t * o}`
  };
}
```

코드 12-13

사용자가 임의로 트랜지션을 만들어야 할 경우, 다음 코드와 같은 트랜지션 함수의 형태를 따르면 됩니다.

```
transition = (node: HTMLElement, params: any) → {
  delay?: number,
  duration?: number,
  easing?: (t: number) → number,
  css?: (t: number, u: number) → string,
  tick?: (t: number, u: number) → void
}
```

코드 12-14

트랜지션 함수의 파라미터 정보는 다음과 같습니다.

- **node**: 트랜지션이 적용되는 HTML 요소입니다.

- **params**: transition:fade="{params}"에 params로 전달되는 값입니다. 모든 형태의 값을 전달할 수 있습니다.

트랜지션 함수의 반환값 정보는 다음과 같습니다.

- **delay**: ms 단위입니다. 설정한 시간이 지난 후에 트랜지션이 시작합니다.

- **duration**: ms 단위입니다. 설정한 시간 동안 트랜지션이 동작합니다.

- **easing**: easing 함수입니다. easing 함수의 변화율로 트랜지션 애니메이션이 동작합니다.

- **css**: (t, u) → string 형태의 함수입니다. t는 0과 1 사이의 값이고, u === 1 - t입니다. HTML 태그가 추가될 때 t는 0에서 1로 증가하고, HTML 태그가 제거될 때 t는 1에서 0으로 감소합니다. t(또는 u)의 변화에 따라 CSS 문자열을 반환해야 합니다.

- **tick**: (t, u) → void 형태의 함수입니다. t와 u는 위에서 이야기한 것과 동일합니다. 매 tick마다 호출되는 콜백 함수입니다.

css와 tick 속성을 사용하면 사용자 정의 트랜지션을 만들 수 있습니다. tick 속성은 매

tick마다 호출되는 콜백 함수이기 때문에 tick을 사용하여 만들어진 트랜지션은 매끄러운 애니메이션이 동작하지 않을 수 있습니다. 사용자 정의 트랜지션을 만들 때는 css 속성을 사용하여 만드는 것을 권장합니다.

12-3-2. CSS로 만든 트랜지션

트랜지션 함수의 css 속성을 사용하여 트랜지션 함수를 만들겠습니다. css 속성은 (t, u)→string 형태의 함수가 와야 합니다. 다음 코드와 같이 t(혹은 u)의 변화에 따라 CSS 문자열을 반환하는 함수를 만들면 됩니다.

```
<script>
  import { fade } from 'svelte/transition';
  import { elasticOut } from 'svelte/easing';

  let visible = true;

  function spin(node, { duration }) {
    return {
      duration,
      css: t → {
        const eased = elasticOut(t);

        return `
          transform: scale(${eased}) rotate(${eased * 1080}deg);
          color: hsl(
            ${~(t * 360)},
            ${Math.min(100, 1000 - 1000 * t)}%,
            ${Math.min(50, 500 - 500 * t)}%
          );`
      }
    };
  }
</script>
```

```
<style>
  .centered {
    position: absolute;
    left: 50%;
    top: 50%;
    transform: translate(-50%,-50%);
  }

  span {
    position: absolute;
    transform: translate(-50%,-50%);
    font-size: 4em;
  }
</style>

<label>
<input type="checkbox" bind:checked={visible}>
  visible
</label>

{#if visible}
<div class="centered" in:spin="{{duration: 8000}}" out:fade>
<span>transitions!</span>
</div>
{/if}
```

코드 12-15

코드 12-15를 살펴보면, css 속성에 t의 변화에 따라 transform과 color의 CSS 문자열을
반환하는 spin 트랜지션 함수를 볼 수 있습니다.

12-3-3. 자바스크립트로 만든 트랜지션

트랜지션 함수의 tick 속성을 사용하여 트랜지션 함수를 만들겠습니다. 일반적으로 CSS를 사용해서 트랜지션을 만드는 것이 좋지만, 자바스크립트를 사용해야 하는 트랜지션이 있을 수 있습니다. 아래 예제는 자바스크립트를 사용하여 타자를 치는 듯한 트랜지션 예제입니다.

```
<script>
  let visible = false;

  function typewriter(node, { speed = 50 }) {
    const valid = (
      node.childNodes.length === 1 &&
      node.childNodes[0].nodeType === 3
    );

    if (!valid) {
      throw new Error(`This transition only works on elements with a single text
node child`);
    }

    const text = node.textContent;
    const duration = text.length * speed;

    return {
      duration,
      tick: t → {
        const i = ~~(text.length * t);
        node.textContent = text.slice(0, i);
      }
    };
  }
</script>
```

```
<label>
<input type="checkbox" bind:checked={visible}>
  visible
</label>

{#if visible}
  <p in:typewriter>
    The quick brown fox jumps over the lazy dog
  </p>
{/if}
```

코드 12-16

코드 12-16은 매 tick마다 t의 값에 따라 글자 수를 나타내는 typewriter 트랜지션을 구현한 예제입니다.

12-4 트랜지션 이벤트

Svelte는 트랜지션이 언제 시작되고 끝이 나는지 알려주는 트랜지션 이벤트를 제공합니다. 사용하는 방법은 DOM 이벤트를 사용하는 방법과 동일합니다. 코드로 살펴봅시다.

```
<script>
  import { fly } from 'svelte/transition';

  let visible = true;
  let status = 'waiting...';
</script>

<p>status: {status}</p>
```

```
<label>
  <input type="checkbox" bind:checked={visible}>
  visible
</label>

{#if visible}
  <p
    transition:fly="{{ y: 200, duration: 2000 }}"
    on:introstart="{() → status = 'intro started'}"
    on:outrostart="{() → status = 'outro started'}"
    on:introend="{() → status = 'intro ended'}"
    on:outroend="{() → status = 'outro ended'}"
  >
    Flies in and out
  </p>
{/if}
```

코드 12-17

코드 12-17과 같이 트랜지션 이벤트를 사용할 수 있습니다. 트랜지션 이벤트의 종류
는 다음과 같습니다.

- introstart: HTML 태그가 추가되는 트랜지션의 시작 이벤트입니다.

- outrostart: HTML 태그가 제거되는 트랜지션의 시작 이벤트입니다.

- introend: HTML 태그가 추가되는 트랜지션의 종료 이벤트입니다.

- outroend: HTML 태그가 제거되는 트랜지션의 종료 이벤트입니다.

12-5 로컬 수식어

트랜지션에 로컬(local) 수식어를 사용하면 자신의 블록에 의해 HTML 태그가 추가될 때만 트랜지션이 동작합니다. 부모 블록에 의해 HTML 태그가 추가될 때에는 트랜지션이 동작하지 않습니다. 예제로 살펴봅시다.

```
<script>
  import { fade } from 'svelte/transition';
  let x = true;
  let y = true;
</script>

<label><input type="checkbox" bind:checked={x}>x</label>
<label><input type="checkbox" bind:checked={y}>y</label>

{#if x}
  {#if y}
    <p transition:fade>
      fades in and out when x or y change
    </p>

    <p transition:fade|local>
      fades in and out only when y changes
    </p>
  {/if}
{/if}
```

코드 12-18

코드 12-18에서 y 값이 변경될 경우, 두 개의 p 태그 모두 fade 트랜지션이 동작합니다. x 값이 변경될 경우, 첫 번째 p 태그만 fade 트랜지션이 동작합니다.

두 번째 p 태그에는 트랜지션에 로컬 수식어가 정의되어 있기 때문에 자신의 블록에

의해 추가, 제거될 경우에만 트랜지션이 동작하게 됩니다. 로컬 수식어는 트랜지션 디렉티브뿐만 아니라 인/아웃 디렉티브에서도 적용할 수 있습니다.

Chapter
13

애니메이션

13-1 애니메이션 디렉티브

사용자 행동에 따라 HTML 태그의 위치가 변경될 경우 매끄러운 화면을 제공하기 위해 Svelte는 애니메이션 디렉티브를 제공합니다. 애니메이션 디렉티브를 사용하는 방법은 트랜지션 디렉티브를 사용하는 방법과 동일합니다.

```
<script>
  import { flip } from 'svelte/animate';

  let uid = 1;
  let array = [
    { id: uid++, text: '테스트 문자열' },
  ];

  function add(input) {
    const item = { id: uid++, text: input.value };
    array = [item, ... array];
  }
</script>
```

```
<input
  placeholder="문자열을 입력해 주세요."
  on:keydown={e → e.which === 13 && add(e.target)}
>
<ul>
  {#each array as item (item.id)}
    <li
        animate:flip
    >{item.text}</li>
  {/each}
</ul>
```

코드 13-1

코드 13-1과 같이 animate 디렉티브에 flip 함수를 선언하면 애니메이션을 사용할 수
있습니다.

13-1-1. flip 함수

Flip은 First, Last, Invert, Play의 약어입니다. 시작 위치와 마지막 위치로 애니메이션을
계산해서 실행시키는 애니메이션 기법 중 하나입니다. flip 애니메이션은 다음과 같은
옵션을 설정할 수 있습니다.

- delay (number, default 0): ms 단위입니다. 설정한 시간이 지난 후에 애니메이션
  이 동작합니다.

- duration (number | function, default d →Math.sqrt(d) * 120): 숫자일 경우 ms 단
  위로 지정해야 합니다. 설정한 시간 동안 애니메이션이 동작합니다. 함수일 경우
  파라미터 d는 거리이고, ms 단위의 숫자를 반환해야 합니다. 반환한 시간 동안 애
  니메이션이 동작합니다.

- easing (function default cubicOut): easing 함수입니다. easing 함수의 변화율로
  HTML 태그가 움직입니다.

옵션들은 다음 코드와 같이 사용할 수 있습니다.

```
<script>
  import { flip } from 'svelte/animate';
  import { cubicInOut } from 'svelte/easing';

  let uid = 1;
  let array = [
    { id: uid++, text: '테스트 문자열' },
  ];

  function add(input) {
    const item = { id: uid++, text: input.value };
    array = [item, ...array];
  }
</script>

<input
  placeholder="문자열을 입력해 주세요."
  on:keydown={e → e.which === 13 && add(e.target)}
>
<ul>
  {#each array as item (item.id)}
    <li
      animate:flip={{ delay: 300, duration: 500, easing: cubicInOut }}
    >{item.text}</li>
  {/each}
</ul>
```

코드 13-2

코드 13-2는 li 태그가 추가되면 기존의 li 태그들이 300ms 후에 500ms 동안 cublicIn-Out 변화율로 애니메이션이 동작하며 밑으로 이동합니다.

13-2 사용자 정의 애니메이션

애니메이션도 트랜지션과 동일하게 사용자 정의 애니메이션을 만들 수 있습니다. 애니메이션 함수를 만들고 animate 디렉티브에 선언하여 사용할 수 있습니다. 애니메이션 함수는 다음과 같은 형태로 만들어야 합니다.

```
animation = (node: HTMLElement, { from: DOMRect, to: DOMRect } , params: any)
→ {
  delay?: number,
  duration?: number,
  easing?: (t: number) → number,
  css?: (t: number, u: number) → string,
  tick?: (t: number, u: number) → void
}

DOMRect {
  bottom: number,
  height: number,
  left: number,
  right: number,
  top: number,
  width: number,
  x: number,
  y: number
}
```

코드 13-3

애니메이션 함수의 파라미터 정보는 다음과 같습니다.

- node: 트랜지션이 적용되는 HTML 요소입니다.

- { from: DOMRect, to: DOMRect }: 애니메이션이 시작될 때의 정보와 애니메이션이 끝날 때의 정보를 담은 객체입니다.

- **from**: 애니메이션이 시작될 때의 정보입니다.

- **to**: 애니메이션이 종료될 때의 정보입니다.

- **params**: animate:flip="{params}"에 params로 전달되는 값입니다. 모든 형태의 값을 전달할 수 있습니다.

애니메이션 함수는 객체를 반환해야 합니다. 반환하는 객체는 트랜지션 함수의 객체와 동일합니다. 애니메이션 함수의 반환값 정보는 다음과 같습니다.

- **delay**: ms 단위입니다. 설정한 시간이 지난 후에 애니메이션이 동작합니다.

- **duration**: ms 단위입니다. 설정한 시간 동안 애니메이션이 동작합니다.

- **easing**: easing 함수입니다. easing 함수의 변화율로 애니메이션이 동작합니다.

- **css**: (t, u) → string 형태의 함수입니다. t는 0과 1 사이의 값이고, u === 1 – t입니다. HTML 태그가 추가될 때 t는 0에서 1로 증가하고, HTML 태그가 제거될 때 t는 1에서 0으로 감소합니다. t(또는 u)의 변화에 따라 CSS 문자열을 반환해야 합니다.

- **tick**: (t, u) → void 형태의 함수입니다. t와 u는 위에서 이야기한 것과 동일합니다. 매 tick마다 호출되는 콜백 함수입니다.

트랜지션과 동일하게 CSS와 자바스크립트를 사용해서 애니메이션을 만들 수 있습니다.

13-2-1. CSS로 만든 애니메이션

CSS로 애니메이션을 만드는 방법은 다음과 같습니다.

```
<script>
  import { cubicInOut } from 'svelte/easing';

  let uid = 1;
```

```
  let array = [
    { id: uid++, text: '테스트 문자열' },
  ];

  function whizz(node, { from, to }, params) {
    const dx = from.left - to.left;
    const dy = from.top - to.top;

    const d = Math.sqrt(dx * dx + dy * dy);

    return {
      delay: 0,
      duration: Math.sqrt(d) * 120,
      easing: cubicInOut,
      css: (t, u) →
        `transform: translate(${u * dx}px, ${u * dy}px) rotate(${t*360}deg);`
    };
  }

  function add(input) {
    const item = { id: uid++, text: input.value };
    array = [item, ... array];
  }
</script>

<input
  placeholder="문자열을 입력해 주세요."
  on:keydown={e → e.which === 13 && add(e.target)}
>
<ul>
  {#each array as item (item.id)}
    <li
      animate:whizz
    >{item.text}</li>
```

```
    {/each}
  </ul>
```

코드 13-4

코드 13-4는 translate와 rotate이 변경되는 whizz 애니메이션 함수를 만든 예제입니다.

13-2-2. 자바스크립트로 만든 애니메이션

자바스크립트로 애니메이션을 만드는 방법은 다음과 같습니다.

```
<script>
  import { cubicInOut } from 'svelte/easing';

  let uid = 1;
  let array = [
    { id: uid++, text: '테스트 문자열' },
  ];

  function whizz(node, { from, to }, params) {
    const dx = from.left - to.left;
    const dy = from.top - to.top;

    const d = Math.sqrt(dx * dx + dy * dy);

    return {
      delay: 0,
      duration: Math.sqrt(d) * 120,
      easing: cubicInOut,
      tick: (t, u) →Object.assign(node.style, { color: t > 0.5 ? 'Pink' : 'Blue' })
    };
```

```
  }

  function add(input) {
    const item = { id: uid++, text: input.value };
    array = [item, ... array];
  }
</script>

<input
  placeholder="문자열을 입력해 주세요."
  on:keydown={e → e.which === 13 && add(e.target)}
>
<ul>
  {#each array as item (item.id)}
    <li
      animate:whizz
    >{item.text}</li>
  {/each}
</ul>
```

코드 13-5

코드 13-5는 문자열 색이 변경되는 whizz 애니메이션 함수를 만든 예제입니다.

13-3 애니메이션 사용 시 주의사항

애니메이션 디렉티브를 사용할 때 신경 써야 할 세 가지 주의사항을 살펴보겠습니다.
첫 번째는 key가 지정된 each 블록 안에서 애니메이션 디렉티브를 사용해야 합니다.
key가 지정되지 않은 each 블록에서 애니메이션을 사용할 경우 다음과 같은 오류가 발
생합니다.

그림 13-1

두 번째는 애니메이션은 each 블록에 지정한 배열이 재정렬될 때 실행됩니다. 다음 코드를 살펴봅시다.

```
<script>
  import { cubicInOut } from 'svelte/easing';

  let uid = 1;
  let array = [
    { id: uid++, text: '테스트 문자열' },
  ];

  function whizz(node, { from, to }, params) {
    console.log('애니메이션이 실행됩니다.');

    const dx = from.left - to.left;
    const dy = from.top - to.top;

    const d = Math.sqrt(dx * dx + dy * dy);

    return {
      delay: 0,
      duration: Math.sqrt(d) * 120,
      easing: cubicInOut,
css: (t, u) →
        `transform: translate(${u * dx}px, ${u * dy}px) rotate(${t*360}deg);`
```

```
    };
  }

  function add(input) {
    const item = { id: uid++, text: input.value };

    // 배열이 재정렬되어 애니메이션이 실행됩니다.
    array = [item, ...array];

    // 배열이 재정렬되지 않아 애니메이션이 실행되지 않습니다.
    // array = [...array, item];
  }
</script>

<input
  placeholder="문자열을 입력해 주세요."
  on:keydown={e → e.which === 13 && add(e.target)}
>
<ul>
  {#each array as item (item.id)}
    <li
      animate:whizz
    >{item.text}</li>
  {/each}
</ul>
```

코드 13-6

코드 13-6에 whizz 애니메이션 함수에 console.log를 작성하여, whizz 애니메이션이 실행될 때마다 '애니메이션이 실행됩니다.'라는 로그가 출력됩니다. array = [item, ...array]로 배열을 재할당하면 재정렬되어 애니메이션이 실행되지만, array = [...array, item]로 배열을 재할당할 경우 재정렬되지 않아 애니메이션이 실행되지 않습니다.

마지막 세 번째로 each 블록의 직계 요소에 사용해야 합니다. each 블록의 직계 요소에 사용하지 않으면 다음과 같은 오류가 발생합니다.

그림 13-2

Chapter
14

액션

14-1 액션이란

액션은 HTML 태그가 화면에 그려질 때 호출되는 함수입니다. use 디렉티브를 사용해서 HTML 태그에 액션을 선언할 수 있습니다. 액션을 사용하는 방법은 다음 코드와 같습니다.

```
<script>
  function focus (node) {
    node.focus();
  }
</script>

<input
  use:focus
>
```

코드 14-1

코드 14-1은 화면이 그려진 후 즉시 input 태그에 포커스를 주는 focus 액션을 만든 예제입니다.

14-2 액션 함수

다음과 같은 함수 형태를 지키면 액션 함수를 만들 수 있습니다.

```
action = (node: HTMLElement, parameters: any) → {
  update?: (parameters: any) → void,
  destroy?: () → void
}
```

코드 14-2

액션 함수의 파라미터 정보는 다음과 같습니다.

- **node:** 액션이 선언된 HTML 태그입니다.

- **parameters:** use: 액션 이름={parameters}로 전달되는 객체입니다. 어떤 형태든 전달 가능합니다.

액션 함수는 객체를 반환해야 합니다. 반환하는 객체는 다음과 같이 update와 destroy 속성을 가질 수 있습니다.

- **update:** parameters가 변경되면 호출되는 라이프 사이클 함수입니다.

- **destroy:** HTML 태그가 화면에서 제거될 때 호출되는 라이프 사이클 함수입니다.

14-2-1. 라이프 사이클

액션은 HTML 태그 단위의 라이프 사이클 함수를 제공합니다. 다음 코드와 같이 HTML 태그가 화면에 그려질 때, 액션에 전달되는 파라미터가 업데이트될 때, HTML

태그가 화면에서 제거될 때, 세 가지 종류의 라이프 사이클을 처리할 수 있습니다.

```
<script>
  export let bar;

  function foo(node, bar) {
    // node가 화면에 그려질 때 실행됩니다.

    return {
      update(bar) {
        // bar가 업데이트될 때 호출되는 함수입니다.
      },

      destroy() {
        // node가 화면에서 제거될 때 호출되는 함수입니다.
      }
    };
  }
</script>

<div use:foo={bar}></div>
```

코드 14-3

코드 14-1의 focus 액션에 파라미터와 라이프 사이클 함수를 사용해서 delay 기능을 추가해 보도록 하겠습니다.

```
<script>
  let delay = 1000;

  function focus (node, { delay } = { delay: 0 }) {
    let id = setTimeout(() → node.focus(), delay);
```

```
    return {
      update ({ delay }) {
        clearTimeout(id);
        id = setTimeout(() → node.focus(), delay);
      },
      destroy () {
        clearTimeout(id);
      },
    };
  }
</script>


<input type="range" min="0" max="5000" step="1000" bind:value="{delay}" >
<input
  use:focus={{ delay }}
>
```

코드 14-4

HTML 태그가 화면에 그려지면 파라미터로 전달된 delay 시간 이후에 input 태그가 포
커스됩니다. 파라미터가 업데이트되면 clearTimeout 후 변경된 시간 뒤에 포커스되고,
HTML 태그가 화면에서 제거되면 clearTimeout으로 할당된 자원이 해제됩니다.

14-3 액션으로 만든 플러그인

액션은 HTML 태그 단위의 라이프 사이클 함수를 제공하기 때문에, HTML 태그를 사
용하는 라이브러리를 매핑하거나, HTML 태그를 사용하는 플러그인을 만들 때 사용
하기에 유용합니다. 다음 코드와 같이 롱 클릭 이벤트를 제공하는 액션을 만들어 보
도록 하겠습니다.

```
// src/longpress.js
export function longpress(node, duration) {
  let timer;

  const handleMousedown = () => {
    timer = setTimeout(() => {
      node.dispatchEvent(
        new CustomEvent('longpress')
      );
    }, duration);
  };

  const handleMouseup = () => {
    clearTimeout(timer)
  };

  node.addEventListener('mousedown', handleMousedown);
  node.addEventListener('mouseup', handleMouseup);

  return {
    update(newDuration) {
      duration = newDuration;
    },
    destroy() {
      node.removeEventListener('mousedown', handleMousedown);
      node.removeEventListener('mouseup', handleMouseup);
    }
  };
}
```

코드 14–5

```
<!-- src/App.svelte -->
<script>
```

```
  import { longpress } from './longpress.js';

  let pressed = false;
  let duration = 2000;
</script>

<label>
  <input type=range bind:value={duration} max={2000} step={100}>
  {duration}ms
</label>

<button use:longpress={duration}
  on:longpress="{() → pressed = true}"
  on:mouseenter="{() → pressed = false}"
>길게 클릭해주세요.</button>

{#if pressed}
  <p>{duration}ms 동안 클릭 되었습니다.</p>
{/if}
```

코드 14-6

코드 14-5에서 mousedown과 mouseup 이벤트 리스너가 등록되었습니다. mousedown 이벤트 핸들러에서는 setTimeout으로 옵션에서 전달된 duration 시간보다 길게 눌렀을 경우 longpress라는 커스텀 이벤트를 전달합니다. mouseup 이벤트 핸들러에서는 duration시간보다 짧게 눌렀을 경우 clearTimeout으로 자원을 해제해줍니다.

update 라이프 사이클 함수에서는 액션 함수로 전달받은 duration이 업데이트됐을 경우 호출되어 longpress 이벤트가 발생하는 시간 조건을 업데이트합니다. destroy 라이프 사이클 함수에서는 등록했던 mousedown, mouseup 이벤트 리스너를 해제해줍니다.

슬롯

15-1 슬롯이란

슬롯은 컴포넌트가 하위 요소를 가질 수 있도록 하는 기능을 말합니다. HTML에서는 당연히 다음과 같이 코드 작성이 가능합니다.

```
<div>
    <p>div의 하위 요소입니다.</p>
</div>
```

코드 15-1

컴포넌트에서도 다음 코드와 같이 하위 요소를 가질 수 있습니다.

```
<Box>
    <p>Box 컴포넌트의 하위 요소입니다.</p>
</Box>
```

코드 15-2

코드 15-2가 정상적으로 화면에 노출되려면 슬롯을 사용해야 합니다. Box 컴포넌트를 다음과 같이 작성하면 하위 요소를 가질 수 있게 됩니다.

```
<!-- src/Box.svelte -->
<div>
  <slot></slot>
</div>
```

코드 15-3

15-2 슬롯의 기본값

컴포넌트는 기본 하위 요소를 설정할 수 있습니다. 컴포넌트에 하위 요소를 전달하지 않는다면 기본 하위 요소가 화면에 그려집니다. 사용 방법은 다음 코드와 같습니다.

```
<!-- src/Box.svelte -->
<div>
  <slot>
    <em>기본 값입니다.</em>
  </slot>
</div>
```

코드 15-4

```
<!-- src/App.svelte -->
<script>
  import Box from './Box.svelte';
</script>

<Box>
```

```
  <p>Box 컴포넌트의 하위 요소입니다.</p>
</Box>

<Box />
```

코드 15-5

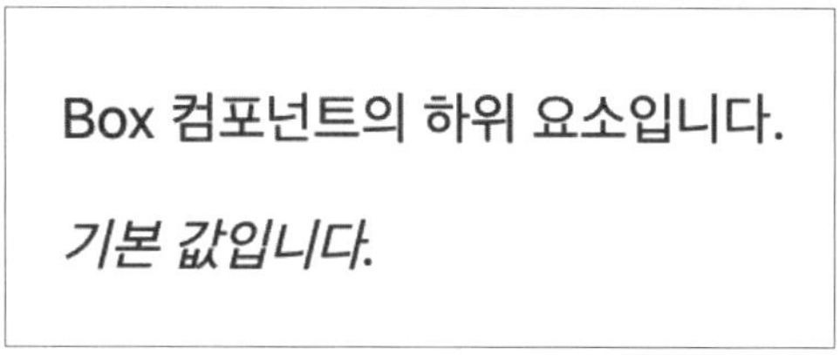

Box 컴포넌트의 하위 요소입니다.

기본 값입니다.

그림 15-1

그림 15-1은 코드 15-4와 코드 15-5의 실행 결과입니다. 코드 15-4를 보면 slot 태그 아래 HTML 태그를 작성하였습니다. slot 태그 아래 HTML 태그를 작성하면 슬롯이 전달되지 않았을 때, slot 태그 아래에 작성된 HTML 태그가 화면에 노출됩니다.

15-3 이름 있는 슬롯

이름 있는 슬롯을 사용하면 컴포넌트의 특정 위치에 하위 요소를 위치하게 할 수 있습니다. 사용 방법은 다음 코드와 같습니다.

```
<!-- src/Box.svelte -->
<div>
  <slot name="title"></slot>
  <hr />
  <slot name="description"></slot>
</div>
```

코드 15-6

```
<!-- src/App.svelte -->
<script>
  import Box from './Box.svelte';
</script>

<Box>
  <p slot="description">Box 컴포넌트의 하위 요소입니다.</p>
  <h1 slot="title">주제!</h1>
</Box>
```

코드 15-7

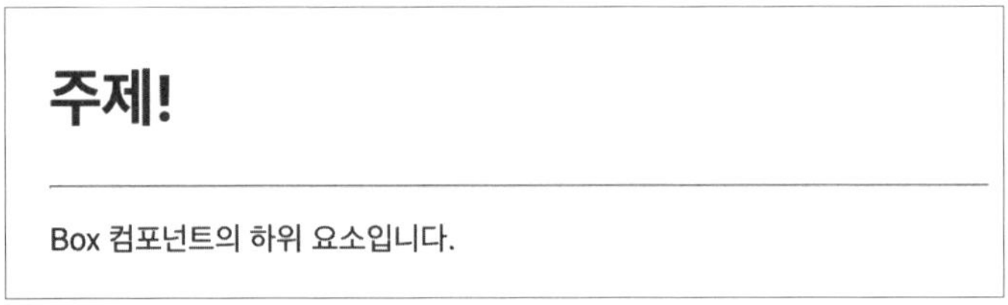

주제!

Box 컴포넌트의 하위 요소입니다.

그림 15-2

그림 15-2는 코드 15-6과 코드 15-7의 실행 결과입니다. 이름 있는 슬롯을 사용했기 때문에 Box 컴포넌트의 하위 요소를 contents와 title 순서로 작성해주어도, 화면에는 title, contents 순서로 출력됩니다.

15-4 $$slots 객체

$$slots 객체를 사용하면, 부모 컴포넌트에서 특정 슬롯을 전달하는지 확인할 수 있습니다. $$slots 는 부모 컴포넌트에서 전달되는 슬롯의 이름을 필드로 가지는 객체입니다. 이름이 없는 슬롯을 전달할 경우 default 필드가 추가됩니다. 사용 방법은 다음과 같습니다.

```
<!-- src/Box.svelte -->
<!-- $$slots는 { title: true, default: true }입니다. -->
<div>
  <slot name="title"></slot>
  {#if $$slots.description}
    <hr />
    <slot name="description"></slot>
  {/if}
  <slot></slot>
</div>
```

코드 15-8

```
<!-- src/App.svelte -->
<script>
  import Box from './Box.svelte';
</script>

<Box>
  <h1 slot="title">주제!</h1>
  <div>Beomy 씀.</div>
</Box>
```

코드 15-9

코드 15-9에서 Box 컴포넌트를 정의할 때, description 이름의 슬롯이 전달되지 않았기 때문에 코드 15-8에서 $$slots의 값은 { title: true, default: true }가 됩니다. $$slots. description의 값에 따라 if 블록으로 조건부 렌더링을 할 수 있습니다.

15-5 슬롯의 Props

다음 코드와 같이 let 디렉티브를 사용하면 슬롯의 콘텐츠를 업데이트할 수 있도록 데이터를 상위 컴포넌트로 전달할 수 있습니다.

```
<!-- src/FancyList.svelte -->
<script>
  export let items;
</script>
<ul>
  {#each items as item}
    <li class="fancy">
      <slot prop={item}></slot>
    </li>
  {/each}
</ul>
```

코드 15-10

```
<!-- src/App.svelte -->
<script>
  import FancyList from './FancyList.svelte';
  let items = [
    { text: '책가방' },
    { text: '공책' },
    { text: '연필' },
  ]
</script>

<FancyList {items} let:prop={thing}>
  <div>{thing.text}</div>
</FancyList>
```

코드 15-11

코드 15-11에서 App 컴포넌트는 FancyList 컴포넌트에 items를 전달합니다. 코드 15-10의 FancyList 컴포넌트는 default 슬롯에 prop라는 이름으로 items의 항목을 상위 컴포넌트로 전달합니다. 코드 15-11에서 let 디렉티브를 사용하여 FancyList 컴포넌트에서 전달받은 값으로 화면을 그립니다.

이름 있는 슬롯의 let 디렉티브 위치를 다음 코드와 같이 변경할 수도 있습니다.

```
<!-- src/FancyList.svelte -->
<script>
  export let items;
</script>
<ul>
  {#each items as item}
    <li class="fancy">
      <slot name="item" prop={item}></slot>
    </li>
  {/each}
</ul>
```

코드 15-12

```
<!-- App.svelte -->
<script>
  import FancyList from './FancyList.svelte';
  let items = [
    { text: '책가방' },
    { text: '공책' },
    { text: '연필' },
  ]
</script>

<FancyList {items}>
```

```
  <div slot="item" let:prop={thing}>{thing.text}</div>
</FancyList>
```

코드 15-13

이름 있는 슬롯을 사용한 경우 코드 15-11과 같이 FancyList 컴포넌트의 props를 정의하는 부분에서 let 디렉티브를 사용할 수도, 코드 15-13과 같이 FancyList 컴포넌트 하위의 이름 있는 슬롯의 props를 정의하는 부분에서 let 디렉티브를 사용할 수도 있습니다.

15-5-1. 데이터 전달 시 주의사항

슬롯으로 데이터를 전달하여 사용할 때 데이터를 접근할 수 있는지 유효 범위를 따져봐야 합니다. 예를 들어 다음 코드와 같이 두 개의 이름 있는 슬롯으로 각각의 데이터를 넘길 경우,

```
<!-- src/FancyList.svelte -->
<script>
  export let items;
</script>
<ul>
  {#each items as item}
    <li class="fancy">
      <slot name="item" prop={item}></slot>
    </li>
  {/each}
</ul>
<slot name="footer" length={items.length}></slot>
```

코드 15-14

```
<!-- src/App.svelte -->
<script>
  import FancyList from './FancyList.svelte';
  let items = [
    { text: '책가방' },
    { text: '공책' },
    { text: '연필' },
  ]
</script>


<FancyList {items} let:prop={thing} let:length>
  <div slot="item">{thing.text}</div> <!-- item 슬롯에서 length는 undefined 입
니다. -->
  <p slot="footer">길이: {length}</p> <!-- footer 슬롯에서 thing는 undefined
입니다. -->
</FancyList>
```

코드 15-15

코드 15-14를 보면 item 슬롯에는 prop라는 이름으로 items의 항목을 전달하고, footer 슬롯에는 length라는 이름으로 items의 길이를 전달합니다. 코드 15-15를 보면 let:prop={thing}으로 prop라는 이름으로 전달된 값을 thing에 담고, let:length는 let:length={length}의 약어로 length에 items의 길이를 담습니다.

thing은 item 슬롯에 전달한 값이고, length는 footer 슬롯에 전달한 값이기 때문에 item 슬롯에서는 length 값을 접근할 수 없고, footer 슬롯에는 thing 값을 접근할 수 없습니다. 전달한 슬롯에서만 데이터를 사용할 수 있기 때문에, 데이터가 필요한 슬롯에 정확히 전달했는지 확인해야 합니다.

Chapter
16

콘텍스트 API

16-1 콘텍스트란

일반적으로 데이터는 부모 컴포넌트에서 자식 컴포넌트로 Props를 통해 전달됩니다.
콘텍스트(Context)를 사용하면 Props로 데이터를 전달하지 않고 데이터를 전달할 수 있
습니다. 많은 데이터를 Props로 전달해야 할 경우 콘텍스트를 사용하면 코드가 간결해
질 수 있습니다. 콘텍스트를 사용하는 방법은 다음과 같습니다.

```
<!-- src/App.svelte -->
<script>
  import Context from './Context.svelte';
</script>

<Context name="첫 번째 콘텍스트" />
```

코드 16-1

```
// src/contexts.js
export const textKey = 'text';
```

코드 16-2

```
<!-- src/Context.svelte -->
<script>
  import { setContext } from 'svelte';
  import { textKey } from './contexts';
  import ContextChild from './ContextChild.svelte';

  export let name;

  let text = 'context API';
  setContext(textKey, { getText: () → text });
</script>

<div>
  {name}: <input type="text" bind:value="{text}">
  <ContextChild {name} />
</div>
```

코드 16-3

```
<!-- src/ContextChild.svelte -->
<script>
  import { getContext } from 'svelte';
  import { textKey } from './contexts';

  export let name;

  const { getText } = getContext(textKey);
  function handlePrint () {
    console.log(`${name}: ${getText()}`)
  }
</script>

<button on:click="{handlePrint}">버튼</button>
```

코드 16-4

코드 16-3의 Context 컴포넌트에서 setContext를 통해 공유할 데이터를 설정합니다. 코드 16-4의 ContextChild 컴포넌트에서 getContext를 사용하여 공유한 데이터를 가져옵니다. setContext와 getContext는 특정 키로 데이터가 공유되는데, Context 컴포넌트와 ContextChild 컴포넌트는 코드 16-2의 textKey로 데이터를 공유합니다.

16-2 콘텍스트 API

Svelte는 콘텍스트 데이터를 설정하고, 가져오고, 존재하는지 확인할 수 있는 세 가지 API를 제공합니다. 콘텍스트 API는 가장 최상위 스코프에서 사용되어야 합니다.

16-2-1. setContext

콘텍스트 객체를 설정하는 API입니다. 특정 key를 사용하여 콘텍스트 객체를 설정할 수 있습니다. 설정한 콘텍스트는 하위 컴포넌트에서 동일한 key로 getContextAPI를 사용하여 데이터를 가져와 사용할 수 있습니다. setContext의 형태는 다음과 같습니다.

```
setContext(key: any, context: any)
```

코드 16-5

사용 방법은 다음 코드와 같습니다.

```
<script>
  import { setContext } from 'svelte';
  setContext('answer', 42);
</script>
```

코드 16-6

answer이라는 key 값으로 42라는 콘텍스트 데이터가 설정됩니다.

16-2-2. getContext

특정한 key로 설정된 콘텍스트 데이터를 가져오는 API입니다. 가까운 상위 컴포넌트부터 찾고자 하는 key로 설정된 콘텍스트가 있는지 찾습니다. getContext의 형태는 다음과 같습니다.

```
context: any = getContext(key: any)
```

사용 방법은 다음 코드와 같습니다.

```
<script>
  import { getContext } from 'svelte';
  const answer = getContext('answer');
</script>
```

answer라는 key 값으로 공유된 콘텍스트 데이터를 가져옵니다.

16-2-3. hasContext

특정한 key로 공유된 콘텍스트가 존재하는지 확인하는 API입니다. hasContext의 형태는 다음과 같습니다.

```
hasContext: boolean = hasContext(key: any)
```

사용 방법은 다음 코드와 같습니다.

```
<script>
  import { hasContext } from 'svelte';
  if (hasContext('answer')) {
    // ...
  }
</script>
```

코드 16-9

answer라는 key로 공유된 콘텍스트가 있는지 확인합니다.

16-3 스토어 VS 콘텍스트

스토어와 콘텍스트는 모두 컴포넌트 간에 데이터를 공유하기 위해 사용됩니다. 스토어와 콘텍스트 사이의 몇 가지 차이점을 살펴보겠습니다.

16-3-1. 데이터 공유 범위의 차이

스토어와 콘텍스트는 공유 가능한 컴포넌트 범위가 다릅니다. 스토어는 모든 컴포넌트에서 데이터 공유가 가능하지만 콘텍스트는 해당 컴포넌트와 하위 컴포넌트에서만 데이터를 공유할 수 있습니다. 이런 특징으로 하나의 컴포넌트로 여러 인스턴스를 생성하게 될 때 각각의 인스턴스가 하나의 데이터를 공유하지 않고 각각의 데이터를 가지게 됩니다. 예를 들어 코드 16-1에서 Context 컴포넌트를 추가해봅시다.


```
<!-- src/App.svelte -->
<script>
  import Context from './Context.svelte';
</script>
```

```
<Context name="첫 번째 콘텍스트" />
<Context name="두 번째 콘텍스트" />
```

코드 16-10

첫 번째 Context 컴포넌트와 두 번째 Context 컴포넌트에서 각각 생성한 콘텍스트는 서로 다른 값을 저장하게 됩니다. Context 컴포넌트의 버튼을 클릭하여 얻은 결과는 다음 그림과 같습니다.

그림 16-1

그림 16-1에서 볼 수 있듯이 두 개의 Context 컴포넌트는 서로 다른 콘텍스트 데이터를 가지게 됩니다.

16-3-2. 반응형 동작의 차이

콘텍스트는 반응형으로 동작하지 않습니다. 즉, 공유된 콘텍스트 데이터 값이 변경되더라도 화면이 자동으로 업데이트되거나, getContext로 공유받은 콘텍스트 데이터가 자동으로 업데이트되지 않습니다.

코드 16-3에서 setContext(textKey, { getText: () → text })로 text가 아닌 getText 함수를 전달한 이유도 text가 반응형으로 동작하지 않기 때문에 함수를 전달하여 text 값을 가져오기 위해서입니다. 반응형으로 동작해야 하는 데이터가 있다면 스토어를 사용해야 합니다.

Chapter
17

Svelte 요소

17-1 <svelte:self>

〈svelte:self〉는 컴포넌트가 재귀적으로 자기 자신을 포함할 수 있게 하는 요소입니다. 이 요소는 트리 구조와 같은 형태를 표현해야 할 때 유용합니다. 〈svelte:self〉 요소는 다음 코드와 같이 사용할 수 있습니다.

```
<!-- src/App.svelte -->
<script>
  import Folder from './Folder.svelte';

  let root = [
    {
      type: 'folder',
      name: 'Important work stuff',
      files: [
        { type: 'file', name: 'quarterly-results.xlsx' }
      ]
    },
    {
```

```
    type: 'folder',
    name: 'Animal GIFs',
    files: [
      {
        type: 'folder',
        name: 'Dogs',
        files: [
          { type: 'file', name: 'treadmill.gif' },
          { type: 'file', name: 'rope-jumping.gif' }
        ]
      },
      {
        type: 'folder',
        name: 'Goats',
        files: [
          { type: 'file', name: 'parkour.gif' },
          { type: 'file', name: 'rampage.gif' }
        ]
      },
      { type: 'file', name: 'cat-roomba.gif' },
      { type: 'file', name: 'duck-shuffle.gif' },
      { type: 'file', name: 'monkey-on-a-pig.gif' }
    ]
  },
  { type: 'file', name: 'TODO.md' }
];
</script>

<Folder name="Home" files={root} expanded/>
```

코드 17-1

```
<!-- src/File.svelte -->
<script>
```

```
  export let name;
  $: type = name.slice(name.lastIndexOf('.') + 1);
</script>


<span style="background-image: url(https://svelte.dev/tutorial/icons/{type}.
svg)">{name}</span>

<style>
  span {
    padding: 0 0 0 1.5em;
    background: 0 0.1em no-repeat;
    background-size: 1em 1em;
  }
</style>
```

코드 17-2

```
<!-- src/Folder.svelte -->
<script>
  import File from './File.svelte';

  export let expanded = false;
  export let name;
  export let files;

  function toggle() {
    expanded = !expanded;
  }
</script>

<span class:expanded on:click={toggle}>{name}</span>

{#if expanded}
```

```svelte
  <ul>
    {#each files as file}
      <li>
        {#if file.type === 'folder'}
          <svelte:self {...file}/>
        {:else}
          <File {...file}/>
        {/if}
      </li>
    {/each}
  </ul>
{/if}

<style>
  span {
    padding: 0 0 0 1.5em;
    background: url(https://svelte.dev/tutorial/icons/folder.svg) 0 0.1em no-
repeat;
    background-size: 1em 1em;
    font-weight: bold;
    cursor: pointer;
  }

  .expanded {
    background-image: url(https://svelte.dev/tutorial/icons/folder-open.svg);
  }

  ul {
    padding: 0.2em 0 0 0.5em;
    margin: 0 0 0 0.5em;
    list-style: none;
    border-left: 1px solid #eee;
  }
```

```
  li {
    padding: 0.2em 0;
  }
</style>
```

코드 17-3

다음 그림은 코드 17-1 ~ 17-3의 실행 결과입니다.

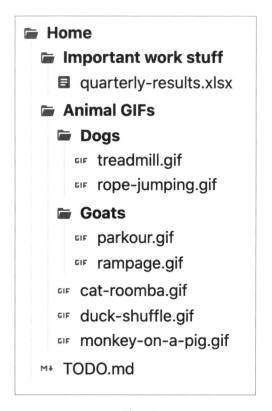

그림 17-1

Folder 컴포넌트는 다음 코드와 같이 하위 요소의 타입에 따라 Folder 컴포넌트 혹은
File 컴포넌트가 그려져야 합니다.

```
{#if file.type === 'folder'}
  <Folder {.. .file}/>
{:else}
  <File {.. .file}/>
{/if}
```

코드 17-4

하지만 자기 자신을 import하는 것은 불가능하기 때문에 Svelte는 다음 코드와 같이 ⟨svelte:self⟩ 요소를 제공합니다.

```
{#if file.type === 'folder'}
  <svelte:self {.. .file}/>
{:else}
  <File {.. .file}/>
{/if}
```

코드 17-5

코드 17-4는 코드 17-5와 같이 작성되어야 합니다.

17-2 <svelte:component>

⟨svelte:component⟩를 사용하면 if 블록을 사용하지 않고 어떤 컴포넌트를 화면에 나타낼지 선택할 수 있게 됩니다. 사용 방법은 다음 코드와 같습니다.

```
<!-- src/App.svelte -->
<script>
  import RedThing from './RedThing.svelte';
  import GreenThing from './GreenThing.svelte';
```

```
  import BlueThing from './BlueThing.svelte';

  const options = [
    { color: 'red',   component: RedThing   },
    { color: 'green', component: GreenThing },
    { color: 'blue',  component: BlueThing  },
  ];

  let selected = options[0];
</script>

<select bind:value={selected}>
  {#each options as option}
    <option value={option}>{option.color}</option>
  {/each}
</select>

<svelte:component this={selected.component}/>
```

코드 17-6

```
<!-- src/BlueThing.svelte -->
<strong>Blue thing</strong>

<style>
  strong {
    color: blue;
  }
</style>
```

코드 17-7

```
<!-- src/GreenThing.svelte -->
<strong>Green thing</strong>

<style>
  strong {
    color: green;
  }
</style>
```

코드 17-8

```
<!-- src/RedThing.svelte -->
<strong>Red thing</strong>

<style>
  strong {
    color: red;
  }
</style>
```

코드 17-9

코드 17-6과 같이 〈svelte:component〉를 사용하면 if 블록으로 분기하지 않고 간단하게
컴포넌트를 분기 처리할 수 있습니다.

17-3 <svelte:window>

HTML 태그에 이벤트를 등록하는 것처럼 〈svelte:window〉를 사용하면 window 객체에
이벤트를 등록할 수 있습니다. 사용 방법은 다음 코드와 같습니다.

```
<script>
  let key;
  let keyCode;

  function handleKeydown(event) {
    key = event.key;
    keyCode = event.keyCode;
  }
</script>

<svelte:window on:keydown={handleKeydown}/>

<div style="text-align: center">
  {#if key}
    <kbd>{key === ' ' ? 'Space' : key}</kbd>
    <p>{keyCode}</p>
  {:else}
    <p>Focus this window and press any key</p>
  {/if}
</div>
```

코드 17-10

코드 17-10은 window에 keydown 이벤트를 등록한 예제입니다. 해당 window에 포커스가 된 후 키보드로 값을 입력하면 화면에 키 코드가 출력됩니다. HTML 태그에 이벤트 수식어를 사용할 수 있는 것처럼 〈svelte:window〉에도 preventDefault와 같은 이벤트 수식어를 사용할 수 있습니다.

17-3-1. 데이터 바인딩

window 객체에 있는 scrollY 등의 값을 바인딩할 수 있습니다. 바인딩하는 방법은 다음 코드와 같습니다.

```
<script>
  let innerWidth, innerHeight, outerWidth, outerHeight, scrollX, scrollY,
online;
</script>

<svelte:window
  bind:innerWidth
  bind:innerHeight
  bind:outerWidth
  bind:outerHeight
  bind:scrollX
  bind:scrollY
  bind:online
/>
<div>
  <p>innerWidth: {innerWidth}</p>
  <p>innerHeight: {innerHeight}</p>
  <p>outerWidth: {outerWidth}</p>
  <p>outerHeight: {outerHeight}</p>
  <p>scrollX: {scrollX}</p>
  <p>scrollY: {scrollY}</p>
  <p>online: {online}</p>
  <button on:click={() → scrollY = 100}>scrollY = 100</button>
</div>

<style>
  div {
    height: 200vh;
  }
</style>
```

코드 17-11

바인딩할 수 있는 목록은 다음과 같습니다.

- innerWidth

- innerHeight

- outerWidth

- outerHeight

- scrollX

- scrollY

- online: window.navigator.online의 별칭입니다.

scrollX와 scrollY를 제외한 모든 값은 읽기 전용입니다.

17-4 <svelte:body>

⟨svelte:body⟩는 ⟨svelte:window⟩와 사용 방법이 비슷합니다. ⟨svelte:window⟩로 window 객체에 이벤트를 등록할 수 있듯이, ⟨svelte:body⟩로 document.body에 이벤트를 등록할 수 있습니다. 사용 방법은 다음과 같습니다.

```
<script>
  let isEnter;
</script>

<svelte:body
  on:mouseenter={() → isEnter = true}
  on:mouseleave={() → isEnter = false}
/>

{isEnter ? 'enter' : 'leave'}
```

코드 17-12

window 객체에는 mouseenter, mouseleave 이벤트를 등록할 수 없지만 〈svelte:body〉를 사용하면 코드 17-12와 같이 이벤트를 등록할 수 있습니다.

17-5 <svelte:head>

〈svelte:head〉를 사용하면 head 태그에 요소를 추가할 수 있습니다. 사용 방법은 다음과 같습니다.

```
<svelte:head>
  <title>Title 추가하기</title>
</svelte:head>
```

코드 17-13

그림 17-2

그림 17-2를 보면, head 태그 안에 title 태그가 추가되어 적용되는 것을 볼 수 있습니다.

17-6 <svelte:options>

⟨svelte:options⟩를 사용하면 컴포넌트의 컴파일 옵션을 설정할 수 있습니다. 설정할 수 있는 옵션의 종류는 다음과 같습니다.

- immutable

- accessors

- namespace

- tag

이렇게 네 개의 컴파일 옵션을 설정할 수 있습니다. 컴파일 옵션을 하나씩 살펴보겠습니다.

17-6-1. immutable

컴포넌트로 전달되는 Props가 재할당되면, 컴포넌트는 업데이트됩니다. 심지어 Props로 같은 값이 전달되어도 컴포넌트는 업데이트됩니다. 예제로 살펴봅시다.

```
<!-- src/App.svelte -->
<script>
  import Post from './Post.svelte';

  let posts = [
    { id: 1, contents: '기초 문법', isGood: false },
    { id: 2, contents: '심화 문법', isGood: false },
    { id: 3, contents: '컴파일 옵션', isGood: false },
  ];

  function toggle (toggled) {
    posts = posts.map(post → {
      if (post === toggled) {
```

```
      return { ...post, isGood: !post.isGood };
    } else {
      return post;
    }
  });
  }
</script>

{#each posts as post (post.id)}
  <Post data={post} on:click={() → toggle(post)}/>
{/each}
```

코드 17-14

```
<!-- src/Post.svelte -->
<script>
  import { afterUpdate } from 'svelte';

  export let data;

  let updateCount = 0;
  afterUpdate(() → {
    updateCount++;
  })
</script>

<div on:click>{data.contents} ({updateCount})</div>
```

코드 17-15

코드 17-14 ~ 17-15를 실행해보면, 세 개의 Post 컴포넌트 중 하나라도 클릭 이벤트
가 발생하면 모든 Post 컴포넌트가 업데이트되어 모든 Post 컴포넌트의 updateCount가
1씩 증가하게 됩니다.

클릭되지 않은 Post 컴포넌트는 Props 값이 변경되지 않았기 때문에 업데이트되지 않아야 합니다. 이러한 경우처럼 최적화를 위해 사용할 수 있는 것이 ⟨svelte:options⟩의 immutable입니다. 사용 방법은 다음 코드와 같습니다.

```
<!-- src/Post.svelte -->
<svelte:options immutable />

<script>
  import { afterUpdate } from 'svelte';

  export let data;

  let updateCount = 0;
  afterUpdate(() → {
    updateCount++;
  })
</script>

<div on:click>{data.contents} ({updateCount})</div>
```

코드 17-16

코드 17-16처럼 Post 컴포넌트에 ⟨svelte:options immutable /⟩또는 ⟨svelte:options im-mutable={true} /⟩를 추가해주면 됩니다.

immutable은 컴포넌트에 불변성 Props를 전달한다고 알려주게 됩니다. 그러면 컴포넌트는 동등 연산자(===)를 통해 Props가 업데이트되었는지 판단하게 됩니다.

가변성과 불변성

자바스크립트의 데이터 타입은 원시 타입(Primary Type)과 객체 타입(Object Type)으로 나뉩니다. 원시 타입과 객체 타입의 종류는 아래 표와 같습니다.

원시 타입(Primary Type), 기본형	객체 타입(Object Type), 참조형
Number	Object
String	Array
Boolean	Function
Null	
Undefined	
Symbol	

원시 타입의 값을 업데이트하기 위해서는 다음 코드와 같이 재할당되어야 합니다.

```
let a = 1;
a = 2;
```

코드 17-17

이렇게 재할당이 되면 기존의 주소에 새로운 값을 업데이트하는 것이 아니라, 새로운 주소에 값을 저장하게 됩니다. 변수에 새로운 주소의 값을 저장하기 때문에 원시 타입은 불변성을 가진다고 이야기합니다. 반면에 객체 타입은 다음 코드와 같이 값을 업데이트할 수 있습니다.

```
let a = { foo: 1};
a.foo = 2;
```

코드 17-18

이렇게 값을 업데이트하면, 기존 주소에 새로운 값을 업데이트하기 때문에 객체 타입은 가변성을 가집니다.

17-6-2. accessors

accessors는 부모 컴포넌트에서 자식 컴포넌트의 데이터나 함수에 접근해야 할 때 사용됩니다. 접근을 허용할 데이터나 함수는 export되어야 합니다. accessors 사용 방법은 다음 코드와 같습니다.

```
<!-- src/App.svelte -->
<script>
  import Accessible from './Accessible.svelte';
  let accessibleComponent;
</script>

<Accessible bind:this={accessibleComponent} />

<button on:click="{() → console.log(accessibleComponent.getText())}">데이터 접
근하기</button>
```

코드 17-19

```
<!-- src/Accessible.svelte -->
<svelte:options accessors />

<script>
  let text = '접근이 허용되었습니다.';
  export function getText () {
    return text;
  }
</script>

<div>{text}</div>
```

코드 17-20

접근을 허용할 컴포넌트는 코드 17-20과 같이 〈svelte:options accessors /〉 또는 〈svelte:options accessors={true} /〉가 선언되어야 합니다.

코드 17-20에서 Accessible 컴포넌트의 getText 함수는 부모 컴포넌트에서 접근 가능하도록 허용되었습니다. 코드 17-19의 App 컴포넌트는 Accessible 컴포넌트의 접근 허용된 getText 함수를 사용하여 Text 값을 가져옵니다.

17-6-3. tag

tag 옵션을 사용하면 커스텀 엘리먼트(Custom Element)를 만들 수 있습니다. tag 옵션을 사용하려고 webpack 번들러를 사용한다면 즉, webpack.config.js에, rollup 번들러를 사용한다면 rollup.config.js에 다음 코드와 같이 customElement: true를 추가해주어야 합니다.

```js
// webpack.config.js
// …
module.exports = {
  // …
  module: {
    rules: [
      {
        test: /\.svelte$/,
        use: {
          loader: 'svelte-loader',
          options: {
            compilerOptions: {
              // …
              customElement: true,
            },
            // …
          }
```

```
        }
      },
      // …
    ]
  },
  // …
};
```

코드 17–21


```
// rollup.config.js
// …
export default {
  // ...
  plugins: [
    svelte({
      compilerOptions: {
        // …
        customElement: true,
      }
    }),
    // …
  ],
  // …
};
```

코드 17–22

코드 17–21 또는 코드 17–22와 같이 작성하였다면, 다음 코드와 같이 tag 옵션을 사용할 수 있습니다.

```
// src/main.js
import App from './App.svelte';
import './AwesomeButton.svelte';

const app = new App({
  target: document.body,
});

export default app;
```

코드 17-23

```
<!-- src/App.svelte -->
<svelte:options tag="my-app" />


<awesome-button/>
```

코드 17-24

```
<!-- src/AwesomeButton.svelte -->
<svelte:options tag="awesome-button" />


<button>끝내주는 버튼</button>
```

코드 17-25

코드 17-23의 main.js에서 코드 17-25와 같이 〈svelte:options tag="awesome-button"/〉를 선언한 AwesomeButton 컴포넌트를 import하면, 코드 17-24에서 HTML 요소인 것처럼 컴포넌트를 사용할 수 있습니다. 다만 커스텀 엘리먼트를 사용하는 컴포넌트에도 tag 옵션이 선언되어야 합니다.

코드 17-23 ~ 코드 17-25와 같이 코드를 작성하였다면, 다음 코드와 같이 HTML 파일에서도 〈awesome-button〉 태그를 사용할 수 있습니다.

```
<!-- public/index.html -->
<!DOCTYPE html>
<html lang="en">
<head>
  <meta charset='utf-8'>
  <meta name='viewport' content='width=device-width,initial-scale=1'>

  <title>Svelte app</title>

  <link rel='icon' type='image/png' href='/favicon.png'>
  <link rel='stylesheet' href='/global.css'>
  <link rel='stylesheet' href='/build/bundle.css'>

  <script defer src='/build/bundle.js'></script>
</head>

<body>
  <awesome-button/>
</body>
</html>
```

코드 17-26

코드 17-26의 /build/bundle.js 파일에 awesome-button 커스텀 엘리먼트가 정의되어 있기 때문에 보통의 HTML 태그처럼 〈awesome-button〉을 사용할 수 있습니다.

참고

커스텀 엘리먼트(Custom Element)

customElements.define 함수를 사용하면 사용자가 정의한 요소를 만들어, HTML 태그처럼 사용할 수 있습니다.

```
class PopUpInfo extends HTMLElement {
  constructor() {
    // 항상 가장 먼저 super 함수가 호출되어야 합니다.
    super();

    // 커스텀 엘리먼트의 기능이 정의되는 부분입니다.
    ...
  }
}

customElements.define('popup-info', PopUpInfo);
```

코드 17-27

```
<!-- 위와 같이 정의되었다면 다음과 같이 커스텀 엘리먼트를 사용할 수 있습니다. -->
<popup-info img="img/alt.png" text="Your card validation code (CVC)
  is an extra security feature — it is the last 3 or 4 numbers on the
  back of your card.">
```

코드 17-28

IE 등의 구형 브라우저에서는 커스텀 엘리먼트 기능을 제공하지 않습니다. MDN(https://developer.mozilla.org/ko/docs/Web/Web_Components/Using_custom_elements)에서 좀 더 자세한 내용을 확인할 수 있습니다.

17-6-4. namespace

namespace의 값으로 mathml, svg, foreign과 같이 컴포넌트가 사용되는 네임스페이스를 설정합니다. Svelte 3에서는 자동으로 사용되는 네임스페이스를 감지하기 때문에 더 이상 사용할 필요가 없는 옵션이 되었습니다.

17-7 <svelte:fragment>

⟨svelte:fragment⟩를 사용하면 이름 있는 슬롯에서 HTML 태그를 감싸지 않아도 여러 요소를 하나의 슬롯에 추가할 수 있습니다. 다음 코드와 같이 사용할 수 있습니다.

```
<!-- App.svelte -->
<script>
  import Box from './Box.svelte';
</script>

<Box>
  <p slot="description">Box 컴포넌트의 하위 요소입니다.</p>
  <h1 slot="title">주제!</h1>
  <svelte:fragment slot="footer">
    <p>All rights reserved.</p>
    <p>Copyright Beomy</p>
  </svelte:fragment>
</Box>
```

코드 17-29

```
<!-- src/Box.svelte -->
<div>
  <slot name="title"></slot>
```

```
  <hr />
  <slot name="description"></slot>
  <slot name="footer"></slot>
</div>
```

〈svelte:fragment〉를 사용하지 않는다면 별도의 HTML 태그로 감싸야 하지만 코드 17-29와 같이 〈svelte:fragment〉를 사용하면 HTML 태그를 감싸지 않아도 여러 HTML 태그를 하나의 슬롯에 전달할 수 있게 됩니다.

Chapter
18

모듈 콘텍스트

18-1 코드 공유하기

〈script context="module"〉을 사용하면 동일한 컴포넌트로 만들어진 인스턴스 간의 코드를 공유할 수 있습니다. 〈script context="module"〉 블록 안에 선언된 코드는 인스턴스가 만들어질 때마다 호출되지 않고 컴포넌트가 import로 가져올 때 단 한 번 호출됩니다. 예제로 살펴봅시다.

```
<!-- src/App.svelte -->
<script>
  import Module from './Module.svelte'
</script>

<Module />
<Module />
<Module />
```

코드 18-1

```
<!-- src/Module.svelte -->
<script context="module">
  console.log(`import Module from './Module.svelte'가 선언될 때 호출됩니다.`);
  let totalComponents = 0;
</script>


<script>
  totalComponents += 1;
  console.log(`컴포넌트 인스턴스가 생성될 때 호출됩니다: ${totalComponents}`);
</script>
```

코드 18-2

```
import Example, { alertTotal } from './Example.svelte'가 선언될 때 호출됩니다.
컴포넌트 인스턴스가 생성될 때 호출 됩니다: 1
컴포넌트 인스턴스가 생성될 때 호출 됩니다: 2
컴포넌트 인스턴스가 생성될 때 호출 됩니다: 3
```

그림 18-1

그림 18-1은 코드 18-1과 코드 18-2의 실행 결과입니다. 코드 18-2에서 볼 수 있듯이 〈script context="module"〉에서 선언된 값은 〈script〉에서 접근해 사용할 수 있습니다. 하지만 반대의 경우, 〈script〉에서 선언된 값을〈script context="module"〉에서 접근해 사용하는 것은 불가능합니다.

컴포넌트 인스턴스 간에 공유해야 할 데이터가 있다면 스토어를 사용하지 않고〈script context="module"〉을 사용하여 데이터를 공유할 수 있게 됩니다.

〈script context="module"〉 블록 안에 정의된 변수는 반응형으로 동작하지 않습니다. 즉, 〈script context="module"〉 블록 안에 변수가 업데이트되더라도 화면이 업데이트되지 않습니다. 반응형으로 동작해야 하는 경우 스토어를 사용해야 합니다.

18-2 코드 내보내기

⟨script context="module"⟩ 블록 안에서 export된 코드는 부모 컴포넌트에서 import하여
사용할 수 있습니다.

```
<!-- src/App.svelte -->
<script>
  import Module, { getTotalComponents } from './Module.svelte'
</script>

<Module />
<Module />
<Module />
<button on:click="{() → console.log(getTotalComponents())}">인스턴스 개수 확인
</button>
```

코드 18-3

```
<!-- src/Module.svelte -->
<script context="module">
  console.log(`import Module from './Module.svelte'가 선언될 때 호출됩니다.`);
  let totalComponents = 0;

  export function getTotalComponents() {
   return totalComponents;
  }
</script>

<script>
  totalComponents += 1;
  console.log(`컴포넌트 인스턴스가 생성될 때 호출 됩니다: ${totalComponents}`);
</script>
```

코드 18-4

| 인스턴스 개수 확인 | Elements Console Network Svelte Application |

그림 18-2

그림 18-2은 코드 18-3과 코드 18-4의 실행 결과입니다. 코드 18-4에서 export된 getTotalComponents 함수는 코드 18-3에서 import하여 사용됩니다. 컴포넌트가 export default 되기 때문에 export default로 코드를 내보낼 수 없습니다.

PART II.

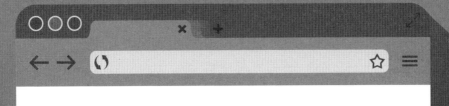

스도쿠 게임
만들어보기

Chapter
19

스도쿠 살펴보기

19-1 스도쿠란

스도쿠는 다음 그림과 같이 가로 세로 9칸인 정사각형 모양의 빈칸에 1부터 9까지 아홉 개의 숫자를 채워 넣는 퍼즐 게임입니다.

1 7 8	2	3		5			4	
	4			2		7		
		9	8			1	2	3
	3	1	5	9		4		
				3	1	5	9	
5	9				8			
	1		9			6		4
6				1				
		5	6	8	4		1	2

그림 19-1

스도쿠는 아래의 세 가지 조건을 만족해야 합니다.

① 어떤 가로줄에도 같은 숫자가 나타나지 않아야 합니다. 즉, 어떤 가로줄에도 1부터 9까지 9개의 숫자가 모두 있어야 합니다.

② 어떤 세로줄에도 같은 숫자가 나타나지 않아야 합니다. 즉, 어떤 세로줄에도 1부터 9까지 9개의 숫자가 모두 있어야 합니다.

③ 굵은 테두리를 두른, 가로 세로 3칸인 작은 정사각형에도 같은 숫자가 나타나지 않아야 합니다. 즉, 아홉 개의 숫자가 모두 있어야 합니다.

스도쿠는 위의 세 가지 조건을 만족하면서 빈칸을 채워 넣어 완성하는 퍼즐 게임입니다.

19-2 스도쿠 용어 정리

스도쿠 퍼즐을 만들기 전에 알아둬야 할 스도쿠 용어와 이해를 돕기 위해 사용할 용어를 정리해 보도록 하겠습니다.

19-2-1. 스도쿠 퍼즐의 한 칸: 셀

스도쿠 퍼즐의 한 칸 한 칸을 셀이라고 합니다. 3×3, 81개의 셀이 존재하고, 각 셀 이름은 다음 그림과 같이 좌표로 이름을 정합니다.

셀11	셀12	셀13	셀14	셀15	셀16	셀17	셀18	셀19
셀21	셀22	셀23	셀24	셀25	셀26	셀27	셀28	셀29
셀31	셀32	셀33	셀34	셀35	셀36	셀37	셀38	셀39
셀41	셀42	셀43	셀44	셀45	셀46	셀47	셀48	셀49
셀51	셀52	셀53	셀54	셀55	셀56	셀57	셀58	셀59
셀61	셀62	셀63	셀64	셀65	셀66	셀67	셀68	셀69
셀71	셀72	셀73	셀74	셀75	셀76	셀77	셀78	셀79
셀81	셀82	셀83	셀84	셀85	셀86	셀87	셀88	셀89
셀91	셀92	셀93	셀94	셀95	셀96	셀97	셀98	셀99

그림 19-2

19-2-2. 굵은 테두리를 두른 사각형: 박스

굵은 테두리를 두른 사각형을 박스라고 합니다. 박스의 이름도 다음 그림과 같이 좌표로 이름을 정합니다.

박스11	박스12	박스13
박스21	박스22	박스23
박스31	박스32	박스33

그림 19-3

19-2-3. 가로줄: 행

가로줄을 행이라고 합니다. 다음 그림과 같이 위에서 아래 방향으로 1~9번 셀 행이라고 약속합니다.

	2	3	1번 셀 행			4	
	4		2번 셀 행	7			
		9	3번 셀 행	1	2	3	
	3	1	4번 셀 행	4			
			5번 셀 행	5	9		
5	9		6번 셀 행				
	1		7번 셀 행	6		4	
6			8번 셀 행				
		5	9번 셀 행		1	2	

그림 19-4

박스 행도 다음 그림과 같이 위에서 아래 방향으로 1~3번 박스 행이라고 약속합니다.

	2	3	5		4		
	4	1번 박스 행		7			
		9	8		1	2	3
	3	1	5	9	4		
		2번 박스 행			5	9	
5	9			8			
	1		9		6		4
6		3번 박스 행					
		5	6	8	4	1	2

그림 19-5

19-2-4. 세로줄: 열

세로줄을 열이라고 합니다. 다음 그림과 같이 왼쪽에서 오른쪽 방향으로 1~9번 셀 열이라고 약속합니다.

그림 19-6

박스 행도 다음 그림과 같이 왼쪽에서 오른쪽 방향으로 1~3번 박스 행이라고 약속합니다.

그림 19-7

19-2-5. 후보 숫자

후보 숫자란 어떤 한 빈칸에서 스도쿠의 세 가지 조건을 모두 만족하는 숫자들을 이야기합니다. 즉, 빈칸에 정답이 될 수 있는 후보들을 말합니다. 다음 그림과 같이 셀11의 후보 숫자를 살펴봅시다.

1 7 8	2	3		5			4	
	4			2		7		
		9	8			1	2	3
	3	1	5	9		4		
				3	1	5	9	
5	9				8			
	1		9			6		4
6				1				
		5	6	8	4		1	2

그림 19-8

1번 셀 행에서 가능한 셀11의 후보 숫자는 [1, 6, 7, 8, 9]입니다. 1번 셀 열에서 가능한 후보 숫자는 [1, 2, 3, 4, 7, 8, 9]이고, 1번 박스에서 가능한 후보 숫자는 [1, 5, 6, 7, 8]입니다. 이 3개 배열의 교집합은 [1, 7, 8]로 셀 11의 후보 숫자가 됩니다.

즉, 셀11의 정답은 1 또는 7, 8이 될 수 있습니다. 이렇게 후보 숫자를 채워가는 방법으로 스도쿠 퍼즐을 풀어갈 수 있습니다. 스도쿠 퍼즐 풀이 방법은 뒤에서 더 자세히 설명하도록 하겠습니다.

Chapter
20

스도쿠 생성 방법

20-1 스도쿠 생성 방법

행렬을 사용하면 스도쿠를 만들 수 있습니다. 이번에는 행렬을 사용하여 스도쿠를 만드는 방법을 살펴보겠습니다. 가장 먼저 다음 그림과 같이 임의의 위치에 1부터 9까지의 숫자를 가지는 3×3 행렬을 생성합니다.

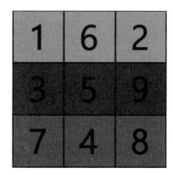

그림 20-1

그림 20-1의 3×3 행렬을 사용하여 스도쿠를 만듭니다. 그림 20-1은 1번 박스가 됩니다.

20-1-1. 1번 박스 행 만들기

스도쿠 1번 규칙(어떤 가로줄에도 같은 숫자가 나타나지 않아야 합니다)을 만족하도록 행의 순서만 엇갈려 다음 그림과 같이 3×9 행렬을 만듭니다.

1	6	2	7	4	8	3	5	9
3	5	9	1	6	2	7	4	8
7	4	8	3	5	9	1	6	2

그림 20-2

이렇게 만들어진 그림 20-2는 1번 박스 행이 됩니다.

20-1-2. 1번 박스 열 만들기

열도 동일하게 스도쿠 2번 규칙(어떤 세로줄에도 같은 숫자가 나타나지 않아야 합니다)을 만족하도록 열의 순서만 엇갈려 다음 그림과 같이 9×3 행렬을 만듭니다.

1	6	2
3	5	9
7	4	8
2	1	6
9	3	5
8	7	4
6	2	1
5	9	3
4	8	7

그림 20-3

이렇게 만들어진 그림 20-3은 1번 박스 열이 됩니다.

20-1-2. 완성하기

앞에서 살펴봤던 행과 열을 만드는 방법으로 나머지 박스들도 만들 수 있습니다. 행과 열을 만드는 방법으로 완성한 스도쿠는 다음 그림과 같습니다.

1	6	2	7	4	8	3	5	9
3	5	9	1	6	2	7	4	8
7	4	8	3	5	9	1	6	2
2	1	6	8	7	4	9	3	5
9	3	5	2	1	6	8	7	4
8	7	4	9	3	5	2	1	6
6	2	1	4	8	7	5	9	3
5	9	3	6	2	1	4	8	7
4	8	7	5	9	3	6	2	1

그림 20-4

20-2 스도쿠 행렬식 표현

다음 그림과 같은 S, X1, X2라는 3개의 3×3 행렬을 사용하여 행렬의 곱으로 그림 20-2와 그림 20-3의 행렬을 만들 수 있습니다.

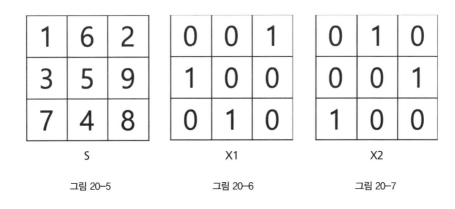

S	X1	X2

그림 20-5   그림 20-6   그림 20-7

S, X1, X2 행렬을 사용한 행렬식으로 앞에서 만들었던 스도쿠를 표현합니다.

20-2-1. 1번 박스 행 만들기

그림 20-2와 같은 3×9 행렬을 다음 그림과 같은 행렬식으로 만들 수 있습니다.

그림 20-8

20-2-2. 1번 박스 열 만들기

그림 20-3과 같은 9×3 행렬은 다음 그림과 같은 행렬식으로 만들 수 있습니다.

그림 20-9

20-2-3. 완성하기

그림 20-8, 그림 20-9 박스들을 포함한 스도쿠의 모든 박스들의 행렬식은 다음 그림
과 같습니다.

S	X1S	X2S
SX1	X1SX1	X2SX1
SX2	X1SX2	X2SX2

그림 20-10

20-3 스도쿠 섞기

이렇게 생성한 스도쿠는 위치가 고정된다는 단점이 있습니다. 예를 들어, 다음 그림과 같이 셀11은 셀24, 셀37, 셀42, 셀55, 셀68, 셀73, 셀86, 셀99는 항상 같은 값이 됩니다. 셀11, 셀24, 셀37, 셀42, 셀55, 셀68, 셀73, 셀86, 셀99 중 하나의 값을 알게 되면 나머지 셀들도 같은 값으로 채워 넣을 수 있게 됩니다.

1	6	2	7	4	8	3	5	9
3	5	9	1	6	2	7	4	8
7	4	8	3	5	9	1	6	2
2	1	6	8	7	4	9	3	5
9	3	5	2	1	6	8	7	4
8	7	4	9	3	5	2	1	6
6	2	1	4	8	7	5	9	3
5	9	3	6	2	1	4	8	7
4	8	7	5	9	3	6	2	1

그림 20-11

이런 단점을 보완하기 위해 스도쿠 셀을 일정한 규칙에 따라 섞을 수 있습니다. 섞는 과정을 거치면 좀 더 다양한 모양의 스도쿠를 만들 수 있습니다.

20-3-1. 셀 행 섞기

같은 박스 행에 있는 셀 행은 서로 교환할 수 있습니다. 예를 들어 다음 그림과 같이 2번 박스 행 내의 셀 행은 서로 교환할 수 있습니다.

1	6	2	7	4	8	3	5	9
3	5	9	1	6	2	7	4	8
7	4	8	3	5	9	1	6	2
2	1	6	8	7	4	9	3	5
9	3	5	2	1	6	8	7	4
8	7	4	9	3	5	2	1	6
6	2	1	4	8	7	5	9	3
5	9	3	6	2	1	4	8	7
4	8	7	5	9	3	6	2	1

그림 20-12

그림 20-12와 같이, 같은 박스 행 안에 있는 셀 행은 서로 교환할 수 있지만 다른 박스 행의 셀 행과는 교환할 수 없습니다.

20-3-2. 셀 열 섞기

행과 동일하게 같은 박스 열에 있는 셀 열은 서로 교환할 수 있습니다. 예를 들어 다음 그림과 같이 2번 박스 열 내의 셀 열은 서로 교환할 수 있습니다.

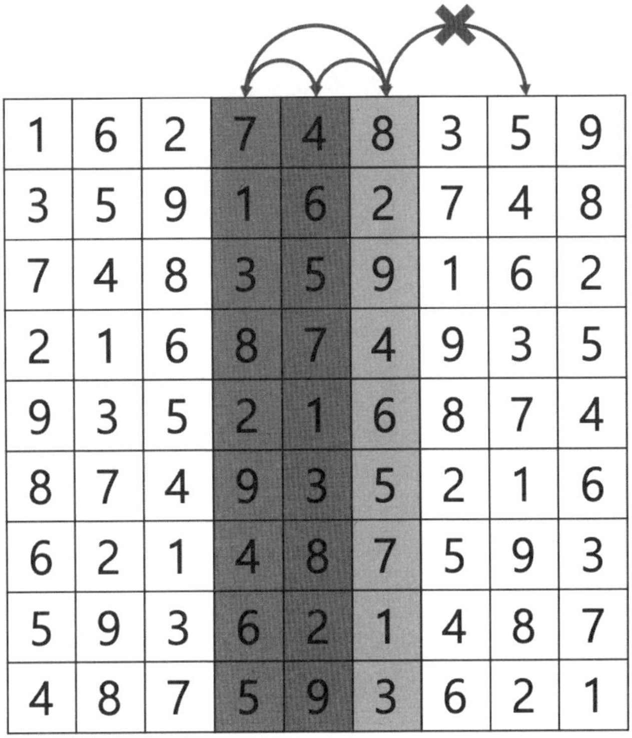

그림 20-13

그림 20-13과 같이, 같은 박스 열 안에 있는 셀 열은 서로 교환할 수 있지만 다른 박스 열의 셀 열과는 교환할 수 없습니다.

20-3-3. 박스 행 섞기

다음 그림과 같이 박스 행은 서로 교환이 가능합니다.

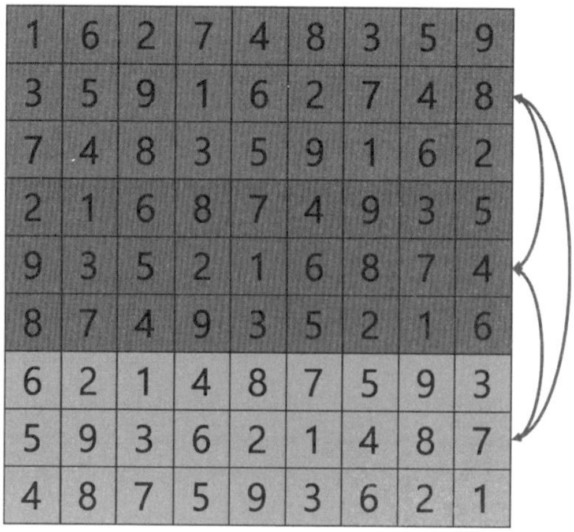

그림 20-14

20-3-4. 박스 열 섞기

박스 행과 동일하게 박스 열도 다음 그림과 같이 서로 교환이 가능합니다.

그림 20-15

20-3-5. 회전하기

90도, 180도, 270도 회전해도 스도쿠의 세 가지 규칙을 만족합니다. 회전을 사용하면 좀 더 다양한 스도쿠를 만들 수 있게 됩니다.

1	6	2	7	4	8	3	5	9
3	5	9	1	6	2	7	4	8
7	4	8	3	5	9	1	6	2
2	1	6	8	7	4	9	3	5
9	3	5	2	1	6	8	7	4
8	7	4	9	3	5	2	1	6
6	2	1	4	8	7	5	9	3
5	9	3	6	2	1	4	8	7
4	8	7	5	9	3	6	2	1

그림 20-16

Chapter
21

스도쿠 프로젝트 생성

21-1 프로젝트 생성 및 패키지 설치

본격적으로 스도쿠를 만들기 위해서 먼저 새로운 Svelte 프로젝트를 만들고, 필요한 패키지를 설치합니다. 아래 명령어로 프로젝트를 생성하고 패키지를 다운로드합니다.

```
$ npx degit sveltejs/template sudoku
$ cd sudoku
$ npm install
$ npm install mathjs lodash
```

코드 21-1

행렬의 곱셈 계산을 위해 mathjs의 multiply를 사용하였습니다. 자세한 패키지 사용 방법은 https://mathjs.org/를 참고 바랍니다. lodash는 자바스크립트 유틸 함수들을 제공하는 패키지입니다. lodash에서 제공하는 유틸 함수들을 알고 싶다면, https://lodash.com/를 참고 바랍니다.

21-2 화면 구조 및 컴포넌트 구조

스도쿠의 화면 구조 및 컴포넌트 구조는 다음 그림과 같습니다.

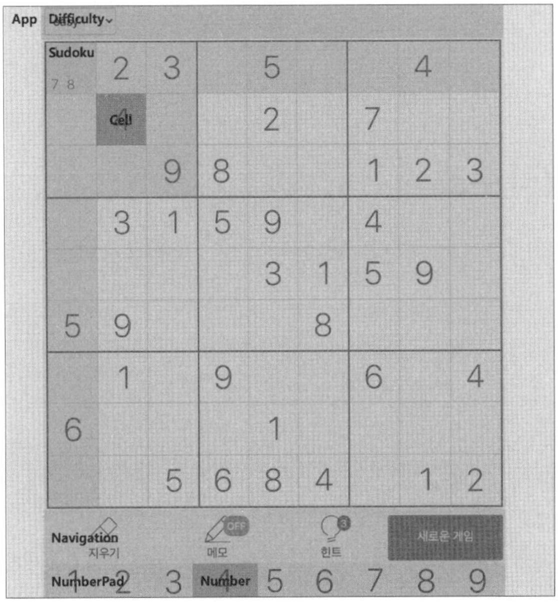

그림 21-1

App, Difficulty, Sudoku, Cell, Navigation, NumberPad, Number 컴포넌트와 같이 총 7
개의 컴포넌트로 화면이 구성됩니다. 각각의 컴포넌트의 역할은 다음과 같습니다.

- **Difficulty 컴포넌트:** 스도쿠 게임의 난이도를 조절하는 컴포넌트입니다.

- **Navigation 컴포넌트:** 스도쿠 게임을 조작하는 컴포넌트입니다. 메모/정답 지우
  기, 메모 ON/OFF, 힌트, 새로운 게임 기능이 있습니다.

- **Number 컴포넌트:** 숫자 이미지를 나타내는 컴포넌트입니다. NumberPad, Cell 컴
  포넌트에서 사용됩니다.

- **NumberPad 컴포넌트:** 스도쿠 게임에 숫자를 입력하기 위한 컴포넌트입니다.

- **Cell 컴포넌트**: 스도쿠의 셀을 나타내는 컴포넌트입니다.

- **Sudoku 컴포넌트**: 스도쿠 게임을 화면에 나타내는 컴포넌트입니다.

- **App 컴포넌트**: 작성한 컴포넌트를 사용하여 스도쿠 페이지를 화면에 나타내는 컴포넌트입니다.

21-3 디렉터리 구조

스도쿠 프로젝트의 디렉터리 구조는 다음 코드와 같이 구성됩니다.

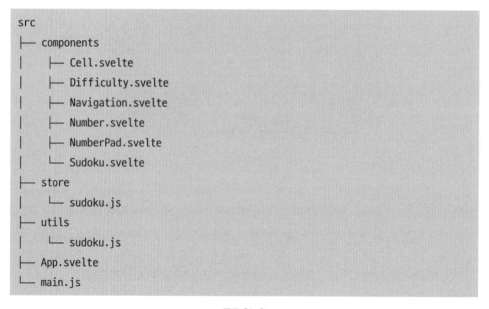

```
src
├─ components
│    ├─ Cell.svelte
│    ├─ Difficulty.svelte
│    ├─ Navigation.svelte
│    ├─ Number.svelte
│    ├─ NumberPad.svelte
│    └─ Sudoku.svelte
├─ store
│    └─ sudoku.js
├─ utils
│    └─ sudoku.js
├─ App.svelte
└─ main.js
```

코드 21-2

components와 store, utils 디렉터리를 만들어 사용합니다. 각 디렉터리의 역할은 다음과 같습니다.

- components: 화면에 나타나는 컴포넌트들을 모아두는 디렉터리입니다.

- **store**: 사용되는 스토어 값들을 모아두는 디렉터리입니다.

- **utils**: 스도쿠 게임을 만들기 위해 사용되는 유틸 함수들을 모아두는 디렉터리입니다.

Chapter
22

스도쿠 만들기

22-1 스도쿠 생성 코드

새롭게 생성한 프로젝트의 src 디렉터리 밑에 utils 디렉터리를 만들고 그 안에 sudoku.js 파일을 만듭니다. sudoku.js 파일 안에서 스도쿠 관련 함수들이 정의됩니다. 다음 코드와 같이 그림 20-10의 행렬식을 사용하여 스도쿠를 생성하는 getSolution 함수를 작성할 수 있습니다.

```
// src/utils/sudoku.js
import _ from 'lodash';
import { multiply } from 'mathjs';

// 스도쿠를 생성하는 함수
export function getSolution () {
  const s = _.chunk(_.shuffle([1, 2, 3, 4, 5, 6, 7, 8, 9]), 3); // 임의의 위치
에 1부터 9까지의 숫자를 가지는 3X3 행렬을 생성합니다.
  const x1 = [[0, 0, 1], [1, 0, 0], [0, 1, 0]];
  const x2 = [[0, 1, 0], [0, 0, 1], [1, 0, 0]];
  const x1s = multiply(x1, s);
```

```
  const x2s = multiply(x2, s);
  const sx1 = multiply(s, x1);
  const sx2 = multiply(s, x2);
  const x2sx1 = multiply(x2s, x1);
  const x1sx1 = multiply(x1s, x1);
  const x1sx2 = multiply(x1s, x2);
  const x2sx2 = multiply(x2s, x2);
  return [
    [ ... s[0], ... x1s[0], ... x2s[0]],
    [ ... s[1], ... x1s[1], ... x2s[1]],
    [ ... s[2], ... x1s[2], ... x2s[2]],
    [ ... sx1[0], ... x1sx1[0], ... x2sx1[0]],
    [ ... sx1[1], ... x1sx1[1], ... x2sx1[1]],
    [ ... sx1[2], ... x1sx1[2], ... x2sx1[2]],
    [ ... sx2[0], ... x1sx2[0], ... x2sx2[0]],
    [ ... sx2[1], ... x1sx2[1], ... x2sx2[1]],
    [ ... sx2[2], ... x1sx2[2], ... x2sx2[2]],
  ];
}
```

코드 22-1

getSolution 함수의 반환값 정보는 다음과 같습니다.

- **반환값 (number[][])**: 스도쿠 정답을 반환합니다.

lodash의 chunk와 shuffle 함수를 사용하여 3×3 행렬 S를 만들고 X1, X2 행렬과의 곱으로 스도쿠를 만듭니다. 행렬 곱은 mathjs의 multiply 함수를 사용하였습니다.

chunk 함수

chunk 함수는 lodash에서 제공하는 함수입니다. 다음 코드와 같은 형태를 가집니다.

```
_.chunk(array, [size=1])
```

코드 22-2

- array (Array): 분할할 배열입니다.
- [size=1] (number): 분할할 크기입니다. 기본값은 1입니다.
- 반환값 (Array): 분할된 새로운 배열입니다.

chunk 함수는 size 크기로 array를 분할한 새로운 배열을 반환합니다. chunk 함수는 다음 코드와 같이 사용됩니다.

```
_.chunk(['a', 'b', 'c', 'd'], 2);
// → [['a', 'b'], ['c', 'd']]
```

코드 22-3

https://lodash.com/docs/4.17.15#chunk에서 더 자세한 함수 사용 방법을 살펴볼 수 있습니다.

shuffle 함수

shuffle 함수는 lodash에서 제공하는 함수입니다. 다음 코드와 같은 형태를 가집니다.

```
_.shuffle(collection)
```

코드 22-4

- collection (Array|Object): 섞일 배열입니다.
- 반환값 (Array):collection 배열이 섞인 새로운 배열입니다.

collection을 섞어서 새로운 배열을 반환합니다. shuffle 함수는 다음 코드와 같이 사용됩니다.

```
_.shuffle([1,2,3,4]);
// → [4,1,3,2]
```

코드 22-5

https://lodash.com/docs/4.17.15#shuffle에서 더 자세한 함수 사용 방법을 살펴볼 수 있습니다.

참고

multiply함수

multiply 함수는 mathjs에서 제공하는 함수입니다. 다음 코드와 같은 형태를 가집니다.

```
multiply(x, y, [values])
```

코드 22-6

- x(number|BigNumber|Fraction|Complex|Unit|Array|Matric): 곱해질 행렬입니다.

- y (number|BigNumber|Fraction|Complex|Unit|Array|Matric): 곱해질 행렬입니다.

- [values](…number|BigNumber|Fraction|Complex|Unit|Array|Matric): 곱해질 행렬입니다.

- 반환값 (number|BigNumber|Fraction|Complex|Unit|Array|Matric): 곱해진 행렬입니다.

파라미터로 전달된 행렬의 곱을 반환합니다. multiply 함수는 다음 코드와 같이 사용됩니다.

```
multiply([[1,0],[1,1]],[1,2],[3,4]]);
//→[[1,2],[4,6]]
```

코드 22-7

https://mathjs.org/docs/reference/functions/multiply.html에서 더 자세한 함수 사용 방법을 살펴볼 수 있습니다.

22-2 스도쿠 섞기

getSolution 함수에 스도쿠를 섞는 코드를 추가하여 스도쿠의 모양을 좀 더 다양하게 만들도록 하겠습니다.

22-2-1. 셀 행과 셀 열 섞기

먼저 셀 행과 셀 열을 교환해주는 코드를 작성합니다.

```javascript
// 셀 행, 셀 열을 교환하는 함수
export function swapCell (board, direct, lineNumber1, lineNumber2) {
  const ref = [
    [1, 0, 0, 0, 0, 0, 0, 0, 0],
    [0, 1, 0, 0, 0, 0, 0, 0, 0],
    [0, 0, 1, 0, 0, 0, 0, 0, 0],
    [0, 0, 0, 1, 0, 0, 0, 0, 0],
    [0, 0, 0, 0, 1, 0, 0, 0, 0],
    [0, 0, 0, 0, 0, 1, 0, 0, 0],
    [0, 0, 0, 0, 0, 0, 1, 0, 0],
    [0, 0, 0, 0, 0, 0, 0, 1, 0],
    [0, 0, 0, 0, 0, 0, 0, 0, 1],
  ];
  const temp = ref[lineNumber1];
  ref[lineNumber1] = ref[lineNumber2];
  ref[lineNumber2] = temp;
  return direct === 'row'
    ? multiply(ref, board)
    : multiply(board, ref);
}
```

코드 22-8

swapCell 함수의 파라미터와 반환값 정보는 다음과 같습니다.

- board (number[][]): 셀 행 또는 셀 열이 교환될 스도쿠입니다.

- direct ('row'|'col'): 섞을 방향입니다. row일 경우 행 , col일 경우 열이 교환됩니다.

- lineNumber1 (number): 교환될 셀 행 또는 셀 열의 번호입니다.

- lineNumber2 (number): 교환될 셀 행 또는 셀 열의 번호입니다.

- **반환값** (number[][]): 셀 행 또는 셀 열이 교환된 새로운 스도쿠입니다.

S에 X1 혹은 X2를 곱하여 행과 열을 교환하는 것을 참고하여, 코드 22-8과 같이 셀 행과 셀 열을 교환하는 함수를 만들 수 있습니다. ref 변수에 저장된 행렬에서 교환하고자 하는 셀 행 또는 셀 열의 번호에 해당되는 줄을 교환합니다. 이렇게 교환된 ref에 행 교환일 경우 ref X board, 열일 경우 board X ref를 하여 셀 행 또는 셀 열이 교환된 행렬을 얻을 수 있습니다.

셀 행과 셀 열이 교환된 스도쿠를 만들기 위해 getSolution 함수를 다음 코드와 같이 수정합니다.

```
// 스도쿠를 생성하는 함수
export function getSolution () {
  const s = _.chunk(_.shuffle([1, 2, 3, 4, 5, 6, 7, 8, 9]), 3); // 임의의 위치
에 1부터 9까지의 숫자를 가지는 3X3 행렬을 생성합니다.
  const x1 = [[0, 0, 1], [1, 0, 0], [0, 1, 0]];
  const x2 = [[0, 1, 0], [0, 0, 1], [1, 0, 0]];
  const x1s = multiply(x1, s);
  const x2s = multiply(x2, s);
  const sx1 = multiply(s, x1);
  const sx2 = multiply(s, x2);
  const x2sx1 = multiply(x2s, x1);
  const x1sx1 = multiply(x1s, x1);
  const x1sx2 = multiply(x1s, x2);
  const x2sx2 = multiply(x2s, x2);
  let solution = [
```

```
    [ ... s[0],   ... x1s[0],   ... x2s[0]],
    [ ... s[1],   ... x1s[1],   ... x2s[1]],
    [ ... s[2],   ... x1s[2],   ... x2s[2]],
    [ ... sx1[0], ... x1sx1[0], ... x2sx1[0]],
    [ ... sx1[1], ... x1sx1[1], ... x2sx1[1]],
    [ ... sx1[2], ... x1sx1[2], ... x2sx1[2]],
    [ ... sx2[0], ... x1sx2[0], ... x2sx2[0]],
    [ ... sx2[1], ... x1sx2[1], ... x2sx2[1]],
    [ ... sx2[2], ... x1sx2[2], ... x2sx2[2]],
  ];
  solution = swapCell(solution, 'row', ... _.take(_.shuffle([0, 1, 2]), 2));
  solution = swapCell(solution, 'row', ... _.take(_.shuffle([3, 4, 5]), 2));
  solution = swapCell(solution, 'row', ... _.take(_.shuffle([6, 7, 8]), 2));
  solution = swapCell(solution, 'col', ... _.take(_.shuffle([0, 1, 2]), 2));
  solution = swapCell(solution, 'col', ... _.take(_.shuffle([3, 4, 5]), 2));
  solution = swapCell(solution, 'col', ... _.take(_.shuffle([6, 7, 8]), 2));
  return solution;
}
```

코드 22-9

코드 22-9는 1~3번 박스 행, 1~3번 박스 열에서 각 1번씩 총 6번 셀 행, 셀 열 교환을
해줍니다.

swapCell(solution, 'row', ..._.take(_.shuffle([0, 1, 2]), 2))를 살펴보면, [0, 1, 2] 배열을 shuf-
fle 함수로 섞은 후 take 함수로 섞어진 배열 중 값 2개를 가져옵니다.

즉, [0, 1, 2] 중 임의의 값 2개를 가져옵니다. solution에 저장된 스도쿠의 1, 2, 3번 셀
행 중 임의의 2개의 셀 행을 교환하는 코드입니다.

take 함수

take 함수는 lodash에서 제공하는 함수입니다. 다음 코드와 같은 형태를 가집니다.

```
_.take(array, [n=1])
```

코드 22-10

- array (Array): 값을 얻을 배열입니다.
- [n=1] (number): 얻을 값의 길이입니다.
- 반환값 (Array): array에서 n 크기만큼 가져온 배열입니다.

take 함수는 n 크기만큼 array 배열에서 가져온 새로운 배열을 반환합니다. take 함수는 다음 코드와 같이 사용됩니다.

```
_.take([1, 2, 3], 2);
// → [1, 2]
```

코드 22-11

https://lodash.com/docs/4.17.15#take에서 더 자세한 함수 사용 방법을 살펴볼 수 있습니다.

22-2-2. 박스 행과 박스 열 섞기

박스 행과 박스 열을 교환해주는 코드는 다음과 같습니다.

```
// 박스 행, 박스 열을 교환하는 함수
export function swapBox (board, direct, lineNumber1, lineNumber2) {
  const ref = [
    [1, 0, 0, 0, 0, 0, 0, 0, 0],
    [0, 1, 0, 0, 0, 0, 0, 0, 0],
```

```
      [0, 0, 1, 0, 0, 0, 0, 0, 0],
      [0, 0, 0, 1, 0, 0, 0, 0, 0],
      [0, 0, 0, 0, 1, 0, 0, 0, 0],
      [0, 0, 0, 0, 0, 1, 0, 0, 0],
      [0, 0, 0, 0, 0, 0, 1, 0, 0],
      [0, 0, 0, 0, 0, 0, 0, 1, 0],
      [0, 0, 0, 0, 0, 0, 0, 0, 1],
    ];
  for (let i = 0; i < 3; i++) {
    const temp = ref[lineNumber1 * 3 + i];
    ref[lineNumber1 * 3 + i] = ref[lineNumber2 * 3 + i];
    ref[lineNumber2 * 3 + i] = temp;
  }
  return direct === 'row'
    ? multiply(ref, board)
    : multiply(board, ref);
}
```

코드 22-12

swapBox 함수의 파라미터와 반환값 정보는 다음과 같습니다.

- board (number[][]): 박스 행 또는 박스 열이 교환될 스도쿠입니다.

- direct ('row'|'col'): 섞을 방향입니다. row일 경우 행, col일 경우 열이 교환됩니다.

- lineNumber1 (number): 교환될 박스 행 또는 박스 열의 번호입니다.

- lineNumber2 (number): 교환될 박스 행 또는 박스 열의 번호입니다.

- **반환값** (number[][]): 박스 행 또는 박스 열이 교환된 새로운 스도쿠입니다.

swapCell 함수와 동일한 원리로 swapBox 함수를 작성하였습니다. ref 변수에 저장된 행렬에서 교환할 박스 내의 셀 행 또는 셀 열의 번호에 해당되는 줄을 차례로 맞교환합니다. 행 교환일 경우 ref X board, 열일 경우 ref X board를 하여 박스 행 또는 박스 열이 교환된 행렬을 얻을 수 있습니다.

박스 행과 박스 열이 교환된 스도쿠를 만들기 위해 getSolution 함수를 다음 코드와 같이 수정하겠습니다.

```
// 스도쿠를 생성하는 함수
export function getSolution () {
  const s = _.chunk(_.shuffle([1, 2, 3, 4, 5, 6, 7, 8, 9]), 3); // 임의의 위치
에 1부터 9까지의 숫자를 가지는 3X3 행렬을 생성합니다.
  const x1 = [[0, 0, 1], [1, 0, 0], [0, 1, 0]];
  const x2 = [[0, 1, 0], [0, 0, 1], [1, 0, 0]];
  const x1s = multiply(x1, s);
  const x2s = multiply(x2, s);
  const sx1 = multiply(s, x1);
  const sx2 = multiply(s, x2);
  const x2sx1 = multiply(x2s, x1);
  const x1sx1 = multiply(x1s, x1);
  const x1sx2 = multiply(x1s, x2);
  const x2sx2 = multiply(x2s, x2);
  let solution = [
    [ ... s[0], ... x1s[0], ... x2s[0]],
    [ ... s[1], ... x1s[1], ... x2s[1]],
    [ ... s[2], ... x1s[2], ... x2s[2]],
    [ ... sx1[0], ... x1sx1[0], ... x2sx1[0]],
    [ ... sx1[1], ... x1sx1[1], ... x2sx1[1]],
    [ ... sx1[2], ... x1sx1[2], ... x2sx1[2]],
    [ ... sx2[0], ... x1sx2[0], ... x2sx2[0]],
    [ ... sx2[1], ... x1sx2[1], ... x2sx2[1]],
    [ ... sx2[2], ... x1sx2[2], ... x2sx2[2]],
  ];
  solution = swapCell(solution, 'row', ... _.take(_.shuffle([0, 1, 2]), 2));
  solution = swapCell(solution, 'row', ... _.take(_.shuffle([3, 4, 5]), 2));
  solution = swapCell(solution, 'row', ... _.take(_.shuffle([6, 7, 8]), 2));
  solution = swapCell(solution, 'col', ... _.take(_.shuffle([0, 1, 2]), 2));
```

```
  solution = swapCell(solution, 'col', ..._.take(_.shuffle([3, 4, 5]), 2));
  solution = swapCell(solution, 'col', ..._.take(_.shuffle([6, 7, 8]), 2));
  solution = swapBox(solution, 'row', ..._.take(_.shuffle([0, 1, 2]), 2));
  solution = swapBox(solution, 'col', ..._.take(_.shuffle([0, 1, 2]), 2));
  return solution;
}
```

코드 22-1

코드 22-13은 박스 행에서 1번, 박스 열에서 1번 교환하여 새로운 모양의 스도쿠를 만듭니다.

swapBox 함수는 swapCell 함수와 동일한 형태로 사용됩니다. swapBox(solution, 'row', ..._.take(_.shuffle([0, 1, 2]), 2))를 살펴보면, solution에 저장된 스도쿠를 1, 2, 3번 박스 행 중 임의의 2개의 박스 행을 교환하는 코드입니다.

22-2-3. 회전하기

스도쿠 모양을 다양화하기 위해서 마지막으로 스도쿠를 회전하겠습니다. 코드를 작성하기 전에 어떤 특징으로 코드를 작성해야 하는지 살펴보기 위해 예제 그림을 살펴보도록 하겠습니다. 다음 그림은 90도 회전한 스도쿠 예제입니다.

1	6	2	7	4	8	3	5	9
3	5	9	1	6	2	7	4	8
7	4	8	3	5	9	1	6	2
2	1	6	8	7	4	9	3	5
9	3	5	2	1	6	8	7	4
8	7	4	9	3	5	2	1	6
6	2	1	4	8	7	5	9	3
5	9	3	6	2	1	4	8	7
4	8	7	5	9	3	6	2	1

90° 회전

4	5	6	8	9	2	7	3	1
8	9	2	7	3	1	4	5	6
7	3	1	4	5	6	8	9	2
5	6	4	9	2	8	3	1	7
9	2	8	3	1	7	5	6	4
3	1	7	5	6	4	9	2	8
6	4	5	2	8	9	1	7	3
2	8	9	1	7	3	6	4	5
1	7	3	6	4	5	2	8	9

그림 22-1

90도 회전된 스도쿠의 1번 셀 행은 회전되기 전 스도쿠의 1번 셀 열의 반전된 값입니다. 이런 특징으로 90도 회전하는 코드는 다음과 같이 작성할 수 있습니다.

```javascript
// 셀 행 혹은 셀 열의 배열을 가져오는 함수
export function getCellLine (board, direct, index) {
  if (direct === 'row') {
    return [ ...board[index]];
  } else {
    const list = [];
    for (let i = 0; i < 9; i++) {
      list.push(board[i][index]);
    }
    return list;
  }
}


// 스도쿠를 회전하는 함수
export function rotation (board, angular) {
  const newBoard = [];
  if (angular === 90) {
    for (let i = 0; i < 9; i++) {
      const line = getCellLine(board, 'col', i);
      newBoard.push(line.reverse());
    }
  } else {
    return board;
  }
  return newBoard;
}
```

코드 22-14

코드 22-14의 getCellLine은 셀 행, 셀 열을 가져오기 위해 사용되는 함수입니다. 파라미터와 반환값 정보는 다음과 같습니다.

- board (number[][]): 셀 행 혹은 셀 열을 가져올 스도쿠입니다.

- direct ('row'|'col'): 셀 행 혹은 셀 열 중 어떤 것을 가져올지 선택하는 파라미터입니다. row일 경우 행을, col일 경우 열을 가져옵니다.

- Index(number): 몇 번째 셀 행 혹은 셀 열을 가져올지 선택하는 파라미터입니다.

- **반환값** (number[]): 셀 행 혹은 셀 열의 배열입니다.

코드 22-14의 rotation 함수는 스도쿠를 회전하는 함수입니다. 파라미터와 반환값 정보는 다음과 같습니다.

- board (number[][]): 회전될 스도쿠입니다.

- angular (0|90|180|270): 몇 도를 회전할지 선택하는 파라미터입니다.

- **반환값** (number[][]): 회전된 스도쿠입니다.

rotation 함수는 angular가 90일 경우, 1~9번 셀 열을 차례로 가져와서 반전 후 새로운 배열에 저장하여 90도 회전한 스도쿠를 만들게 됩니다. 다음 그림은 180도 회전한 스도쿠 예제입니다.

1	6	2	7	4	8	3	5	9
3	5	9	1	6	2	7	4	8
7	4	8	3	5	9	1	6	2
2	1	6	8	7	4	9	3	5
9	3	5	2	1	6	8	7	4
8	7	4	9	3	5	2	1	6
6	2	1	4	8	7	5	9	3
5	9	3	6	2	1	4	8	7
4	8	7	5	9	3	6	2	1

180° 회전

1	2	6	3	9	5	7	8	4
7	8	4	1	2	6	3	9	5
3	9	5	7	8	4	1	2	6
6	1	2	5	3	9	4	7	8
4	7	8	6	1	2	5	3	9
5	3	9	4	7	8	6	1	2
2	6	1	9	5	3	8	4	7
8	4	7	2	6	1	9	5	3
9	5	3	8	4	7	2	6	1

그림 22-2

180도 회전된 스도쿠의 1번 셀 행은 회전되기 전 스도쿠의 9번 셀 행의 반전된 값입니다. 이런 특징으로 180도 회전하는 코드는 다음과 같이 작성할 수 있습니다.

```javascript
// 스도쿠를 회전하는 함수
export function rotation (board, angular) {
  const newBoard = [];
  if (angular === 90) {
    for (let i = 0; i < 9; i++) {
      const line = getCellLine(board, 'col', i);
      newBoard.push(line.reverse());
    }
  } else if (angular === 180) {
    for (let i = 8; i >= 0; i--) {
      const line = getCellLine(board, 'row', i);
      newBoard.push(line.reverse());
    }
  } else {
    return board;
  }
  return newBoard;
}
```

코드 22-15

angular가 180일 경우, 9번부터 1번 역순으로 셀 행을 가져와서 반전 후 새로운 배열에 저장하여 180도 회전한 스도쿠를 만들게 됩니다. 마지막으로 다음 그림은 270도 회전한 스도쿠 예제입니다.

1	6	2	7	4	8	3	5	9
3	5	9	1	6	2	7	4	8
7	4	8	3	5	9	1	6	2
2	1	6	8	7	4	9	3	5
9	3	5	2	1	6	8	7	4
8	7	4	9	3	5	2	1	6
6	2	1	4	8	7	5	9	3
5	9	3	6	2	1	4	8	7
4	8	7	5	9	3	6	2	1

270° 회전 →

9	8	2	5	4	6	3	7	1
5	4	6	3	7	1	9	8	2
3	7	1	9	8	2	5	4	6
8	2	9	4	6	5	7	1	3
4	6	5	7	1	3	8	2	9
7	1	3	8	2	9	4	6	5
6	4	5	2	8	9	1	7	3
2	8	9	1	7	3	6	4	5
1	7	3	6	4	5	2	8	9

그림 22-3

270도 회전된 스도쿠의 1번 셀 행은 회전되기 전 스도쿠의 9번 셀 열의 값입니다. 이런 특징으로 270도 회전하는 코드는 다음과 같이 작성할 수 있습니다.

```
// 스도쿠를 회전하는 함수
export function rotation (board, angular) {
  const newBoard = [];
  if (angular === 90) {
    for (let i = 0; i < 9; i++) {
      const line = getCellLine(board, 'col', i);
      newBoard.push(line.reverse());
    }
  } else if (angular === 180) {
    for (let i = 8; i >= 0; i--) {
      const line = getCellLine(board, 'row', i);
      newBoard.push(line.reverse());
    }
  } else if (angular === 270) {
    for (let i = 8; i >= 0; i--) {
      const line = getCellLine(board, 'col', i);
```

```
    newBoard.push(line);
  }
} else {
  return board;
}
return newBoard;
}
```

angular가 270일 경우, 9번부터 1번 역순으로 셀 열을 가져와 새로운 배열에 저장하여 270도 회전한 스도쿠를 만들게 됩니다. 이렇게 완성된 rotation 함수를 getSolution 함수에 적용합니다.

```
// 스도쿠를 생성하는 함수
export function getSolution () {
  const s = _.chunk(_.shuffle([1, 2, 3, 4, 5, 6, 7, 8, 9]), 3); // 임의의 위치
에 1부터 9까지의 숫자를 가지는 3X3 행렬을 생성합니다.
  const x1 = [[0, 0, 1], [1, 0, 0], [0, 1, 0]];
  const x2 = [[0, 1, 0], [0, 0, 1], [1, 0, 0]];
  const x1s = multiply(x1, s);
  const x2s = multiply(x2, s);
  const sx1 = multiply(s, x1);
  const sx2 = multiply(s, x2);
  const x2sx1 = multiply(x2s, x1);
  const x1sx1 = multiply(x1s, x1);
  const x1sx2 = multiply(x1s, x2);
  const x2sx2 = multiply(x2s, x2);
  let solution = [
    [ ... s[0], ... x1s[0], ... x2s[0]],
    [ ... s[1], ... x1s[1], ... x2s[1]],
    [ ... s[2], ... x1s[2], ... x2s[2]],
    [ ... sx1[0], ... x1sx1[0], ... x2sx1[0]],
```

```
      [ ... sx1[1],  ... x1sx1[1],  ... x2sx1[1]],
      [ ... sx1[2],  ... x1sx1[2],  ... x2sx1[2]],
      [ ... sx2[0],  ... x1sx2[0],  ... x2sx2[0]],
      [ ... sx2[1],  ... x1sx2[1],  ... x2sx2[1]],
      [ ... sx2[2],  ... x1sx2[2],  ... x2sx2[2]],
    ];
    solution = swapCell(solution, 'row', ... _.take(_.shuffle([0, 1, 2]), 2));
    solution = swapCell(solution, 'row', ... _.take(_.shuffle([3, 4, 5]), 2));
    solution = swapCell(solution, 'row', ... _.take(_.shuffle([6, 7, 8]), 2));
    solution = swapCell(solution, 'col', ... _.take(_.shuffle([0, 1, 2]), 2));
    solution = swapCell(solution, 'col', ... _.take(_.shuffle([3, 4, 5]), 2));
    solution = swapCell(solution, 'col', ... _.take(_.shuffle([6, 7, 8]), 2));
    solution = swapBox(solution, 'row', ... _.take(_.shuffle([0, 1, 2]), 2));
    solution = swapBox(solution, 'col', ... _.take(_.shuffle([0, 1, 2]), 2));
    solution = rotation(solution, _.shuffle(0, 90, 180, 270)[0]);
    return solution;
}
```

코드 22-17

코드 22-17에서 rotation(solution, _.shuffle(0, 90, 180, 270)[0])을 살펴보면, [0, 90,180,270] 배열을 shuffle 함수로 섞은 후 첫 번째 값을 rotation 함수에 solution과 함께 파라미터로 전달합니다. 즉, 0, 90,180,270도 중 임의의 각도로 회전하여 새로운 모양의 스도쿠를 만듭니다. getSolution 함수가 잘 동작하는지 확인해보기 위해 다음 코드와 같이 App.svelte 파일을 수정합니다.

```
<!-- src/App.svelte -->
<script>
  import { getSolution } from './utils/sudoku';
  console.log(getSolution());
</script>
```

코드 22-18

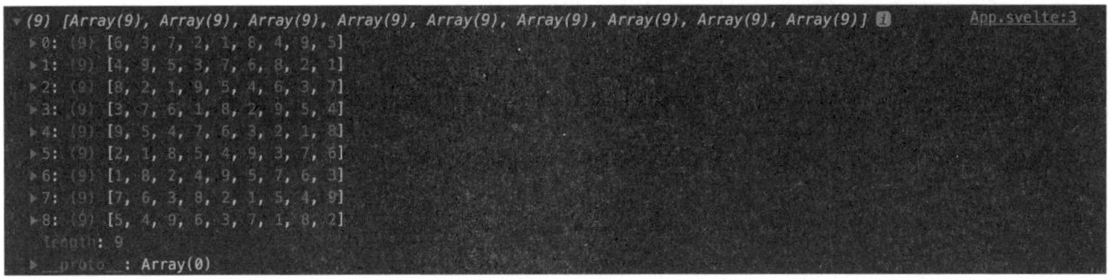

```
▼(9) [Array(9), Array(9), Array(9), Array(9), Array(9), Array(9), Array(9), Array(9), Array(9)] ℹ    App.svelte:3
  ▶0: (9) [6, 3, 7, 2, 1, 8, 4, 9, 5]
  ▶1: (9) [4, 9, 5, 3, 7, 6, 8, 2, 1]
  ▶2: (9) [8, 2, 1, 9, 5, 4, 6, 3, 7]
  ▶3: (9) [3, 7, 6, 1, 8, 2, 9, 5, 4]
  ▶4: (9) [9, 5, 4, 7, 6, 3, 2, 1, 8]
  ▶5: (9) [2, 1, 8, 5, 4, 9, 3, 7, 6]
  ▶6: (9) [1, 8, 2, 4, 9, 5, 7, 6, 3]
  ▶7: (9) [7, 6, 3, 8, 2, 1, 5, 4, 9]
  ▶8: (9) [5, 4, 9, 6, 3, 7, 1, 8, 2]
   length: 9
  ▶__proto__: Array(0)
```

그림 22-4

그림 22-4를 보면 getSolution 함수로 스도쿠가 생성되는 것을 확인할 수 있습니다.

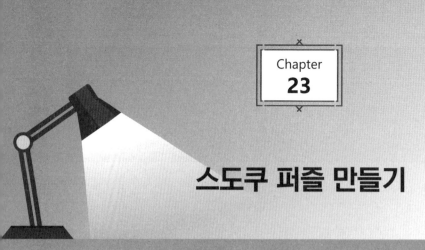

Chapter
23

스도쿠 퍼즐 만들기

23-1 스도쿠 풀이 방법

앞에서 만들었던 스도쿠는 모든 칸이 채워져 있는 정답 즉, 완성된 퍼즐입니다. 스도쿠 퍼즐을 만드는 방법은 스도쿠 정답에서 스도쿠 퍼즐이 풀릴 수 있도록 한 칸씩 빈칸으로 만들어가는 것입니다. 그렇기 때문에 스도쿠 퍼즐을 만들기 위해서는 스도쿠 퍼즐을 푸는 방법을 먼저 살펴봐야 합니다. 스도쿠 퍼즐을 푸는 두 가지 풀이 방법을 살펴보겠습니다.

그림 23-1	그림 23-2	그림 23-3

23-1-1. 첫 번째 풀이 방법

첫 번째 스도쿠 퍼즐 풀이 방법은 후보 숫자를 채워가며 퍼즐을 푸는 방법입니다. 그림 23-1~3을 보며 후보 숫자를 찾는 방법을 이야기하겠습니다.

셀11의 빈칸에 정답을 찾는다고 할 때, 그림 23-1의 1번 셀 행에서 가능한 후보 숫자는 [2, 3, 5, 7, 8]입니다. 그림 23-2의 1번 셀 열에서 가능한 후보 숫자는 [1, 3, 4, 6, 9]입니다. 그림 23-3의 박스11에서 가능한 후보 숫자는 [1, 2, 3, 7, 8]입니다. 이 3개의 후보 숫자 배열의 교집합은 [3]입니다. 즉, 셀11의 값은 3이 됩니다. 이런 특징의 첫 번째 풀이 방법은 다음 코드와 같이 작성할 수 있습니다.

```js
// src/utils/sudoku.js
// 스도쿠 퍼즐의 빈칸의 좌표 배열을 가져오는 함수
export function getEmptyPointList (board) {
  const emptyPointList = [];
  for (let y = 0; y < board.length; y++) {
    for (let x = 0; x < board[y].length; x++) {
      if (!board[y][x]) emptyPointList.push({ x, y })
    }
  }
  return emptyPointList;
}

// 박스 안에 있는 셀 좌표 배열을 가져오는 함수
export function getFocusCellsBox (point) {
  const refs = [[0, 1, 2], [3, 4, 5], [6, 7, 8]];
  const xRef = refs.filter(x → point.x >= Math.min( ... x) && point.x <= Math.
max( ... x)).pop();
  const yRef = refs.filter(y → point.y >= Math.min( ... y) && point.y <= Math.
max( ... y)).pop();
  const cells = [];
  for (const x of xRef) {
    for (const y of yRef) {
```

```
          cells.push({ x, y });
      }
   }
   return cells;
}


// 셀 행 안에 있는 셀 좌표 배열을 가져오는 함수
export function getFocusCellsRow (point) {
   return [0, 1, 2, 3, 4, 5, 6, 7, 8].map(x → ({ x, y: point.y }));
}


// 셀 열 안에 있는 셀 좌표 배열을 가져오는 함수
export function getFocusCellsCol (point) {
   return [0, 1, 2, 3, 4, 5, 6, 7, 8].map(y → ({ x: point.x, y }));
}


// 첫 번째 풀이 방법을 적용하는 함수
export function setMemo (board, memo) {
   const emptyPointList = getEmptyPointList(board); // 스도쿠 퍼즐의 빈칸 좌표 배
열을 가져옵니다.
   let isSolve = true;
   for (const emptyPoint of emptyPointList) { // 빈칸 개수만큼 첫 번째 풀이 방법을
적용합니다.
      const focusCellsRow = getFocusCellsRow(emptyPoint); // 현재 빈칸을 기준으로
셀 행 안에 있는 셀 좌표를 가져옵니다.
      const focusCellsCol = getFocusCellsCol(emptyPoint); // 현재 빈칸을 기준으로
셀 열 안에 있는 셀 좌표를 가져옵니다.
      const focusCellsBox = getFocusCellsBox(emptyPoint); // 현재 빈칸을 기준으로
박스 안에 있는 셀 좌표를 가져옵니다.

      const memoGroup = [];
      for (const cells of [focusCellsRow, focusCellsCol, focusCellsBox]) { // 셀
행, 셀 열, 박스에서 가능한 후보 숫자를 저장합니다.
         const values = cells.map(p → board[p.y][p.x]);
```

```
      memoGroup.push(_.difference([1, 2, 3, 4, 5, 6, 7, 8, 9], values));
    }

    if (memoList.length === 1) { // 교집합이 1개라면 빈칸에 있는 것이 답이 됩니다.
      memo[emptyPoint.y][emptyPoint.x] = [];
      board[emptyPoint.y][emptyPoint.x] = memoList[0];
      return setMemo(board, memo); // 빈칸이 채워졌기 때문에, 첫 번째 풀이 방법을
다시 적용합니다.
    } else if (memoList.length > 1) { // 교집합이 2개 이상이라면 후보 숫자로 메모
에 기록합니다.
      memo[emptyPoint.y][emptyPoint.x] = memoList;
      isSolve = false;
    }
  }
  return isSolve;
}
```

코드 23-1

코드 23-1에서 작성한 함수를 하나씩 살펴보겠습니다.

```
// 스도쿠 퍼즐 빈칸의 좌표 배열을 가져오는 함수
export function getEmptyPointList (board) {
  const emptyPointList = [];
  for (let y = 0; y < board.length; y++) {
    for (let x = 0; x < board[y].length; x++) {
      if (!board[y][x]) emptyPointList.push({ x, y })
    }
  }
  return emptyPointList;
}
```

코드 23-2

getEmptyPointList 함수는 스도쿠 퍼즐에서 빈칸 좌표들의 배열을 반환하는 함수입니다. 파라미터와 반환값 정보는 다음과 같습니다.

- board (number[][]): 스도쿠 퍼즐입니다.

- 반환값 ({ x: number, y: number}[]): board에서 빈칸인 셀의 x, y 좌표의 배열입니다.

```
// 박스 안에 있는 셀 좌표 배열을 가져오는 함수
export function getFocusCellsBox (point) {
  const refs = [[0, 1, 2], [3, 4, 5], [6, 7, 8]];
  const xRef = refs.filter(x → point.x >= Math.min( ... x) && point.x <= Math.
max( ... x)).pop();
  const yRef = refs.filter(y → point.y >= Math.min( ... y) && point.y <= Math.
max( ... y)).pop();
  const cells = [];
  for (const x of xRef) {
    for (const y of yRef) {
      cells.push({ x, y });
    }
  }
  return cells;
}
```

코드 23-3

getFocusCellsBox 함수는 전달된 point가 포함된 박스 안에 있는 셀 좌표 배열을 반환하는 함수입니다. 예를 들어, point가 셀11이라면 반환값은 박스11 안에 있는 셀들의 좌표 배열, [{ x: 0, y: 0 }, { x: 1, y: 0 }, { x: 2, y: 0 }, { x: 0, y: 1 }, { x: 1, y: 1 }, { x: 2, y: 1 }, { x: 0, y: 2 }, { x: 1, y: 2 }, { x: 2, y: 2 }]입니다. 파라미터와 반환값 정보는 다음과 같습니다.

- point ({ x: number, y: number}): 기준이 되는 좌표입니다.

- **반환값 ({ x: number, y: number}[]):** point 좌표가 포함된 박스 안에 있는 셀 좌표 배열입니다.

```
// 셀 행 안에 있는 셀 좌표 배열을 가져오는 함수
export function getFocusCellsRow (point) {
  return [0, 1, 2, 3, 4, 5, 6, 7, 8].map(x → ({ x, y: point.y }));
}
```

코드 23-4

getFocusCellsRow 함수는 전달된 point가 포함된 셀 행 안에 있는 셀 좌표 배열을 반환하는 함수입니다. 예를 들어, point가 셀11이라면 반환값은 1번 셀 행 안에 있는 셀들의 좌표 배열, [{ x: 0, y: 0 }, { x: 1, y: 0 }, { x: 2, y: 0 }, { x: 3, y: 0 }, { x: 4, y: 0 }, { x: 5, y: 0 }, { x: 6, y: 0 }, { x: 7, y: 0 }, { x: 8, y: 0 }]입니다. 파라미터와 반환값 정보는 다음과 같습니다.

- **point ({ x: number, y: number}):** 기준이 되는 좌표입니다.

- **반환값 ({ x: number, y: number}[]):** point 좌표가 포함된 셀 행 안에 있는 셀 좌표 배열입니다.

```
// 셀 열 안에 있는 셀 좌표 배열을 가져오는 함수
export function getFocusCellsCol (point) {
  return [0, 1, 2, 3, 4, 5, 6, 7, 8].map(y → ({ x: point.x, y }));
}
```

코드 23-5

getFocusCellsCol 함수는 전달된 point가 포함된 셀 열 안에 있는 셀 좌표 배열을 반환하는 함수입니다. 예를 들어, point가 셀11이라면 반환값은 1번 셀 열 안에 있는 셀들의 좌표 배열, [{ x: 0, y: 0}, { x: 0, y: 1}, { x: 0, y: 2}, { x: 0, y: 3}, { x: 0, y: 4}, { x: 0, y: 5}, {

x: 0, y: 6}, { x: 0, y: 7}, { x: 0, y: 8}]입니다. 파라미터와 반환값 정보는 다음과 같습니다.

- point ({ x: number, y: number}): 기준이 되는 좌표입니다.

- 반환값 ({ x: number, y: number}[]): point 좌표가 포함된 셀 열 안에 있는 셀 좌표 배열입니다.

```
// 첫 번째 풀이 방법을 적용하는 함수
export function setMemo (board, memo) {
  const emptyPointList = getEmptyPointList(board); // 스도쿠 퍼즐의 빈칸 좌표 배
열을 가져옵니다.
  let isSolve = true;
  for (const emptyPoint of emptyPointList) { // 빈칸 개수만큼 첫 번째 풀이 방법을
적용합니다.
    const focusCellsRow = getFocusCellsRow(emptyPoint); // 현재 빈칸을 기준으로
셀 행 안에 있는 셀 좌표를 가져옵니다.
    const focusCellsCol = getFocusCellsCol(emptyPoint); // 현재 빈칸을 기준으로
셀 열 안에 있는 셀 좌표를 가져옵니다.
    const focusCellsBox = getFocusCellsBox(emptyPoint); // 현재 빈칸을 기준으로
박스 안에 있는 셀 좌표를 가져옵니다.

    const memoGroup = [];
    for (const cells of [focusCellsRow, focusCellsCol, focusCellsBox]) { // 셀
행, 셀 열, 박스에서 가능한 후보 숫자를 저장합니다.
      const values = cells.map(p → board[p.y][p.x]);
      memoGroup.push(_.difference([1, 2, 3, 4, 5, 6, 7, 8, 9], values));
    }
    const memoList = _.intersection( ... memoGroup); // 셀 행, 셀 열, 박스에서 가능
한 후보 숫자의 교집합을 가져옵니다.

    if (memoList.length === 1) { // 교집합이 1개라면 빈칸에 있는 것이 답이 됩니다.
      memo[emptyPoint.y][emptyPoint.x] = [];
      board[emptyPoint.y][emptyPoint.x] = memoList[0];
```

```
        return setMemo(board, memo); // 빈칸이 채워졌기 때문에, 첫 번째 풀이 방법을
다시 적용합니다.
    } else if (memoList.length > 1) { // 교집합이 2개 이상이라면 후보 숫자로 메모
에 기록합니다.
        memo[emptyPoint.y][emptyPoint.x] = memoList;
        isSolve = false;
    }
  }
  return isSolve;
}
```

코드 23-6

setMemo 함수는 스도쿠 퍼즐에 후보 숫자를 입력하며 풀어가는 함수입니다. 파라미터
와 반환값은 다음과 같습니다.

- **board (number[][])**: 정답을 맞출 스도쿠 퍼즐입니다.

- **memo (number[][][])**: 스도쿠 퍼즐의 후보 숫자를 저장하는 파라미터입니다.
  board는 셀 좌표에 정답을 저장하고, memo는 셀 좌표에 후보 숫자 배열을 저장합
  니다.

- **반환값 (boolean)**: 스도쿠 퍼즐이 완성된다면 true, 완성되지 않는다면 false입니다.

memoGroup.push(_.difference([1, 2, 3, 4, 5, 6, 7, 8, 9], values))를 보면, difference 함수
를 사용한 것을 볼 수 있습니다. difference 함수는 차집합(첫 번째 파라미터 - 두 번째
파라미터 - ...)을 구하는 함수입니다. values는 셀 행 혹은 셀 열, 박스 안에 있는 셀 값
들의 배열입니다. 예를 들어 그림 23-1에서 셀11에 셀 행으로 후보 숫자를 구한다고
했을 때 [1, 2, 3, 4, 5, 6, 7, 8, 9]에 셀 행의 셀 값들 [1, 4, 6, 9]의 차집합 [2, 3, 5, 7, 8]
이 후보 숫자가 됩니다.

_.intersection(...memoGroup)를 보면, intersection 함수를 사용한 것을 볼 수 있습니다.
intersection 함수는 교집합(첫 번째 파라미터 ∩ 두 번째 파라미터 ∩ ...)을 구하는 함

수입니다. memoGroup에는 셀 행, 셀 열,박스의 후보 숫자들을 저장하고 있기 때문에 배열의 교집합으로 해당 칸에 정답이 되는 최종 후보 숫자를 얻을 수 있습니다.

이렇게 구해진 후보 숫자가 하나만 남게 되어 빈칸이 채워진다면, 자기 자신을 다시 호출하는 재귀함수 방식으로 처음부터 다시 스도쿠 퍼즐을 풀어갑니다.

---

difference 함수

difference 함수는 lodash에서 제공하는 함수입니다. 다음 코드와 같은 형태를 가집니다.

```
_.difference(array, [values])
```

코드 23-7

- array (Array): 원본 배열입니다.

- [values] (...Array): array에서 제외할 값들의 배열입니다.

- 반환값 (Array): array에서 values의 값들이 제외된 새로운 배열입니다.

difference 함수는 첫 번째 파라미터의 값에서 두 번째 이후 파라미터의 값들을 제외한 값들을 반환합니다. difference 함수는 다음 코드와 같이 사용됩니다.

```
_.difference([2, 1], [2, 3]);
// → [1]
```

코드 23-8

https://lodash.com/docs/4.17.15#difference에서 더 자세한 함수 사용 방법을 살펴볼 수 있습니다.

---

intersection함수

intersection 함수는 lodash에서 제공하는 함수입니다. 다음 코드와 같은 형태를 가집니다.

```
_.intersection([arrays])
```

코드 23-9

- [arrays](⋯Array): 교집합을 구할 배열들입니다.

- 반환값 (Array): 교집합 배열입니다.

intersection 함수는 전달된 파라미터 배열의 교집합을 반환합니다. intersection 함수는 다음 코드와 같이 사용됩니다.

```
_.intersection([2, 1], [2, 3]);
// → [2]
```

코드 23-10

https://lodash.com/docs/4.17.15#intersection에서 더 자세한 함수 사용 방법을 살펴볼 수 있습니다.

23-1-2. 두 번째 풀이 방법

두 번째 풀이 방법은 첫 번째 풀이 방법이 모든 셀에 적용되어 후보 숫자들이 전부 채워진 후 적용할 수 있습니다. 선택된 셀의 셀 행, 셀 열, 박스 안에 후보 숫자의 차집합으로 스도쿠 퍼즐을 풀어가는 방법입니다. 예를 들어 다음 그림을 봅시다.

3	9	6				1		4
		4	3	5				
5								
2	1	3	4 8	6	4 5 8		9	
			2	9	4 5 8	3		1
			7	1	4 5 8 3			
7							4	8
8		1	9	3			7	2
	4	2	5	8	7	6	1	3

그림 23-4

그림 23-4의 박스22에 저장된 후보 숫자는 [4, 8],[4, 5, 8], [4, 5, 8], [3, 4, 5, 8]입니다. 셀66을 기준으로 박스22에 저장된 후보 숫자의 차집합은 [3]([3, 4, 5, 8] − [4, 8] − [4, 5, 8] − [4, 5, 8])으로 셀66의 빈칸은 3이 됩니다. 이 두 번째 풀이 방법은 박스뿐만 아니라 셀 행과 셀 열에도 위와 같이 동일하게 적용할 수 있습니다. 이런 특징의 두 번째 풀이 방법은 다음 코드와 같이 작성할 수 있습니다.

```
// src/utils/sudoku.js
// 두 번째 풀이 방법을 적용하는 함수
export function diffMemo (board, memo) {
  const emptyPointList = getEmptyPointList(board); // 스도쿠 퍼즐의 빈칸 배열을
가져옵니다.
  let isSolve = true;
  for (const emptyPoint of emptyPointList) { // 빈칸 개수만큼 두 번째 풀이 방법을
적용합니다.
    const curMemo = memo[emptyPoint.y][emptyPoint.x];

    const focusCellsRow = getFocusCellsRow(emptyPoint).filter(p → !_.isEqual
(p, emptyPoint)); // 현재 빈칸을 제외한 현재 빈칸 기준의 셀 행 안에 있는 셀 좌표를 가
져옵니다.
```

```
    const focusCellsCol = getFocusCellsCol(emptyPoint).filter(p → !_.isEqual
(p, emptyPoint)); // 현재 빈칸을 제외한 현재 빈칸 기준의 셀 열 안에 있는 셀 좌표를 가
져옵니다.
    const focusCellsBox = getFocusCellsBox(emptyPoint).filter(p → !_.isEqual
(p, emptyPoint)); // 현재 빈칸을 제외한 현재 빈칸 기준의 박스 안에 있는 셀 좌표를 가
져옵니다.

    for (const cells of [focusCellsRow, focusCellsCol, focusCellsBox]) {
      const memos = cells.map(p → memo[p.y][p.x]);
      const possibleMemos = _.difference(curMemo, ...memos); // 현재 빈칸을 기
준으로 차집합을 구합니다.
      if (possibleMemos.length === 1) { // 차집합이 1개라면 빈칸의 정답 부분이 되
는 것입니다.
        board[emptyPoint.y][emptyPoint.x] = possibleMemos[0];
        return diffMemo(board, memo); // 빈칸이 채워졌기 때문에, 두 번째 풀이 방법
을 다시 적용합니다.
      } else {
        isSolve = false;
      }
    }
  }
  return isSolve;
}
```

코드 23-11

diffMemo 함수는 작성된 후보 숫자를 사용하여 빈칸의 정답을 채워 넣는 함수입니다.
파라미터와 반환값 정보는 다음과 같습니다.

- board (number[][]): 정답을 맞출 스도쿠 퍼즐입니다.

- memo (number[][][]): 스도쿠 퍼즐의 후보 숫자를 저장하는 파라미터입니다.
  board는 셀 좌표에 정답을 저장하고, memo는 셀 좌표에 후보 숫자 배열을 저장합
  니다. 첫 번째 풀이 방법을 거친 후이기 때문에 모든 후보 숫자들을 저장하고 있습

니다.**반환값 (boolean):** 스도쿠 퍼즐이 완성된다면 true, 완성되지 않는다면 false입니다.

_.difference(curMemo, ...memos)를 보면, 현재 셀을 기준으로 차집합을 구하는 것을 볼수 있습니다. setMemo 함수와 동일하게 차집합이 하나만 남게 되어 빈칸이 채워진다면, 자기 자신을 다시 호출하는 재귀 함수 방식으로 처음부터 다시 스도쿠 퍼즐을 풀어갑니다.

참고

isEqual 함수

isEqual 함수는 lodash에서 제공하는 함수입니다. 다음 코드와 같은 형태를 가집니다.

```
_.isEqual(value, other)
```

코드 23-12

- value (any): 비교할 대상입니다.
- other (any): 비교할 대상입니다.
- 반환값 (boolean): 두 값이 동일할 경우 true, 그렇지 않을 경우 false입니다.

isEqual 함수는 첫 번째 파라미터와 두 번째 파라미터를 비교합니다. 같을 경우 true, 그렇지 않을 경우 false입니다. isEqual 함수는 다음 코드와 같이 사용됩니다.

```
var object = { 'a': 1 };
var other = { 'a': 1 };

_.isEqual(object, other);
// → true

object === other;
// → false
```

코드 23-13

---

https://lodash.com/docs/4.17.15#isEqual에서 더 자세한 함수 사용 방법을 살펴볼 수 있습니다.

23-2 스도쿠 퍼즐 만들기

스도쿠 퍼즐을 만드는 방법은 스도쿠 정답에서 스도쿠 퍼즐이 풀릴 수 있도록 한 칸씩 빈칸으로 만들어가는 것입니다. 스도쿠 퍼즐의 난이도는 빈칸의 개수로 정해집니다. 원하는 난이도까지 스도쿠 정답을 빈칸으로 채워야 합니다.

23-2-1. 스도쿠 퍼즐 생성 플로 차트

스도쿠 퍼즐을 생성하는 플로 차트는 다음 그림과 같습니다.

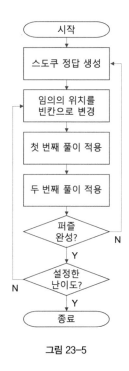

그림 23-5

스도쿠 정답을 생성하고 임의의 셀을 빈칸으로 변경한 후 첫 번째, 두 번째 풀이 방법을 적용합니다. 만약 퍼즐이 완성된다면 설정한 난이도에 맞는 스도쿠 퍼즐인지 확인하고, 퍼즐이 완성되지 않았다면 처음부터 다시 위의 동작을 반복합니다.

23-2-2. 스도쿠 퍼즐 코드

그림 23-5의 플로 차트를 토대로 스도쿠 퍼즐 생성 코드를 다음과 같이 작성할 수 있습니다.

```javascript
// src/utils/sudoku.js
// 빈칸으로 변경할 수 있는 임의의 셀 좌표 값을 가져오는 함수
export function getRandomPoint (board, except = []) {
  const possiblePoints = [];
  for (let y = 0; y < board.length; y++) {
    for (let x = 0; x < board[y].length; x++) {
      if (board[y][x] && !except.find(item → _.isEqual(item, { x, y }))) {
        possiblePoints.push({ x, y });
      }
    }
  }
  return possiblePoints[_.random(0, possiblePoints.length)];
}


// 스도쿠 퍼즐의 난이도를 확인하기 위한 함수
export function isValidDifficulty (difficulty, emptyLength) {
  const refDifficulty = {
    'easy': 45,
    'medium': 50,
    'hard': 55,
  };
  if (difficulty === 'easy') {
    return emptyLength >= refDifficulty.easy && emptyLength < refDifficulty.medium;
  } else if (difficulty === 'medium') {
```

```
      return emptyLength >= refDifficulty.medium && emptyLength < refDifficulty.hard;
  } else {
    return emptyLength >= refDifficulty.hard;
  }
}


// 첫 번째, 두 번째 풀이 방법을 적용하는 함수
export function solve (board) {
  const memo = [];
  for (let i = 0; i < 9; i++) {
    for (let j = 0; j < 9; j++) {
      if (!memo[i]) memo[i] = [];
      if (!memo[i][j]) memo[i][j] = [];
    }
  }
  return setMemo(board, memo) || diffMemo(board, memo);
}


// 스도쿠 퍼즐 생성 함수
export function getSudoku (difficulty) {
  const solution = getSolution(); // 스도쿠 정답을 생성합니다.
  const board = _.cloneDeep(solution);
  const emptyPoints = [];
  const invalidPoints = [];
  while (!isValidDifficulty(difficulty, emptyPoints.length)) { // 설정한 난이
도만큼 반복합니다.
    const point = getRandomPoint(board, [...emptyPoints, ...invalidPoints]);
// 임의의 셀 좌표를 가져옵니다.
    if (!point) break;

    const oriValue = board[point.y][point.x];
    board[point.y][point.x] = 0; // 임의의 셀을 빈칸으로 변경합니다.
    const isSolve = solve(_.cloneDeep(board)); // 첫 번째, 두 번째 풀이를 적용합
니다.
```

```
    if (!isSolve) { // 스도쿠 퍼즐이 완성되지 않을 경우, 빈칸으로 변경한 값을 복구합
니다.
      board[point.y][point.x] = oriValue;
      invalidPoints.push(point);
    } else {
      emptyPoints.push(point);
    }
  }
  return !isValidDifficulty(difficulty, getEmptyPointList(board).length)
    ? getSudoku(difficulty) // 설정한 난이도와 완성된 스도쿠 퍼즐의 난이도가 다르다
면 스도쿠 퍼즐 생성을 다시 시작합니다.
    : { solution, board };
}
```

코드 23-14

코드 23-12에서 작성한 함수를 하나씩 살펴보겠습니다.

```
// 빈칸으로 변경할 수 있는 임의의 셀 좌표 값을 가져오는 함수
export function getRandomPoint (board, except = []) {
  const possiblePoints = [];
  for (let y = 0; y < board.length; y++) {
    for (let x = 0; x < board[y].length; x++) {
      if (board[y][x] && !except.find(item → _.isEqual(item, { x, y }))) {
        possiblePoints.push({ x, y });
      }
    }
  }
  return possiblePoints[_.random(0, possiblePoints.length)];
}
```

코드 23-15

getRandomPoint 함수는 스도쿠에서 빈칸으로 변경할 수 있는 임의의 셀 좌표를 반환하

는 함수입니다. 파라미터와 반환값 정보는 다음과 같습니다.

- board (number[][]): 임의의 셀 좌표를 가져올 스도쿠입니다.

- except ({ x: number, y: number }[]): 반환할 좌표에서 제외될 셀 좌표 배열입니다.

- 반환값 ({ x: number, y: number }): 빈칸으로 변경할 수 있는 임의의 셀 좌표입니다.

참고

random 함수

Random 함수는 lodash에서 제공하는 함수입니다. 다음 코드와 같은 형태를 가집니다.

```
_.random([lower=0], [upper=1], [floating])
```

코드 23-16

- [low=0](number): 생성할 임의의 숫자 중 최솟값입니다.

- [upper=1] (number): 생성할 임의의 숫자 중 최댓값입니다.

- [floating] (boolean): 소수점을 가진 숫자를 생성할지 나타내는 플래그입니다.

- 반환값 (number): 생성된 임의의 숫자입니다.

random 함수는 파라미터로 전달된 두 숫자 사이의 임의의 숫자를 반환합니다. random 함수는 다음 코드와 같이 사용됩니다.

```
_.random(0, 5);
// → 0과 5 사이의 정수

_.random(5);
// → 0과 5 사이의 정수

_.random(5, true);
// → 0과 5 사이의 실수
```

```
_.random(1.2, 5.2);
// → 1.2와 5.2 사이의 실수
```

코드 23-17

https://lodash.com/docs/4.17.15#random에서 더 자세한 함수 사용 방법을 살펴볼 수 있습니다.

```
// 스도쿠 퍼즐의 난이도를 확인하기 위한 함수
export function isValidDifficulty (difficulty, emptyLength) {
  const refDifficulty = {
    'easy': 45,
    'medium': 50,
    'hard': 55,
  };
  if (difficulty === 'easy') {
    return emptyLength >= refDifficulty.easy && emptyLength < refDifficulty.
medium;
  } else if (difficulty === 'medium') {
    return emptyLength >= refDifficulty.medium && emptyLength < refDifficulty.
hard;
  } else {
    return emptyLength >= refDifficulty.hard;
  }
}
```

코드 23-18

isValidDifficulty 함수는 만들어진 스도쿠 퍼즐의 난이도가 원하는 난이도인지 판단하는 함수입니다. 파라미터와 반환값 정보는 다음과 같습니다.

- difficulty ('easy'|'medium'|'hard'): 설정한 난이도입니다.

- **emptyLenght (number):** 만들어진 스도쿠 퍼즐의 빈칸 길이입니다.

- **반환값 (boolean):** 설정한 난이도에 맞는 스도쿠 퍼즐이면 true, 아니면 false입니다.

난이도 difficulty가 easy일 경우 스도쿠 퍼즐의 빈칸 개수는 45~49개 사이이며, medium 일 경우 빈칸 개수는 50~54개, hard일 경우 55 이상입니다.

```
// 첫 번째, 두 번째 풀이 방법을 적용하는 함수
export function solve (board) {
  const memo = [];
  for (let i = 0; i < 9; i++) {
    for (let j = 0; j < 9; j++) {
      if (!memo[i]) memo[i] = [];
      if (!memo[i][j]) memo[i][j] = [];
    }
  }
  return setMemo(board, memo) || diffMemo(board, memo);
}
```

코드 23-19

solve 함수는 스도쿠 퍼즐에 첫 번째 풀이 방법과 두 번째 풀이 방법을 적용하여 스도쿠 퍼즐이 완성되는 확인하는 함수입니다. 파라미터와 반환값 정보는 다음과 같습니다.

- **board (number[][]):** 정답을 맞출 스도쿠 퍼즐입니다.

- **반환값 (boolean):** 스도쿠 퍼즐이 완성될 경우 true, 그렇지 않을 경우 false입니다.

```
// 스도쿠 퍼즐 생성 함수
export function getSudoku (difficulty) {
  const solution = getSolution(); // 스도쿠 정답을 생성합니다.
  const board = _.cloneDeep(solution);
  const emptyPoints = [];
```

```
  const invalidPoints = [];
  while (!isValidDifficulty(difficulty, emptyPoints.length)) { // 설정한 난이
도만큼 반복합니다.
    const point = getRandomPoint(board, [ ... emptyPoints, ... invalidPoints]);
// 임의의 셀 좌표를 가져옵니다.
    if (!point) break;
    const oriValue = board[point.y][point.x];
    board[point.y][point.x] = 0; // 임의의 셀을 빈칸으로 변경합니다.
    const isSolve = solve(_.cloneDeep(board)); // 첫 번째, 두 번째 풀이를 적용합
니다.
    if (!isSolve) { // 스도쿠 퍼즐이 완성되지 않을 경우, 빈칸으로 변경한 값을 복구합
니다.
      board[point.y][point.x] = oriValue;
      invalidPoints.push(point);
    } else {
      emptyPoints.push(point);
    }
  }
  return !isValidDifficulty(difficulty, getEmptyPointList(board).length)
    ? getSudoku(difficulty) // 설정한 난이도와 완성된 스도쿠 퍼즐의 난이도가 다르다
면 스도쿠 퍼즐 생성을 다시 시작합니다.
    : { solution, board };
}
```

코드 23-20

getSudoku 함수는 스도쿠 퍼즐을 만드는 함수입니다. 파라미터와 반환값 정보는 다음
과 같습니다.

- difficulty ('easy'|'medium'|'hard'): 설정한 난이도입니다.

- **반환값** ({ solution, board }): 스도쿠 정답과 스도쿠 퍼즐을 담은 객체입니다.

  - **solution (number[][])**: 완성된 스도쿠 정답입니다.

- **board (number[][])**: difficulty에 맞는 빈칸 개수가 있는 스도쿠 퍼즐입니다.

코드의 주석을 보면 알 수 있듯이, getSolution 함수로 스도쿠 정답을 만들고, 이 스도쿠 정답을 난이도에 맞게 반복적으로 빈칸으로 변경한 후 스도쿠 퍼즐이 풀리는지 확인합니다. 생성된 스도쿠 퍼즐이 난이도에 맞지 않다면 자기 자신을 다시 호출하여 처음부터 스도쿠 퍼즐을 다시 생성합니다.

참고

cloneDeep 함수

cloneDeep 함수는 lodash에서 제공하는 함수입니다. 다음 코드와 같은 형태를 가집니다.

```
_.cloneDeep(value)
```

코드 23-21

- value (any): 복사할 대상입니다.

- 반환값 (any): 복사된 새로운 값입니다.

cloneDeep 함수는 파라미터로 전달된 값을 깊은 복사로써 반환하는 함수입니다. 깊은 복사는 데이터 자체를 통째로 복사하여 복사된 두 객체는 완전히 독립적인 메모리를 가지게 하는 복사를 말합니다. cloneDeep 함수는 다음 코드와 같이 사용됩니다.

```
var objects = [{ 'a': 1 }, { 'b': 2 }];

var deep = _.cloneDeep(objects);
console.log(deep[0] === objects[0]);
// → false
```

코드 23-22

https://lodash.com/docs/4.17.15#cloneDeep에서 더 자세한 함수 사용 방법을 살펴볼 수 있습니다.

getSudoku 함수가 잘 동작하는지 확인해보기 위해 다음 코드와 같이 App.svelte 파일을 수정합니다.

```
<script>
  import { getSudoku } from './utils/sudoku';
  console.log(getSudoku('easy'));
</script>
```

코드 23-23

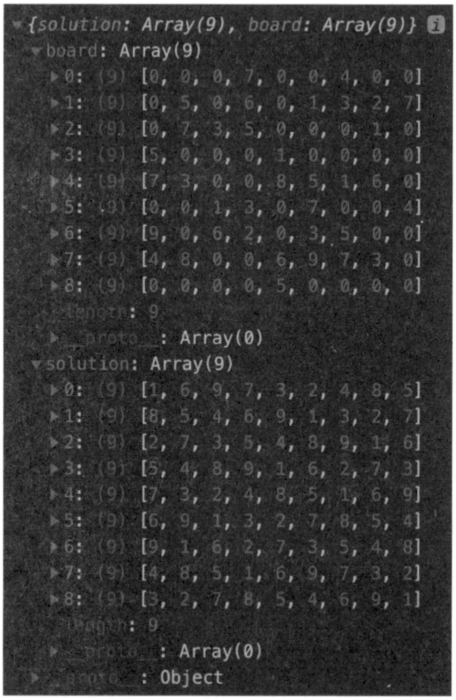

그림 23-6

그림 23-6을 보면 getSudoku 함수를 실행하여 스도쿠 정답과 스도쿠 퍼즐이 생성되는 것을 확인할 수 있습니다.

스도쿠 컴포넌트 만들기

24-1 컴포넌트 구조

21. 스도쿠 프로젝트 생성에서 살펴봤던, 컴포넌트 구조를 다시 한 번 살펴보겠습니다.

그림 24-1

Difficulty, Navigation, Number, NumberPad, Cell, Sudoku, App 컴포넌트 순서로 즉, 작은 단위 컴포넌트에서 큰 단위 컴포넌트 순서로 7개 컴포넌트를 만들겠습니다. 컴포넌트에서 사용되는 이미지는 모두 SVG 이미지가 사용되었습니다. 스타일보다는 자바스크립트에 집중해서 살펴보겠습니다.

24-2 Difficulty 컴포넌트

Difficulty 컴포넌트는 스도쿠 게임의 난이도를 조절하는 컴포넌트입니다. src 디렉터리 밑에 components 디렉터리를 만들고 그 안에 Difficulty.svelte 파일을 만들어 다음과 같이 Difficulty 컴포넌트를 작성합니다.

```
<!-- src/components/Difficulty.svelte -->
<script>
  const difficultyList = ['easy', 'medium', 'hard'];
  export let difficulty = 'easy';
</script>

<div>
<select bind:value={difficulty} on:blur on:change>
    {#each difficultyList as item (item)}
<option value={item}>{item}</option>
    {/each}
</select>
</div>
```

코드 24-1

24-2-1. Props

```
export let difficulty = 'easy';
```

코드 24-2

- difficulty ('easy'|'medium'|'hard', default: 'easy'): 현재 스도쿠 난이도가 저장됩니다. easy, medium, hard 3개 중 하나를 전달받아야 합니다. 부모 컴포넌트에서 difficulty를 전달받지 못할 경우 기본값으로 easy가 저장됩니다.

24-2-2. Data

```
const difficultyList = ['easy', 'medium', 'hard'];
```

코드 24-3

- difficultyList (string[]): difficultyList는 스도쿠 게임에서 선택할 수 있는 퍼즐 난이도 배열입니다. 선택 가능한 난이도는 easy, medium, hard 세 가지입니다.

24-2-3. HTML

```
<div>
  <select bind:value={difficulty} on:blur on:change>
    {#each difficultyList as item (item)}
      <option value={item}>{item}</option>
    {/each}
  </select>
</div>
```

코드 24-4

- ⟨select bind:value={difficulty} ⋯⟩⋯⟨/select⟩: select 태그에는 bind:value={diffi-culty}로 difficulty가 바인딩되어 있습니다. select 태그에 선택 값이 변경되면 diffi-culty 값이 자동으로 업데이트됩니다. difficulty는 Props로 부모 컴포넌트에서 전달받은 값입니다. Props로 전달받은 difficulty 값을 업데이트하기 때문에 부모 컴포넌트에서 bind:difficulty를 사용하여 양 방향 데이터 흐름을 가지게 할 것을 예상할 수 있습니다.

- ⟨select ⋯ on:blur on:change ⟩⋯⟨/select⟩: on:blur, on:change를 선언하여 select 태그에서 blur, change 이벤트가 발생할 경우 부모 컴포넌트로 이벤트를 전달해줍니다.

- {#each difficultyList as item (item)}⋯{/each}: difficultyList 변수 안에 있는 값들을 each 블록 안에서 option 태그로 그립니다. easy, medium, hard, 3개의 option 태그가 화면에 그려집니다.

24-2-4. 결과 화면

Difficulty 컴포넌트가 제대로 동작하는지 확인하기 위한 테스트 코드로 App.svelte 파일을 다음과 같이 작성해줍니다.

```
<!-- src/App.svelte -->
<script>
  import Difficulty from './components/Difficulty.svelte';
  let difficulty = 'medium';
</script>


<Difficulty bind:difficulty />
```

코드 24-5

그림 24-2

bind:difficulty로 difficulty가 양방향 데이터 흐름을 가지도록 작성하였습니다.

24-3 Navigation 컴포넌트

Navigation 컴포넌트는 스도쿠 게임을 조작하는 컴포넌트입니다. 메모/정답 지우기, 메모 ON/OFF, 힌트, 새로운 게임 기능이 있습니다. Navigation.svelte 파일을 만들어 다음과 같이 Navigation 컴포넌트를 작성합니다.

```
<!-- src/components/Navigation.svelte -->
<script>
  import { createEventDispatcher } from 'svelte';
  import { memoFlag, remainHint } from '../store/sudoku';

  const dispatch = createEventDispatcher();
</script>

<div class="wrapper">
  <div
    class="item"
    on:click={() ⇒ dispatch('remove')}
  >
    <svg class="icon" xmlns="http://www.w3.org/2000/svg" viewBox="0 0 32
30"><path fill="currentColor" fill-rule="evenodd" d="M13.861 28.126l7.01-
7.017.004-.003.002-.002 9.58-9.59a2.584 2.584 0 0 0 .763-1.842c0-.695-.271-
1.35-.763-1.843L23.373.739c-.986-.986-2.7-.984-3.682 0l-9.58 9.59-.004.002-
```

```
.002.003-9.344 9.35A2.592 2.592 0 0 0 0 21.529c0 .695.27 1.35.761 1.842l5.64
5.645a.528.528 0 0 0 .369.153h24.48v-1.042H13.861zm6.566-26.65c.591-.587
1.621-.59 2.209 0l7.084 7.09c.295.295.458.688.458 1.106 0 .418-.163.81-.458
1.105L20.506 20l-9.292-9.302 9.213-9.222zM6.986 28.126l-5.488-5.492a1.557
1.557 0 0 1-.457-1.105c0-.418.163-.81.457-1.106l8.979-8.986 9.291 9.302-7.381
7.387H6.986z"></path></svg>
    <div class="text">지우기</div>
  </div>
  <div
    class="item memo"
    class:active={$memoFlag}
    on:click={() ⇒ $memoFlag = !$memoFlag}
  >
      <svg class="icon" xmlns="http://www.w3.org/2000/svg" viewBox="0
0 30 30"><path fill="currentColor" fill-rule="evenodd" d="M3.73
28.124l6.329-2.11c.006-.003.009-.007.014-.01a.514.514 0 0 0 .191-
.117L28.403 7.732a2.593 2.593 0 0 0 .763-1.843c0-.697-.271-1.35-.763-
1.843L25.099.74c-.981-.986-2.697-.988-3.682 0L3.277 18.895a.497.497 0
0 0-.118.19c-.001.004-.006.007-.008.013L.026 28.48c-.005.015.002.03-
.002.043-.01.041-.024.08-.024.122 0 .028.01.052.016.08a.512.512 0 0
0 .504.442h28.646V28.13L3.73 28.124zM18.75 4.882l5.512 5.518L9.895
24.781l-5.514-5.519L18.75 4.882zm3.403-3.405c.591-.593 1.62-.59 2.21 0l3.304
3.307a1.562 1.562 0 0 1 0 2.211L25 9.663l-5.514-5.518 2.667-2.668zM3.874
20.228L8.93 25.29l-7.586 2.531 2.53-7.593z"></path></svg>
    <div class="sub-text">{$memoFlag ? 'ON' : 'OFF'}</div>
    <div class="text">메모</div>
  </div>
  <div
    class="item hint"
    on:click={() ⇒ dispatch('hint')}
  >
      <svg class="icon" xmlns="http://www.w3.org/2000/svg" viewBox="0 0 25
33"><path fill="currentColor" fill-rule="evenodd" d="M17.075 29.179L7.7
31.262a.522.522 0 0 0 .112 1.03.57.57 0 0 0 .114-.013l9.375-2.083a.52.52
```

```
0 1 0-.226-1.017M12.5 0C5.607 0 0 5.607 0 12.5a12.49 12.49 0 0 0 7.608
11.505.52.52 0 1 0 .408-.958A11.447 11.447 0 0 1 1.042 12.5c0-6.318 5.14-
11.458 11.458-11.458 6.318 0 11.459 5.14 11.459 11.458 0 4.603-2.738 8.743-
6.976 10.547a.522.522 0 0 0-.316.479v2.619L7.7 28.137a.522.522 0 0 0 .112
1.03.57.57 0 0 0 .114-.013l9.375-2.083a.522.522 0 0 0 .408-.509v-2.697A12.486
12.486 0 0 0 25 12.5C25 5.607 19.393 0 12.5 0"></path></svg>
    <div class="sub-text">{$remainHint}</div>
    <div class="text">힌트</div>
  </div>
  <div
    class="item new-game"
    on:click={() ⇒ dispatch('newGame')}
  >
    <div class="text">새로운 게임</div>
  </div>
</div>

<style>
  .wrapper {
    display: flex;
    margin-top: 10px;
  }
  .item {
    width: 100%;
    text-align: center;
    cursor: pointer;
    position: relative;
  }
  .icon {
    width: 35px;
    height: 35px;
  }
  .new-game > .text {
    width: 100%;
```

```
    height: 100%;
    background-color: #8f7a66;
    border-radius: 3px;
    color: #fff;
    display: inline-block;
  }
  .new-game > .text:after {
    content: '';
    display: inline-block;
    height: 100%;
    vertical-align: middle;
  }
  .sub-text {
    font-size: 13px;
    position: absolute;
    top: 0;
    left: 55%;
    border-radius: 10px;
  }
  .memo > .sub-text {
    background-color: #94a3b7;
    color: #fff;
    padding: 5px;
  }
  .memo.active > .sub-text {
    background-color: #4a90e2;
  }
  .hint > .sub-text {
    background-color: #fb3d3f;
    color: #fff;
    padding: 2px 5px;
  }
</style>
```

코드 24-6

24-3-1. Store

Navigation 컴포넌트에서는 스토어를 사용하기 때문에 src 디렉터리 밑에 store 디렉터리를 만듭니다. 그 안에 sudoku.js 파일을 만들어 다음 코드와 같이 작성해줍니다.

```
// src/store/sudoku.js
import { writable } from 'svelte/store';


export const memoFlag = writable(false);
export const remainHint = writable(3);
```

코드 24-7

- memoFlag (boolean): 메모 ON/OFF를 제어하는 플래그입니다. 초기값은 false로 메모 기능이 OFF입니다. svelte/store의 writable 함수를 사용하여 만들어진 읽기/쓰기가 가능한 스토어입니다.

- remainHint (number): 힌트 개수입니다. 초기값은 3입니다. svelte/store의 writable 함수를 사용하여 만들어진 읽기/쓰기가 가능한 스토어입니다.

24-3-2. HTML

```
<div class="wrapper">
  <div
    class="item"
    on:click={() ⇒ dispatch('remove')}
  >
    <svg class="icon" xmlns="http://www.w3.org/2000/svg" viewBox="0 0 32 30">..</svg>
    <div class="text">지우기</div>
  </div>
  <div
```

```
    class="item memo"
    class:active={$memoFlag}
    on:click={() ⇒ $memoFlag = !$memoFlag}
  >
    <svg class="icon" xmlns="http://www.w3.org/2000/svg" viewBox="0 0 30 30">...</svg>
    <div class="sub-text">{$memoFlag ? 'ON' : 'OFF'}</div>
    <div class="text">메모</div>
  </div>
  <div
    class="item hint"
    on:click={() ⇒ dispatch('hint')}
  >
    <svg class="icon" xmlns="http://www.w3.org/2000/svg" viewBox="0 0 25 33">...</svg>
    <div class="sub-text">{$remainHint}</div>
    <div class="text">힌트</div>
  </div>
  <div
    class="item new-game"
    on:click={() ⇒ dispatch('newGame')}
  >
    <div class="text">새로운 게임</div>
  </div>
</div>
```

코드 24-8

- 〈div … on:click={() → dispatch('remove')}〉…〈/div〉: 지우기 이미지가 클릭될 경우 부모 컴포넌트로 remove 이벤트가 전달됩니다.

- 〈div … on:click={() → $memoFlag = !$memoFlag}〉…〈/div〉: 메모 이미지가 클릭될 경우에는 memoFlag 스토어 값을 반전시킵니다.

- 〈div … class:active={$memoFlag} …〉…〈/div〉: $memoFlag 값이 true일 경우 active 클래스가 적용됩니다. active 클래스가 적용되면 .memo.active 〉 .sub-text로 선

언된 스타일이 적용됩니다.

- 〈div … on:click={() → dispatch('hint')}〉…〈/div〉: 힌트 이미지가 클릭될 경우 부모 컴포넌트로 hint 이벤트가 전달됩니다.
- 〈div … on:click={() → dispatch('newGame')}〉…〈/div〉: 새로운 게임이 클릭될 경우 부모 컴포넌트로 newGame 이벤트가 전달됩니다.

24-3-3. 결과 화면

Navigation 컴포넌트가 제대로 동작하는지 확인하기 위한 테스트 코드로 App.svelte 파일을 다음과 같이 작성해줍니다.

```
<!-- src/App.svelte -->
<script>
  import Navigation from './components/Navigation.svelte';

  function handleRemove () {
    console.log('remove');
  }
  function handleHint () {
    console.log('hint');
  }
  function handleNewGame () {
    console.log('new game');
  }
</script>

<Navigation
  on:remove={handleRemove}
  on:hint={handleHint}
  on:newGame={handleNewGame}
/>
```

코드 24-9

그림 24-3

on:remove, on:hint, on:newGame 이벤트 리스너를 등록하고 이벤트 핸들러에서 로그를 출력하여 이벤트가 전달되는 것을 확인할 수 있습니다.

24-4 Number 컴포넌트

Number 컴포넌트는 숫자 이미지를 나타내는 컴포넌트입니다. NumberPad, Cell 컴포넌트에서 사용됩니다. Number.svelte 파일을 만들어 다음과 같이 Number 컴포넌트를 작성합니다.

```
<!-- src/components/Number.svelte -->
<script>
  export let value;
</script>

{#if value === 1}
<svg xmlns="http://www.w3.org/2000/svg" width="12" height="30" viewBox="0
0 12 30.8"><path fill="#344861" fill-rule="evenodd" d="M8.954 30V3.545h-
.267c-.738.41-6.706 4.655-7.71 5.311V5.883c.635-.41 6.767-4.758
7.977-5.476h2.789V30h-2.79z"></path></svg>
{:else if value === 2}
<svg xmlns="http://www.w3.org/2000/svg" width="20" height="31" viewBox="0
0 20 31.4"><path fill="#344861" fill-rule="evenodd" d="M.12 9.57C.16 4.462
4.057.791 9.41.791c5.209 0 9.187 3.568 9.187 8.224 0 3.076-1.415 5.475-
6.275 10.664l-7.998 8.53v.247h15.012V31H.284v-1.969L10.62 17.854c4.122-4.43
```

```
5.168-6.193 5.168-8.736 0-3.302-2.81-5.865-6.44-5.865-3.814 0-6.46 2.584-6.5
6.316v.02H.12v-.02z"></path></svg>
{:else if value === 3}
<svg xmlns="http://www.w3.org/2000/svg" width="21" height="32" viewBox="0 0 21
32"><path fill="#344861" fill-rule="evenodd" d="M6.698 16.932v-2.42h3.466c3.814 0
6.46-2.338 6.46-5.722 0-3.22-2.646-5.537-6.317-5.537-3.67 0-6.255 2.174-6.542
5.537H1.038C1.366 3.95 5.037.792 10.41.792c5.045 0 9.064 3.404 9.064
7.67 0 3.568-2.05 6.173-5.496 6.932v.266c4.225.472 6.85 3.281 6.85
7.342 0 4.86-4.491 8.613-10.295 8.613-5.722 0-9.926-3.404-10.11-8.182H3
.13c.246 3.322 3.322 5.721 7.382 5.721 4.286 0 7.424-2.645 7.424-6.214
0-3.711-2.912-6.008-7.65-6.008H6.699z"></path></svg>
{:else if value === 4}
<svg xmlns="http://www.w3.org/2000/svg" width="24" height="30" viewBox="0 0
24 30.9"><path fill="#344861" fill-rule="evenodd" d="M15.855 30v-6.686H.987v-
2.563C3.633 16.281 7.283 10.6 14.563.366h4.02v20.426h4.43v2.522h-4.43V30h-
2.728zM3.92 20.628v.184h11.935V3.052h-.184C10.03 10.744 7.099 15.338 3.92
20.629z"></path></svg>
{:else if value === 5}
<svg xmlns="http://www.w3.org/2000/svg" width="21" height="31" viewBox="0
0 21 31.4"><path fill="#344861" fill-rule="evenodd" d="M10.553 30.615c-5.373
0-9.474-3.445-9.782-8.264H3.52c.308 3.322 3.322 5.783 7.055 5.783 4.327 0
7.424-3.097 7.424-7.445 0-4.347-3.097-7.444-7.363-7.444-2.912 0-5.496 1.415-
6.747 3.692H1.222l1.6-16.53h16.14V2.93H5.037l-.985 10.787h.267c1.415-1.846
3.876-2.912 6.768-2.912 5.68 0 9.72 4.08 9.72 9.802 0 5.866-4.245 10.008-
10.254 10.008z"></path></svg>
{:else if value === 6}
<svg xmlns="http:// www.w3.org/2000/svg" width="22" height="32"
viewBox="0 0 22 32"><path fill="#344861" fill-rule="evenodd" d="M10.964
31.595c-4 0-7.158-1.99-9.003-5.64C.648 23.638-.01 20.582-.01 16.83-
.008 6.76 4.135.792 11.17.792c4.901 0 8.613 2.953 9.454 7.567h-2.87
1c-.739-3.076-3.323-5.045-6.624-5.045-5.312 0-8.347 4.963-8.40913.74h.24
6c1.292-3.322 4.553-5.454 8.43-5.454 5.618 0 9.76 4.183 9.76 9.843 0 5.886-
4.285 10.152-10.191 10.152zm-.041-2.482c4.204 0 7.403-3.281 7.403-7.567
0-4.368-3.097-7.506-7.383-7.506-4.225 0-7.485 3.158-7.485 7.3 0 4.41 3.24
```

```
7.773 7.465 7.773z"></path></svg>
{:else if value === 7}
<svg xmlns="http://www.w3.org/2000/svg" width="20" height="30" viewBox="0 0 20
30.8"><path fill="#344861" fill-rule="evenodd" d="M3.017 30L16.696 3.155V2.93H.
29V.407h19.277v2.625L6.01 30z"></path></svg>
{:else if value === 8}
<svg xmlns="http://www.w3.org/2000/svg" width="22" height="32" viewBox="0
0 22 32"><path fill="#344861" fill-rule="evenodd" d="M10.533 31.615c-
6.193 0-10.48-3.527-10.48-8.593 0-3.834 2.584-6.87 6.46-7.567v-.24
6c-3.22-.759-5.311-3.343-5.311-6.583 0-4.573 3.876-7.834 9.33-7.834 5.456 0
9.332 3.24 9.332 7.834 0 3.22-2.071 5.804-5.291 6.583v.246c3.855.697 6.46
3.732 6.46 7.567 0 5.086-4.286 8.593-10.5 8.593zm0-2.42c4.532 0 7.67-2.604
7.67-6.357 0-3.671-3.117-6.173-7.67-6.173-4.532 0-7.65 2.523-7.65 6.173
0 3.753 3.118 6.357 7.65 6.357zm0-14.95c3.896 0 6.562-2.174 6.562-5.393
0-3.343-2.666-5.64-6.562-5.64-3.897 0-6.563 2.297-6.563 5.64 0 3.199 2.666
5.393 6.563 5.393z"></path></svg>
{:else if value === 9}
<svg xmlns="http://www.w3.org/2000/svg" width="23" height="32" viewBox="0
0 23 32"><path fill="#344861" fill-rule="evenodd" d="M10.897 31.595c-4.983
0-8.613-2.974-9.454-7.547h2.871c.718 3.015 3.22 5.045 6.624 5.045 5.23 0
8.203-4.779 8.408-13.064.02-.205-.102-.471-.123-.676H19.1c-1.271 3.26-
4.552 5.434-8.428 5.434-5.66 0-9.762-4.163-9.762-9.803C.91 5.1 5.175.792
11.102.792c4 0 7.157 2.01 9.003 5.68 1.313 2.298 1.969 5.333 1.969 9.106 0
10.028-4.102 16.017-11.177 16.017zm.226-13.248c4.245 0 7.485-3.2 7.485-7.28
0-4.39-3.22-7.794-7.465-7.794-4.224 0-7.403 3.302-7.403 7.63 0 4.285 3.035
7.444 7.383 7.444z"></path></svg>
{/if}
```

코드 24–10

24-4-1. Props


```
export let value;
```

코드 24–11

- value (number): 화면에 나타낼 숫자를 부모 컴포넌트로부터 value라는 Props로 전달받습니다. 기본값을 설정하지 않아 value가 전달되지 않을 경우 화면에 아무것도 그리지 않게 됩니다.

24-4-2. HTML

```
{#if value === 1}
<svg xmlns="http://www.w3.org/2000/svg" width="12" height="30" viewBox="0 0 12
30.8">…</svg>
{:else if value === 2}
<svg xmlns="http://www.w3.org/2000/svg" width="20" height="31" viewBox="0 0 20
31.4">…</svg>
{:else if value === 3}
<svg xmlns="http://www.w3.org/2000/svg" width="21" height="32" viewBox="0 0 21
32">…</svg>
{:else if value === 4}
<svg xmlns="http://www.w3.org/2000/svg" width="24" height="30" viewBox="0 0 24
30.9">…</svg>
{:else if value === 5}
<svg xmlns="http://www.w3.org/2000/svg" width="21" height="31" viewBox="0 0 21
31.4">…</svg>
{:else if value === 6}
<svg xmlns="http://www.w3.org/2000/svg" width="22" height="32" viewBox="0 0 22
32">…</svg>
{:else if value === 7}
<svg xmlns="http://www.w3.org/2000/svg" width="20" height="30" viewBox="0 0 20
30.8">…</svg>
{:else if value === 8}
<svg xmlns="http://www.w3.org/2000/svg" width="22" height="32" viewBox="0 0 22
32">…</svg>
{:else if value === 9}
<svg xmlns="http://www.w3.org/2000/svg" width="23" height="32" viewBox="0 0 23
32">…</svg>
{/if}
```

코드 24-12

If, Else if 블록으로 value Props 값에 따라 화면에 숫자 SVG 이미지를 출력합니다.

24-4-3. 결과 화면

Number 컴포넌트가 제대로 동작하는지 확인하기 위한 테스트 코드로 App.svelte 파일을 다음과 같이 작성해줍니다.

```
<!-- src/App.svelte -->
<script>
  import Number from './components/Number.svelte';
</script>

<Number value={1} />
<Number value={2} />
<Number value={3} />
<Number value={4} />
<Number value={5} />
<Number value={6} />
<Number value={7} />
<Number value={8} />
<Number value={9} />
```

코드 24-13

$$123456789$$

그림 24-4

value Props로 코드 24-13과 같이 숫자를 넘길 경우 그림 24-4와 같이 숫자 이미지가 화면에 나타나는 것을 확인할 수 있습니다.

24-5 NumberPad 컴포넌트

NumberPad 컴포넌트는 스도쿠에 숫자를 입력하기 위해 사용되는 컴포넌트입니다. NumberPad.svelte 파일을 만들어 다음과 같이 NumberPad 컴포넌트를 작성합니다.

```
<!-- src/components/NumberPad.svelte -->
<script>
  import { createEventDispatcher } from 'svelte';
  import Number from './Number.svelte';

  const dispatch = createEventDispatcher();

  function handleClick (number) {
    dispatch('click', number);
  }
</script>

<div class="wrapper">
  <div on:click={() → handleClick(1)}><Number value={1}/></div>
  <div on:click={() → handleClick(2)}><Number value={2}/></div>
  <div on:click={() → handleClick(3)}><Number value={3}/></div>
  <div on:click={() → handleClick(4)}><Number value={4}/></div>
  <div on:click={() → handleClick(5)}><Number value={5}/></div>
  <div on:click={() → handleClick(6)}><Number value={6}/></div>
  <div on:click={() → handleClick(7)}><Number value={7}/></div>
  <div on:click={() → handleClick(8)}><Number value={8}/></div>
  <div on:click={() → handleClick(9)}><Number value={9}/></div>
</div>

<style>
  .wrapper {
    display: flex;
    margin-top: 10px;
```

```
  }
  .wrapper > div {
    width: 100%;
    text-align: center;
    cursor: pointer;
  }
</style>
```

코드 24-14

24-5-1. Functions

```
const dispatch = createEventDispatcher();
```

코드 24-15

- dispatch ((eventName: string, detail: any) → void): 부모 컴포넌트로 이벤트를
  전달하기 위한 함수입니다. 두 번째 파라미터와 함께 첫 번째 파라미터에 전달된
  이벤트 이름으로 부모 컴포넌트에 이벤트가 전달됩니다. 항상 최상위 스코프에 정
  의되어 있어야 합니다.

```
function handleClick (number) {
  dispatch('click', number);
}
```

코드 24-16

- handleClick ((number) → void): 숫자가 클릭될 때 호출되는 이벤트 핸들러입니
  다. 부모 컴포넌트로 이벤트를 전달하기 위해 dispatch 함수를 호출합니다. 부모 컴
  포넌트에 click이라는 이름으로 이벤트가 전달됩니다. 전달 되는 이벤트에는 클릭
  된 숫자 데이터가 포함됩니다.

24-5-2. HTML

```
<div class="wrapper">
  <div on:click={() → handleClick(1)}><Number value={1}/></div>
  <div on:click={() → handleClick(2)}><Number value={2}/></div>
  <div on:click={() → handleClick(3)}><Number value={3}/></div>
  <div on:click={() → handleClick(4)}><Number value={4}/></div>
  <div on:click={() → handleClick(5)}><Number value={5}/></div>
  <div on:click={() → handleClick(6)}><Number value={6}/></div>
  <div on:click={() → handleClick(7)}><Number value={7}/></div>
  <div on:click={() → handleClick(8)}><Number value={8}/></div>
  <div on:click={() → handleClick(9)}><Number value={9}/></div>
</div>
```

코드 24-17

Number 컴포넌트를 감싸고 있는 div 태그에 클릭 이벤트 리스너가 등록되어 있습니다.
클릭됐을 때 이벤트 핸들러가 호출되어 클릭된 숫자를 파라미터로 전달한 handleClick
함수가 실행됩니다.

24-5-3. 결과 화면

NumberPad 컴포넌트가 제대로 동작하는지 확인하기 위한 테스트 코드로 App.svelte 파
일을 다음과 같이 작성해줍니다.

```
<!-- src/App.svelte -->
<script>
  import NumberPad from './components/NumberPad.svelte';

  function handleClickNumber (event) {
    console.log(event.detail);
```

```
  }
</script>

<NumberPad
  on:click={handleClickNumber}
/>
```

코드 24-18

그림 24-5

숫자가 클릭될 경우 handleClickNumber 이벤트 핸들러가 호출됩니다. 클릭된 숫자 값은 파라미터로 전달된 event 객체의 detail에 담겨 있습니다.

24-6 Cell 컴포넌트

Cell 컴포넌트는 스도쿠의 셀을 나타내는 컴포넌트입니다. Cell.svelte 파일을 만들어 다음과 같이 Cell 컴포넌트를 작성합니다.

```
<!-- src/components/Cell.svelte -->
<script>
  import Number from './Number.svelte';

  export let value = 0;
  export let memo = [];
```

```
</script>

<div class="cell" on:click>
  {#if value}
    <div class="value"><Number {value}/></div>
  {:else}
    <div class="memo">
      <div class="memo-item" class:active={memo.includes(1)}><Number value={1}/></div>
      <div class="memo-item" class:active={memo.includes(2)}><Number value={2}/></div>
      <div class="memo-item" class:active={memo.includes(3)}><Number value={3}/></div>
      <div class="memo-item" class:active={memo.includes(4)}><Number value={4}/></div>
      <div class="memo-item" class:active={memo.includes(5)}><Number value={5}/></div>
      <div class="memo-item" class:active={memo.includes(6)}><Number value={6}/></div>
      <div class="memo-item" class:active={memo.includes(7)}><Number value={7}/></div>
      <div class="memo-item" class:active={memo.includes(8)}><Number value={8}/></div>
      <div class="memo-item" class:active={memo.includes(9)}><Number value={9}/></div>
    </div>
  {/if}
</div>

<style>
  .cell {
    width: 100%;
    height: 100%;
    font-size: 0;
  }
  .value, .memo {
    width: 100%;
    height: 100%;
    text-align: center;
    display: inline-block;
  }
  .value :global(svg) {
    vertical-align: middle;
```

```
  }
  .value:after {
    content: '';
    display: inline-block;
    height: 100%;
    vertical-align: middle;
  }
  .memo-item {
    visibility: hidden;
    display: inline-block;
    width: 33.3333%;
    height: 33.3333%;
  }
  .memo-item.active {
    visibility: visible;
  }
  .memo-item :global(svg) {
    width: 60%;
    height: 60%;
    display: inline-block;
    vertical-align: middle;
  }
  .memo-item:after {
    content: '';
    display: inline-block;
    height: 100%;
    vertical-align: middle;
  }
</style>
```

코드 24-19

24-6-1. Props

```
export let value = 0;
export let memo = [];
```

코드 24-20

- value (number, default: 0): value는 스도쿠 셀에 들어갈 정답입니다.
- memo (number[], default: []): 후보 숫자가 저장되는 배열입니다.

24-6-2. HTML

```
<div class="cell" on:click>
  {#if value}
    <div class="value"><Number {value}/></div>
  {:else}
    <div class="memo">
      <div class="memo-item" class:active={memo.includes(1)}><Number value={1}/></div>
      <div class="memo-item" class:active={memo.includes(2)}><Number value={2}/></div>
      <div class="memo-item" class:active={memo.includes(3)}><Number value={3}/></div>
      <div class="memo-item" class:active={memo.includes(4)}><Number value={4}/></div>
      <div class="memo-item" class:active={memo.includes(5)}><Number value={5}/></div>
      <div class="memo-item" class:active={memo.includes(6)}><Number value={6}/></div>
      <div class="memo-item" class:active={memo.includes(7)}><Number value={7}/></div>
      <div class="memo-item" class:active={memo.includes(8)}><Number value={8}/></div>
      <div class="memo-item" class:active={memo.includes(9)}><Number value={9}/></div>
    </div>
  {/if}
</div>
```

코드 24-21

- {#if value}…{:else}…{/if}: If문 블록으로, value로 셀의 값이 입력되었다면 value 값을 화면에 나타내고, value 값이 입력되지 않았다면 후보 숫자 배열을 화면에 나타냅니다.

- class:active={memo.includes(…)}: memo.includes(…)가 true일 경우 active 클래스가 적용됩니다. active 클래스가 적용되면 .memo-item.active로 선언된 visibility: visible 스타일이 적용되어 화면에 나타납니다.

- 〈Number value={…}/〉: Number 컴포넌트를 사용하여 숫자를 화면에 나타냅니다.

24-6-3. 결과 화면

Cell 컴포넌트가 제대로 동작하는지 확인하기 위한 테스트 코드로 App.svelte 파일을 다음과 같이 작성해줍니다.

```
<!-- src/App.svelte -->
<script>
  import Cell from './components/Cell.svelte';
</script>

<Cell value={3} />
<Cell memo={[4, 6, 8, 9]} />

<style>
  :global(.cell) {
    height: 100px !important;
  }
</style>
```

코드 24-22

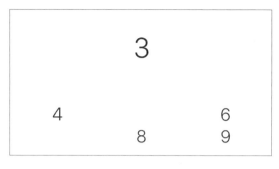

그림 24-6

정답이 입력된 셀과 후보 숫자가 입력되는 셀 2개를 화면에 나타내었습니다. 테스트를 위해 한 화면에서 셀을 확인하기 위해 스타일에 :global 속성을 사용하여 .cell에 전역으로 height: 100px !important; 스타일을 적용하였습니다.

24-7 Sudoku 컴포넌트

스도쿠 게임을 화면에 나타내는 컴포넌트입니다. Sudoku.svelte 파일을 만들어 다음과 같이 Sudoku 컴포넌트를 작성합니다.

```
<!-- src/components/Sudoku.svelte -->
<script>
  import _ from 'lodash';
  import { fade } from 'svelte/transition';
  import Cell from './Cell.svelte';
  import { message } from '../store/sudoku';
  import { getFocusCellsRow, getFocusCellsCol, getFocusCellsBox } from '../
utils/sudoku';

  export let board = []; // 스도쿠 퍼즐이 저장되어 있는 변수입니다.
  export let answer = []; // 스도쿠 퍼즐 정보에 사용자가 입력한 정답까지 저장되는 변
수입니다.
```

```
export let memo = []; // 셀 좌표에 후보 숫자 배열이 저장되는 변수입니다.
export let selectedPoint = { x: 0, y: 0 }; // 정답을 맞추기 위해 선택된 셀 위치
```
입니다.
```
$: selectedAnswer = answer?.[selectedPoint.y]?.[selectedPoint.x]; // 선택된
```
셀에 입력된 숫자입니다.
```
$: focusCellsRow = getFocusCellsRow(selectedPoint); // 선택된 셀의 셀 행 좌표
```
배열입니다.
```
$: focusCellsCol = getFocusCellsCol(selectedPoint); // 선택된 셀의 셀 열 좌표
```
배열입니다.
```
$: focusCellsBox = getFocusCellsBox(selectedPoint); // 선택된 셀의 박스 좌표
```
배열입니다.
```
$: focusCells = _.uniqWith([...focusCellsRow, ...focusCellsCol, ...focusCells
Box], _.isEqual); // 중복을 제거한 focusCellsRow, focusCellsCol, focusCellsBox
```
를 합친 배열입니다.

```
  // 각 셀의 에러를 확인하는 함수입니다. 셀 행, 셀 열, 박스에 중복된 숫자가 있으면 에러
```
입니다.
```
  function isError (selectedPoint) {
    const value = answer[selectedPoint.y][selectedPoint.x];
    if (!value) return false;

    const row = getFocusCellsRow(selectedPoint);
    const col = getFocusCellsCol(selectedPoint);
    const square = getFocusCellsBox(selectedPoint);
    const rowValues = row.map(p → answer[p.y][p.x]).filter(x → !!x);
    const colValues = col.map(p → answer[p.y][p.x]).filter(x → !!x);
    const squareValues = square.map(p → answer[p.y][p.x]).filter(x → !!x);
    return rowValues.filter(x → x === value).length > 1 ||
      colValues.filter(x → x === value).length > 1 ||
      squareValues.filter(x → x === value).length > 1
  }
</script>
```

```
<div class="wrapper">
  <table class="game-table">
    {#if $message}
      <div out:fade class="message">{$message}</div>
    {/if}
    <tbody>
      {#each answer as row, y (y)}
        <tr>
          {#each row as item, x (x)}
            <td
              class:is-answer={board[y][x] === 0}
              class:selected={selectedPoint.x === x && selectedPoint.y === y}
              class:active={focusCells.find(p → p.x === x && p.y === y)}
              class:highlight={selectedAnswer && item === selectedAnswer}
              class:error={isError({ x, y })}
            >
              <Cell
                value={item}
                memo={memo[y][x]}
                on:click={() ⇒ selectedPoint = { x, y }}
              />
            </td>
          {/each}
        </tr>
      {/each}
    </tbody>
  </table>
</div>

<style>
  .wrapper {
    width: 600px;
    height: 600px;
```

```
    position: relative;
  }
  .game-table {
    display: block;
    height: 100%;
    width: 100%;
    box-sizing: border-box;
    border: 2px solid #344861;
  }
  .game-table:after {
    content: '';
    border-left: 2px solid #344861;
    border-right: 2px solid #344861;
    box-sizing: border-box;
    left: 33.3333%;
    width: 33.3333%;
    position: absolute;
    top: 0;
    height: 100%;
    pointer-events: none;
  }
  .game-table tbody:after {
    content: '';
    border-top: 2px solid #344861;
    border-bottom: 2px solid #344861;
    box-sizing: border-box;
    pointer-events: none;
    width: 100%;
    height: 33.3333%;
    position: absolute;
    top: 33.3333%;
    left: 0;
  }
  .game-table tbody {
```

```css
  display: flex;
  flex-direction: column;
  width: 100%;
  height: 100%;
}
.game-table tr {
  height: 11.1111%;
  display: flex;
}
.game-table td {
  width: 100%;
  border-right: 1px solid #bec6d4;
  border-bottom: 1px solid #bec6d4;
  box-sizing: border-box;
  cursor: pointer;
}
.game-table td.active {
  background-color: #e2e7ed;
}
.game-table td.highlight {
  background-color: #cbdbed;
}
.game-table td.error {
  background-color: #f7cfd6;
}
.game-table td.is-answer.error :global(svg path) {
  fill: #fb3d3f;
}
.game-table td.selected {
  background-color: #bbdefb;
}
.message {
  position: absolute;
  top: 0;
```

```
    left: 0;
    right: 0;
    bottom: 0;
    z-index: 1;
    text-align: center;
    background-color: #fff;
    opacity: 0.8;
    font-size: 25px;
  }
  .message:after {
    content: '';
    display: inline-block;
    height: 100%;
    vertical-align: middle;
  }
</style>
```

코드 24-23

24-7-1. Store

Sudoku 컴포넌트에서는 message 스토어를 사용합니다. sudoku.js 파일에 다음과 같이 message 스토어를 추가합니다.

```
// src/store/sudoku.js
import { writable } from 'svelte/store';

export const memoFlag = writable(false);
export const remainHint = writable(3);
export const message = writable('');
```

코드 24-24

- **message (string):** 새로운 게임을 시작할 때, 게임이 종료되었을 때 화면에 출력하는 메시지를 저장하는 스토어입니다. svelte/store의 writable 함수를 사용하여 만들어진 읽기/쓰기가 가능한 스토어입니다.

24-7-2. Props

```
export let board = [];
export let answer = [];
export let memo = [];
export let selectedPoint = { x: 0, y: 0 };
```

코드 24-25

- **board (number[][], default: []):** 스도쿠 퍼즐이 저장되어 있는 변수입니다.

- **answer (number[][], default: []):** 스도쿠 퍼즐 정보에 사용자가 입력한 정답까지 저장되는 변수입니다.

- **memo (number[][][], default: []):** 셀 좌표에 후보 숫자 배열이 저장되는 변수입니다.

- **selectedPoint ({ x: number, y: number }, default: { x: 0, y: 0}):** 정답을 맞추기 위해 선택된 셀의 좌표입니다.

24-7-3. $ 문법

```
$: selectedAnswer = answer?.[selectedPoint.y]?.[selectedPoint.x];
$: focusCellsRow = getFocusCellsRow(selectedPoint);
$: focusCellsCol = getFocusCellsCol(selectedPoint);
$: focusCellsBox = getFocusCellsBox(selectedPoint);
$: focusCells = _.uniqWith([ ... focusCellsRow,  ... focusCellsCol,
... focusCellsBox], _.isEqual);
```

코드 24-26

- selectedAnswer ({ x: number, y: number } | undefined): 선택된 셀에 입력된 숫자가 반응형으로 저장됩니다. selectedPoint 값이 업데이트되었을 때 자동으로 업데이트됩니다.

- focusCellsRow ({ x: number, y: number }[]): 선택된 셀이 포함된 셀 행의 셀 좌표 배열이 반응형으로 저장됩니다. selectedPoint 값이 업데이트되었을 때 자동으로 업데이트됩니다.

- focusCellsCol ({ x: number, y: number }[]): 선택된 셀이 포함된 셀 열의 셀 좌표 배열이 반응형으로 저장됩니다. selectedPoint 값이 업데이트되었을 때 자동으로 업데이트됩니다.

- focusCellsBox ({ x: number, y: number }[]): 선택된 셀이 포함된 박스의 셀 좌표 배열이 반응형으로 저장됩니다. selectedPoint 값이 업데이트되었을 때 자동으로 업데이트됩니다.

- focusCells ({ x: number, y: number }[]): 중복을 제거한 focusCellsRow, focusCellsCol, focusCellsBox를 합친 배열입니다. focusCellsRow, focusCellsCol, focusCellsBox 값 중 하나라도 업데이트되었을 때 자동으로 업데이트됩니다.

참고

uniqWith 함수

uniqWith 함수는 lodash에서 제공하는 함수입니다. 다음 코드와 같은 형태를 가집니다.

```
_.uniqWith(array, [comparator])
```

코드 23-27

- array (Array): 중복을 제거할 배열입니다.
- [comparator] ((a, b) → boolean): 중복을 판단할 비교 함수입니다. 이 함수가 true를 반환한 경우 중복으로 판단하여 제거됩니다.

- 반환값 (Array): array에서 중복이 제거된 새로운 배열입니다.

uniqWith 함수는 두 번째 파라미터로 전달된 함수의 반환값으로 중복 여부를 판단하여 중복된 값들을 제거한 새로운 배열을 반환합니다. uniqWith 함수는 다음 코드와 같이 사용됩니다.

```
var objects = [{ 'x': 1, 'y': 2 }, { 'x': 2, 'y': 1 }, { 'x': 1, 'y': 2 }];

_.uniqWith(objects, _.isEqual);
// → [{ 'x': 1, 'y': 2 }, { 'x': 2, 'y': 1 }]
```

코드 23-28

https://lodash.com/docs/4.17.15#uniqWith에서 더 자세한 함수 사용 방법을 살펴볼 수 있습니다.

24-7-4. Functions

```
function isError (selectedPoint) {
  const value = answer[selectedPoint.y][selectedPoint.x];
  if (!value) return false;

  const row = getFocusCellsRow(selectedPoint);
  const col = getFocusCellsCol(selectedPoint);
  const square = getFocusCellsBox(selectedPoint);
  const rowValues = row.map(p → answer[p.y][p.x]).filter(x → !!x);
  const colValues = col.map(p → answer[p.y][p.x]).filter(x → !!x);
  const squareValues = square.map(p → answer[p.y][p.x]).filter(x → !!x);
  return rowValues.filter(x → x === value).length > 1 ||
    colValues.filter(x → x === value).length > 1 ||
    squareValues.filter(x → x === value).length > 1
```

```
}
```

코드 24-29

셀이 스도쿠 규칙을 만족하는지 확인하기 위한 함수입니다. 파라미터와 반환값 정보는 다음과 같습니다.

- selectedPoint ({x: number, y: number }): 스도쿠 규칙을 만족하는지 확인하기 위한 셀입니다.

- **반환값** (boolean): 스도쿠 규칙을 만족한다면 false, 만족하지 않는다면 true를 반환합니다.

selectedPoint가 포함된 셀 행, 셀 열, 박스 안의 셀 중에 자기 자신을 제외하고 동일한 값이 있는지 파악합니다. 동일한 값이 존재한다면 스도쿠 규칙을 만족하지 않기 때문에 에러가 발생한 셀이 됩니다.

24-7-5. HTML

```
<div class="wrapper">
  <table class="game-table">
    {#if $message}
      <div out:fade class="message">{$message}</div>
    {/if}
    <tbody>
      {#each answer as row, y (y)}
        <tr>
          {#each row as item, x (x)}
            <td
              class:is-answer={board[y][x] === 0}
              class:selected={selectedPoint.x === x && selectedPoint.y === y}
              class:active={focusCells.find(p → p.x === x && p.y === y)}
```

```
            class:highlight={selectedAnswer && item === selectedAnswer}
            class:error={isError({ x, y })}
          >
            <Cell
              value={item}
              memo={memo[y][x]}
              on:click={() → selectedPoint = { x, y }}
            />
          </td>
        {/each}
      </tr>
    {/each}
  </tbody>
</table>
</div>
```

코드 24-30

- {#if $message}···{/if}: message 스토어에 메시지가 저장되어 있다면 메시지를 화면에 출력합니다.

- 〈div out:fade class="message"〉{$message}〈/div〉: 출력할 메시지가 없어지면 fade 애니메이션으로 메시지가 화면에서 제거됩니다. out 트랜지션 디렉티브를 사용하였기 때문에 화면에서 제거될 때만 fade 트랜지션이 동작합니다.

- {#each answer as row, y (y)}···{each row as item, x (x)}···{/each}···{/each}: each 블록 안에 each 블록을 사용하여 스도쿠를 화면에 그립니다.

- class:is-answer={board[y][x] === 0}: 스도쿠 퍼즐의 x, y 좌표에 해당하는 셀의 값이 0일 경우 정답을 입력해야 하는 셀입니다. 정답을 입력해야 하는 셀인 경우 is-answer 클래스가 적용됩니다.

- class:selected={selectedPoint.x === x && selectedPoint.y === y}: 해당 셀이 선택된 셀이라면 selected 클래스가 적용되어, .game-table td.selected { background-color: #bbdefb; } 스타일이 적용됩니다.

- class:active={focusCells.find(p → p.x === x && p.y === y)}: 해당 셀이 선택된 셀의 셀 행, 셀 열, 박스 안에 속하는 셀이면 active 클래스가 적용되어, .game-table td.active { background-color: #e2e7ed; } 스타일이 적용됩니다.

- class:highlight={selectedAnswer && item === selectedAnswer}: 선택된 셀과 동일한 숫자를 가진 셀이라면 highlight 클래스가 적용되어, .game-table td.highlight { background-color: #cbdbed; } 스타일이 적용됩니다.

- class:error={isError({ x, y })}: 해당 셀이 스도쿠 규칙에 어긋난다면 error 클래스가 적용되어, .game-table td.is-answer.error :global(svg path) { fill: #fb3d3f; }와 .game-table td.error { background-color: #f7cfd6; } 스타일이 적용됩니다.

- ⟨Cell value={item} memo={memo[y][x]} on:click={() → selectedPoint = { x, y }}/⟩: Cell 컴포넌트에 value와 후보 숫자인 memo가 전달됩니다. 셀이 클릭된 경우 selectedPoint 값을 클릭된 셀의 좌표로 변경합니다. Props로 전달받은 selectedPoint 값을 업데이트하기 때문에 부모 컴포넌트에서 bind:selectedPoint를 사용하여 양방향 데이터 흐름을 가지게 할 것을 예상할 수 있습니다.

24-7-6. 결과 화면

Sudoku 컴포넌트가 제대로 동작하는지 확인하기 위한 테스트 코드로 App.svelte 파일을 다음과 같이 작성해줍니다.

```svelte
<!-- src/App.svelte -->
<script>
  import Sudoku from './components/Sudoku.svelte';
  import { getSudoku } from './utils/sudoku';
  import _ from 'lodash';

  let selectedPoint = { x: 0, y: 0 };
```

```
let { board } = getSudoku('easy');
let answer = _.cloneDeep(board);
let memo = [];
for (let i = 0; i < 9; i++) {
  for (let j = 0; j < 9; j++) {
    if (!memo[i]) memo[i] = [];
    if (!memo[i][j]) memo[i][j] = [];
  }
}

</script>

<Sudoku
  bind:selectedPoint
  {answer}
  {memo}
  {board}
/>
```

코드 24-31

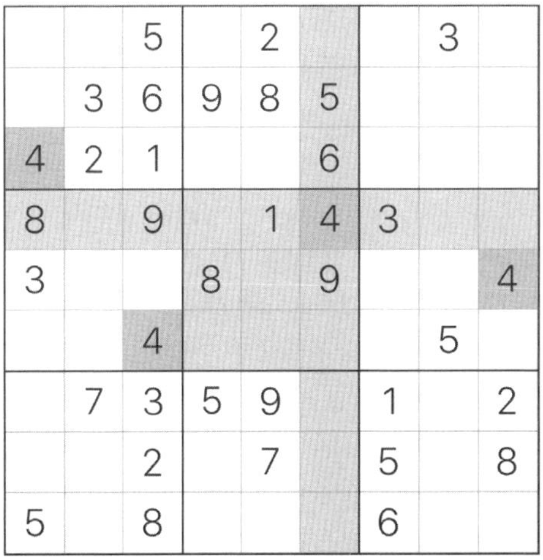

그림 24-7

그림 24-7과 같이 스도쿠 퍼즐이 그려지는 것을 볼 수 있습니다. 셀을 클릭하면 클릭된 셀과 그 셀의 셀 행, 셀 열, 박스에 스타일이 적용되고, 클릭된 셀과 동일한 숫자의 셀에서도 스타일이 적용되는 것을 볼 수 있습니다.

24-8 App 컴포넌트

App 컴포넌트는 지금까지 작성한 컴포넌트를 사용하여 스도쿠 페이지를 화면에 나타내는 컴포넌트입니다. App.svelte 파일은 다음과 같이 수정합니다.

```
<!-- src/App.svelte -->
<script>
  import { onMount } from 'svelte';
  import _ from 'lodash';
  import Difficulty from './components/Difficulty.svelte';
  import Navigation from './components/Navigation.svelte';
  import NumberPad from './components/NumberPad.svelte';
  import Sudoku from './components/Sudoku.svelte';
  import { remainHint, message, memoFlag } from './store/sudoku';
  import { getSudoku } from './utils/sudoku';

  let difficulty = localStorage.getItem('sudoku.difficulty') || 'easy'; // 난
이도를 나타냅니다. Difficulty 컴포넌트에 Props로 전달됩니다.
  let selectedPoint = { x: 0, y: 0 }; // 정답을 맞추기 위해 현재 선택된 셀의 위치
입니다. Sudoku 컴포넌트에 Props로 전달됩니다.
  let board = JSON.parse(localStorage.getItem('sudoku.board')) || []; // 스도
쿠 퍼즐 정보입니다. Sudoku 컴포넌트에 Props로 전달됩니다.
  let answer = JSON.parse(localStorage.getItem('sudoku.answer')) || []; // 스
도쿠 퍼즐 정보에 사용자가 입력한 정답까지 포함한 정보입니다. Sudoku 컴포넌트에 Props
로 전달됩니다.
  let memo = JSON.parse(localStorage.getItem('sudoku.memo')) || []; // 빈칸 각
후보 숫자 배열이 저장됩니다. Sudoku 컴포넌트에 Props로 전달됩니다.
```

```
  let solution = JSON.parse(localStorage.getItem('sudoku.solution')) || []; //
완성된 스도쿠 퍼즐입니다.
  $remainHint = Number(localStorage.getItem('sudoku.remainHint')) || 0; // 남
아 있는 힌트 개수를 저장합니다. Navigation 컴포넌트에서도 공유되는 스토어입니다.

  $: isEditable = !(board?.[selectedPoint.y]?.[selectedPoint.x]); // 선택된 셀
이 맞춰야 하는 칸인지 확인하기 위한 값입니다.
  $: if (answer.length !== 0 && _.isEqual(answer, solution)) { // 퍼즐이 완성
되었을 때 호출되어 message 스토어 값을 업데이트 합니다.
    $message = '훌륭합니다.'
  }
  $: localStorage.setItem('sudoku.difficulty', difficulty); // 사용자가 퍼즐의
빈칸을 채울 때마다 호출됩니다.
  $: localStorage.setItem('sudoku.answer', JSON.stringify(answer)); // 사용자
가 퍼즐의 빈칸을 채울 때마다 호출됩니다.
  $: localStorage.setItem('sudoku.remainHint', $remainHint); // 사용자가 힌트를
사용할 때마다 호출됩니다.
  $: localStorage.setItem('sudoku.memo', JSON.stringify(memo)); // 사용자가 후
보 숫자를 입력했을 때 호출됩니다.
  $: localStorage.setItem('sudoku.solution', JSON.stringify(solution)); // 새
로운 스도쿠 게임을 시작할 때 호출됩니다.
  $: localStorage.setItem('sudoku.board', JSON.stringify(board)); // 새로운 스
도쿠 게임을 시작할 때 호출됩니다.

  onMount(() → {
    if (solution.length) return;
    handleNewGame();
  });

  // 새로운 스도쿠 게임 정보를 설정하는 함수입니다.
  function handleNewGame () {
    $message = '새로운 게임을 생성 중입니다.';
    setTimeout(() → {
    const result = getSudoku(difficulty);
```

```
    solution = result.solution;
    board = result.board;
    answer = _.cloneDeep(result.board);

    const tmpMemo = [];
    for (let i = 0; i < 9; i++) {
      for (let j = 0; j < 9; j++) {
        if (!tmpMemo[i]) tmpMemo[i] = [];
        if (!tmpMemo[i][j]) tmpMemo[i][j] = [];
      }
    }
    memo = tmpMemo;

    $message = '';
    $remainHint = 3;
  });
}

// 스도쿠 빈칸에 입력된 값을 지우는 함수입니다.
function handleRemove () {
  if (!isEditable) return;
  memo[selectedPoint.y][selectedPoint.x] = [];
  answer[selectedPoint.y][selectedPoint.x] = 0;
}

// 선택된 셀에 힌트를 사용하는 함수입니다.
function handleHint () {
  if (!isEditable || $remainHint <= 0) return;
  $remainHint--;
  answer[selectedPoint.y][selectedPoint.x] = solution[selectedPoint.y]
[selectedPoint.x];
}

// NumberPad 컴포넌트에서 숫자가 클릭되었을 때 호출되는 함수입니다.
```

```
  function handleClickNumber ({ detail }) {
    if (!isEditable) return;
    if ($memoFlag) {
      const memoList = memo[selectedPoint.y][selectedPoint.x];
      const index = memoList.indexOf(detail);
      if (index >= 0) {
        memoList.splice(index, 1);
      } else {
        memoList.push(detail);
      }
      memo[selectedPoint.y][selectedPoint.x] = memoList;
    } else {
      answer[selectedPoint.y][selectedPoint.x] = detail;
    }
  }
}
</script>

<div class="contents">
  <Difficulty bind:difficulty on:change={handleNewGame}/>
  <Sudoku
    bind:selectedPoint
    {answer}
    {memo}
    {board}
  />
  <Navigation
    on:remove={handleRemove}
    on:hint={handleHint}
    on:newGame={handleNewGame}
  />
  <NumberPad
    on:click={handleClickNumber}
  />
```

```
  </div>

<style>
  .contents {
    width: 600px;
    margin: auto;
  }
</style>
```

코드 24-32

24-8-1. Data

```
let difficulty = localStorage.getItem('sudoku.difficulty') || 'easy'
let selectedPoint = { x: 0, y: 0 };
let board = JSON.parse(localStorage.getItem('sudoku.board')) || [];
let answer = JSON.parse(localStorage.getItem('sudoku.answer')) || [];
let memo = JSON.parse(localStorage.getItem('sudoku.memo')) || [];
let solution = JSON.parse(localStorage.getItem('sudoku.solution')) || [];
```

코드 24-33

- difficulty ('easy'|'medium'|'hard', default: 'easy'): 스도쿠 퍼즐의 난이도가 저장 되어 있는 변수입니다.easy, medium, hard 3개 중 하나를 저장하게 됩니다.

- selectedPoint ({ x: number, y: number }, default: { x: 0, y: 0}): 정답을 맞추 기 위해 선택된 셀 위치입니다.

- board (number[][], default: []): 스도쿠 퍼즐이 저장되어 있는 변수입니다.

- answer (number[][], default: []): 스도쿠 퍼즐 정보에 사용자가 입력한 정답까지 저장되는 변수입니다.

- memo (number[][][], default: []): 셀 좌표에 후보 숫자 배열이 저장되는 변수입

니다.

- solution (number[][][], default: []): 완성된 스도쿠 퍼즐입니다.

스도쿠 게임을 중간에 이어갈 수 있도록 게임 데이터를 로컬 스토리지에 저장하고, 페이지 첫 렌더링 시 로컬 스토리지를 읽고 초기 변수 값을 설정합니다. 코드 24-33의 데이터들은 첫 렌더링 시 로컬 스토리지를 읽고 값이 설정됩니다.

24-8-2. $ 문법

```
$: isEditable = !(board?.[selectedPoint.y]?.[selectedPoint.x]);
$: if (answer.length !== 0 && _.isEqual(answer, solution)) {
  $message = '훌륭합니다.'
}
$: localStorage.setItem('sudoku.difficulty', difficulty);
$: localStorage.setItem('sudoku.answer', JSON.stringify(answer));
$: localStorage.setItem('sudoku.remainHint', $remainHint);
$: localStorage.setItem('sudoku.memo', JSON.stringify(memo));
$: localStorage.setItem('sudoku.solution', JSON.stringify(solution));
$: localStorage.setItem('sudoku.board', JSON.stringify(board));
```

코드 24-34

- $: isEditable = !(board?.[selectedPoint.y]?.[selectedPoint.x]): 선택된 셀이 변경될 때마다 호출됩니다. isEditable이 true라면 선택된 셀이 정답을 입력해야 하는 셀입니다.

- $: if (answer.length !== 0 && _.isEqual(answer, solution)): 스도쿠 퍼즐이 모두 완성되었을 때 message 스토어 메시지를 설정합니다.

- $: localStorage.setItem('sudoku.difficulty', difficulty): 스도쿠 난이도가 변경될 때마다 호출되어 변경된 난이도를 로컬 스토리지에 저장합니다.

- $: localStorage.setItem('sudoku.answer', JSON.stringify(answer)): 사용자가 스도쿠 퍼즐에 정답을 입력할 때마다 호출되어 사용자가 입력한 정답을 포함한 스도쿠 퍼즐을 로컬 스토리지에 저장합니다.

- $: localStorage.setItem('sudoku.remainHint', $remainHint): 힌트를 사용하거나, 새로운 게임을 시작하여 힌트의 개수가 변경될 때 호출됩니다. 변경된 힌트 개수가 로컬 스토리지에 저장됩니다.

- $: localStorage.setItem('sudoku.memo', JSON.stringify(memo)): 사용자가 스도쿠 퍼즐에 후보 숫자를 입력할 때마다 호출되어, 후보 숫자 정보가 로컬 스토리지에 저장됩니다.

- $: localStorage.setItem('sudoku.solution', JSON.stringify(solution)): 새로운 게임을 시작하여 스도쿠 정답이 변경될 때 호출됩니다. 로컬 스토리지에 스도쿠 정답이 저장됩니다.

- $: localStorage.setItem('sudoku.board', JSON.stringify(board)): 새로운 게임을 시작하여 스도쿠 퍼즐이 변경될 때 호출됩니다. 로컬 스토리지에 스도쿠 퍼즐이 저장됩니다.

24-8-3. Functions

```
// 새로운 스도쿠 게임 정보를 설정하는 함수입니다.
function handleNewGame () {
  $message = '새로운 게임을 생성 중입니다.';
  setTimeout(() → {
    const result = getSudoku(difficulty);
    solution = result.solution;
    board = result.board;
    answer = _.cloneDeep(result.board);

    const tmpMemo = [];
```

```
  for (let i = 0; i < 9; i++) {
    for (let j = 0; j < 9; j++) {
      if (!tmpMemo[i]) tmpMemo[i] = [];
      if (!tmpMemo[i][j]) tmpMemo[i][j] = [];
    }
  }
  memo = tmpMemo;

  $message = '';
  $remainHint = 3;
  });
}
```

코드 24-35

새로운 게임 버튼이 클릭될 때 호출되는 이벤트 핸들러입니다. message 스토어에 메시지를 입력하고, getSudoku 함수를 호출하여 새로운 스도쿠 정답과 스도쿠 퍼즐을 저장합니다. 그 외 메모와 다른 스도쿠 게임 정보들을 초기화합니다.

getSudoku 함수가 실행 중인 동안에는 화면 업데이트가 되지 않기 때문에 setTimeout을 사용하였습니다. setTimeout을 사용하면 메시지를 화면에 출력 후 getSudoku 함수를 호출하게 됩니다.


```
// 스도쿠 빈칸에 입력된 값을 지우는 함수입니다.
function handleRemove () {
  if (!isEditable) return;
  memo[selectedPoint.y][selectedPoint.x] = [];
  answer[selectedPoint.y][selectedPoint.x] = 0;
}
```

코드 24-36

Navigation 컴포넌트의 지우기가 클릭될 때 호출되는 이벤트 핸들러입니다. isEditable 이 true, 즉 정답을 입력해야 하는 셀일 경우, 해당 셀의 정답과 후보 숫자를 초기화합니다.

```javascript
// 선택된 셀에 힌트를 사용하는 함수입니다.
function handleHint () {
  if (!isEditable || $remainHint <= 0) return;
  $remainHint--;
  answer[selectedPoint.y][selectedPoint.x] = solution[selectedPoint.y]
[selectedPoint.x];
}
```

코드 24-37

Navigation 컴포넌트의 힌트가 클릭될 때 호출되는 이벤트 핸들러입니다. isEditable이 true 즉, 정답을 입력해야 하는 셀일 경우 힌트 개수를 차감하고 셀에 값이 채워집니다.

```javascript
// NumberPad 컴포넌트에서 숫자가 클릭되었을 때 호출되는 함수입니다.
function handleClickNumber ({ detail }) {
  if (!isEditable) return;
  if ($memoFlag) {
    const memoList = memo[selectedPoint.y][selectedPoint.x];
    const index = memoList.indexOf(detail);
    if (index >= 0) {
      memoList.splice(index, 1);
    } else {
      memoList.push(detail);
    }
    memo[selectedPoint.y][selectedPoint.x] = memoList;
  } else {
    answer[selectedPoint.y][selectedPoint.x] = detail;
  }
}
```

코드 24-38

NumberPad 컴포넌트에서 숫자가 클릭되었을 때 호출되는 이벤트 핸들러입니다. isEd-itable이 true일 때 동작합니다. memFlag 스토어의 값이 true일 경우 memo에 후보 숫자를 저장하고 false일 경우 셀에 값이 저장됩니다. event 객체를 파라미터로 전달받는데, event 객체의 detail에 클릭된 숫자가 저장되어 있습니다.

24-8-4. 라이프 사이클 함수

```
onMount(() → {
  $remainHint = Number(localStorage.getItem('sudoku.remainHint')) || 0;

  if (solution.length) return;
  handleNewGame();
});
```

코드 24-39

App 컴포넌트가 마운팅되면, remainHint 스토어를 로컬 스토리지에 저장된 값으로 업데이트해줍니다. solution 변수에는 완성된 스도쿠 퍼즐이 저장되는데, solution의 길이가 0이라면 진행 중인 스도쿠 게임이 없는 것이기 때문에 새로운 게임을 가져오게 됩니다.

24-8-5. HTML

```
<div class="contents">
  <Difficulty bind:difficulty on:change={handleNewGame}/>
  <Sudoku
    bind:selectedPoint
    {answer}
    {memo}
    {board}
```

```
    />
<Navigation
    on:remove={handleRemove}
    on:hint={handleHint}
    on:newGame={handleNewGame}
  />
<NumberPad
    on:click={handleClickNumber}
  />
</div>
```

코드 24-40

- 〈Difficulty bind:difficulty on:change={handleNewGame}/〉: bind:difficulty를 선언하여 스도쿠 퍼즐의 난이도를 저장하는 difficulty를 양방향 데이터 흐름을 가지도록 하였습니다. 스도쿠 퍼즐의 난이도가 변경되면 handleNewGame 이벤트 핸들러가 호출되어 새로운 게임이 시작됩니다.

- 〈Sudokubind:selectedPoint{answer}{memo}{board}/〉: bind:selectedPoint를 선언하여 선택된 셀의 좌표를 저장하는 selectedPoint를 양방향 데이터 흐름을 가지도록 하였습니다.

- 〈Navigationon:remove={handleRemove}on:hint={handleHint}on:newGame={handleNewGame}/〉: 지우기 클릭 시 handleRemove, 힌트 클릭 시 handleHint, 새로운 게임 클릭 시 handleNewGame 이벤트 핸들러가 실행됩니다.

- 〈NumberPadon:click={handleClickNumber}/〉: NumberPad에 숫자가 클릭되면 handleClickNumber 이벤트 핸들러가 실행됩니다.

24-8-6. 결과 화면

완성된 스도쿠 게임의 결과 화면은 다음 그림과 같습니다.

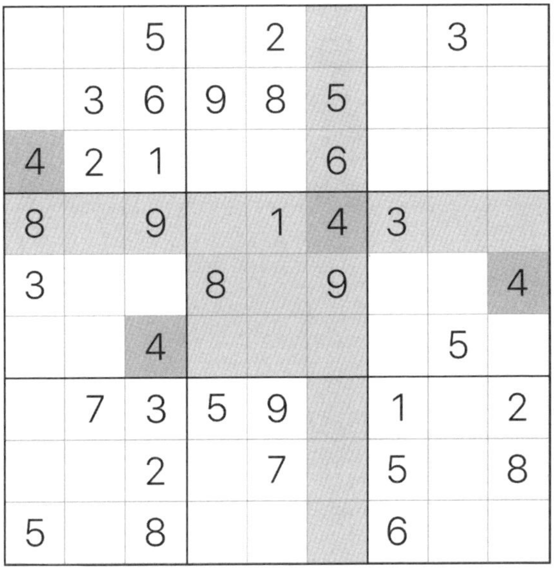

그림 24-8

정답/메모 입력, 지우기, 힌트, 새로운 게임, 난이도 조절이 모두 동작하는 것을 확인할 수 있습니다.

Chapter
25

스도쿠 배포하기

25-1 웹 호스팅하기

다른 사람에게도 스도쿠 게임을 웹 페이지로 제공할 수 있도록 웹 호스팅을 해보겠습니다. 웹 호스팅을 위해 헤로쿠(Heroku)와 깃허브(GitHub)을 사용하는 예제를 만들었습니다.

25-2 깃허브 설정하기

깃허브(GitHub) 계정을 만들고 깃허브 레파지토리에 스도쿠 코드를 업로드해보겠습니다. 깃허브란 분산 버전 관리 툴인 깃(Git) 저장소 호스팅을 지원하는 웹 서비스입니다. 깃허브를 사용하면 깃을 사용하여 코드를 웹에 업로드할 수 있습니다. 깃허브 계정이 있다면 사용 중인 깃허브 계정을 사용해도 좋습니다.

25-2-1. 깃허브 회원 가입

https://github.com/에 접속하면 다음 그림과 같은 웹 페이지가 나타납니다. 다음 그림의 박스로 표시한 Sign up 버튼을 클릭하여 회원 가입을 합니다. 깃허브 계정이 있다면

Sign in 버튼을 클릭하여 로그인합니다.

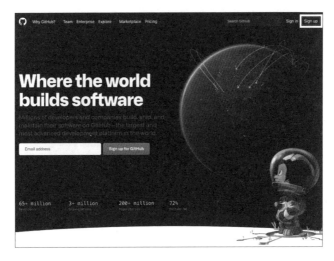

그림 25-1

다음 그림과 같이 이메일, 비밀번호, 사용자 이름 등을 작성합니다.

그림 25-2

그림 25-2의 Create account 버튼을 클릭하면 입력한 이메일로 인증 메일이 전송됩니다.

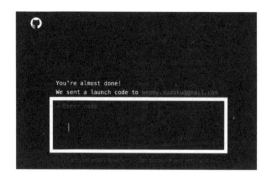

그림 25-3

그림 25-3의 박스에 이메일로 전송된 인증 메일에 기록된 인증 코드를 입력하여 회원 가입을 완료합니다.

25-2.2. 레파지토리 만들기

깃허브 계정 생성 혹은 로그인 후 스도쿠 코드를 업로드할 레파지토리를 만들겠습니다.

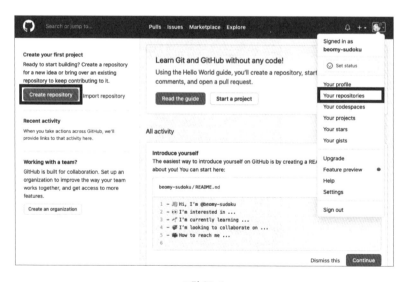

그림 25-4

그림 25-4에서 Create repository 버튼을 클릭해서 레파지토리 생성 페이지로 넘어가거나, 오른쪽의 Your repositories를 클릭하여 레파지토리 목록으로 전환 후 레파지토리 생성 페이지로 접근할 수 있습니다.

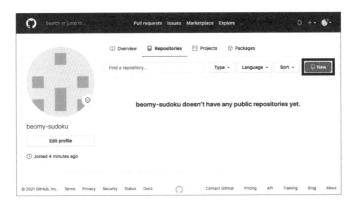

그림 25-5

그림 25-5의 레파지토리 목록에서 New 버튼을 클릭하면 다음 그림과 같은 새로운 레파지토리를 만드는 페이지에 접근할 수 있습니다.

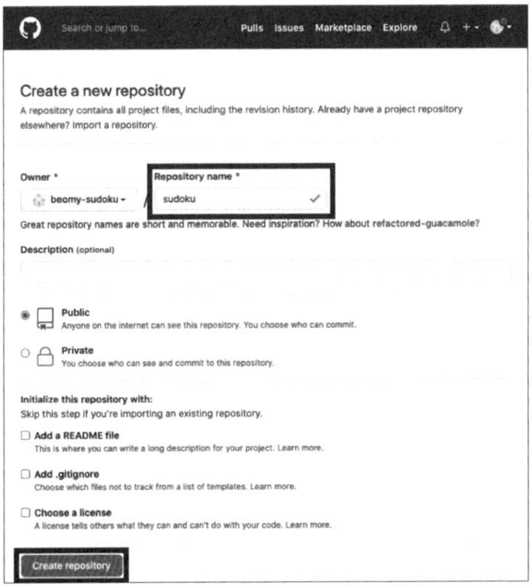

그림 25-6

그림 25-6처럼 Repository name에 sudoku라고 입력하고, Create repository 버튼을 클릭하여 sudoku라는 레파지토리를 만듭니다. 레파지토리가 생성되면 다음 그림과 같은 페이지로 전환됩니다.

그림 25-7

스도쿠 코드가 이미 존재하기 때문에, 터미널 창에서 스도쿠 코드 위치로 이동하여 다음 코드에 작성된 git 명령어를 실행합니다.

```
$ git init # 깃 사용을 위해 레파지토리를 초기화합니다.
$ git add . # 모든 파일을 추적하게 합니다.
$ git commit -m "sudoku upload" # sudoku upload 메시지로 커밋합니다.
$ git remote add origin https://github.com/beomy-sudoku/sudoku.git # origin 이
라는 이름으로 https://github.com/beomy-sudoku/sudoku.git의 원격 저장소를 만듭니다.
$ git push origin master # master 브랜치를 origin 원격 저장소에 업로드합니다.
```

코드 25-1

다음 그림은 VSCode 터미널에서 코드 25-1을 실행한 결과입니다.

```
sudoku % git init
Initialized empty Git repository in /Users/we/Documents/beomy/sudoku/.git/
sudoku % git add .
sudoku % git commit -m "sudoku upload"
[master (root-commit) b620421] sudoku upload
 21 files changed, 38932 insertions(+)
 create mode 100644 README.md
 create mode 100644 package-lock.json
 create mode 100644 package.json
 create mode 100644 public/build/bundle.css
 create mode 100644 public/build/bundle.js
 create mode 100644 public/build/bundle.js.map
 create mode 100644 public/favicon.png
 create mode 100644 public/global.css
 create mode 100644 public/index.html
 create mode 100644 rollup.config.js
 create mode 100644 scripts/setupTypeScript.js
 create mode 100644 src/App.svelte
 create mode 100644 src/components/Cell.svelte
 create mode 100644 src/components/Difficulty.svelte
 create mode 100644 src/components/Navigation.svelte
 create mode 100644 src/components/Number.svelte
 create mode 100644 src/components/NumberPad.svelte
 create mode 100644 src/components/Sudoku.svelte
 create mode 100644 src/main.js
 create mode 100644 src/store/sudoku.js
 create mode 100644 src/utils/sudoku.js
sudoku % git remote add origin https://github.com/beomy-sudoku/sudoku.git
sudoku % git push origin master
Enumerating objects: 30, done.
Counting objects: 100% (30/30), done.
Delta compression using up to 12 threads
Compressing objects: 100% (27/27), done.
Writing objects: 100% (30/30), 564.66 KiB | 5.38 MiB/s, done.
Total 30 (delta 0), reused 0 (delta 0)
To https://github.com/beomy-sudoku/sudoku.git
 * [new branch]      master -> master
```

그림 25-8

깃허브에 코드 업로드가 끝나면 레파지토리는 다음 그림과 같이 보이게 됩니다.

그림 25-9

25-3 헤로쿠 설정하기

헤로쿠(Heroku)는 클라우드 PaaS로 무료로 웹 호스팅을 지원하는 서비스입니다. 헤로쿠 계정을 만들고 헤로쿠 앱과 깃허브 레파지토리를 연동하여 깃허브 레파지토리에 푸시(Push)가 될 때마다 자동 배포될 수 있도록 구성하겠습니다. 헤로쿠 계정이 있다면 사용 중인 헤로쿠 계정을 사용해도 좋습니다.

> **참고**
>
> PaaS란
>
> PaaS는 서비스형 플랫폼, Platform as a Service의 줄인 말입니다. PaaS는 클라우드 컴퓨팅 서비스 분류 중 하나로, 인프라를 만들고 유지보수하는 복잡함 없이 애플리케이션을 개발, 실행, 관리할 수 있게 하는 플랫폼을 이야기합니다.

25-3-1. 헤로쿠 회원 가입

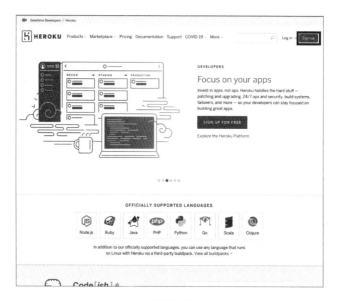

그림 25-10

https://www.heroku.com/에서 회원 가입을 진행할 수 있습니다. 헤로쿠 계정이 있다면 다음 그림의 Log in 버튼을 클릭하여 로그인을 한 후 이후의 내용을 진행하겠습니다. 회원 가입을 위해 Sign up 버튼을 클릭합니다.

Sign up 버튼을 클릭하면 다음 그림과 같이 회원 가입 정보를 입력하는 페이지로 전환됩니다. 다음 그림과 같이 회원 가입 정보를 입력합니다.

그림 25-11

CREATE FREE ACCOUNT 버튼을 클릭하면 다음 그림과 같은 페이지로 전환되는데, 회원 가입을 할 때 입력한 메일로 인증을 거쳐야 합니다.

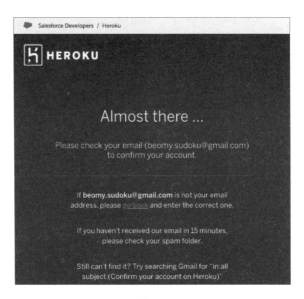

그림 25-12

이메일로 전송된 링크를 클릭하면 다음 그림과 같이 비밀번호를 입력할 수 있는 페이지로 접속할 수 있습니다.

그림 25-13

비밀번호를 입력하고 그림 25-13의 SET PASSWORD AND LOGIN 버튼을 클릭하면
다음과 같이 페이지 전환됩니다.

그림 25-14

그림 25-14의 CLICK HERE TO PROCEED를 클릭하면 다음 그림과 같은 페이지로
전환됩니다.

그림 25-15

그림 25-15의 Accept 버튼을 클릭하면 회원 가입이 완료가 됩니다.

25-3-2. 스도쿠 앱 만들기

웹 호스팅을 위해 헤로쿠에 스도쿠 앱을 추가하겠습니다. 다음 그림과 같이 회원 가입
후 페이지가 전환됩니다.

그림 25-16

그림 25-16의 Create new app 버튼을 클릭하면 다음과 같이 앱 정보를 입력하는 페이
지로 전환됩니다.

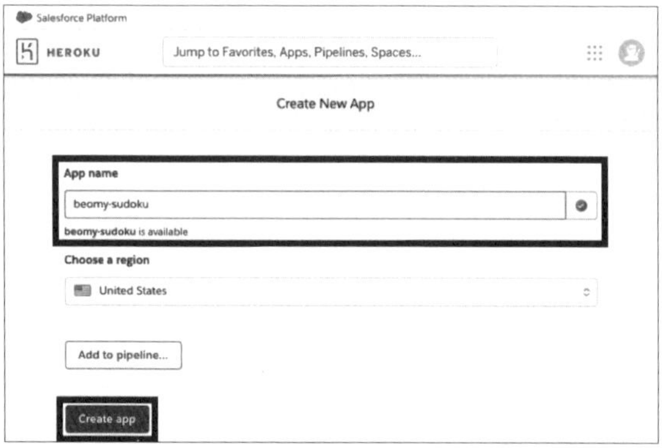

그림 25-17

그림 25-17과 같이 유효한 Appname을 설정하고 Create app 버튼을 클릭하면 헤로쿠에서 웹 호스팅을 위한 앱이 만들어집니다. App name은 아무도 사용하지 않는 중복되지 않는 이름이어야 합니다. 이곳에서 설정한 App name으로 도메인 주소가 결정됩니다. 예제에서는 beomy-sudoku라는 App name으로 앱을 만들었습니다.

25-3-2. 헤로쿠와 깃허브 연동하기

헤로쿠 앱이 만들어지면 다음과 같은 페이지로 전환됩니다.

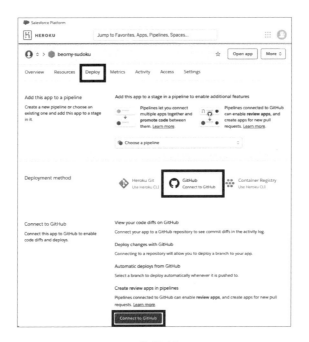

그림 25-18

Deploy 탭에서 Deployment method를 GitHub로 체크한 후, Connect to GitHub를 클릭하면, 깃허브 인증을 위해 다음과 같은 팝업이 뜨게 됩니다.

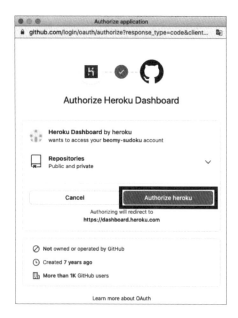

그림 25-19

그림 25-19에서 Authorize heroku 버튼을 클릭하면 팝업이 닫히면서 다음 그림과 같이
GitHub가 연동된 것을 볼 수 있습니다.

그림 25-20

그림 25-20와 같이 깃허브에 생성한 레파지토리 이름을 작성하고 Search 버튼을 클릭하여 검색합니다. 검색된 결과에 Connect 버튼을 클릭하면 헤로쿠 앱과 깃허브 레파지토리가 연결됩니다.

그림 25-21

헤로쿠 앱과 깃허브 레파지토리 연결이 끝난 후 그림 25-21에서 Enable Automatic Deploys를 클릭하여 활성화하면, 깃허브 레파지토리의 master 브랜치에 푸시가 발생하면 자동으로 배포가 됩니다.

만약 자동 배포가 되지 않거나, 수동 배포를 하고 싶을 경우에는 Manual deploy에서 배포하려는 브랜치를 선택하고 Deploy Branch 버튼을 클릭하면 수동 배포가 됩니다.

25-3-3. 정적 파일 호스팅 설정하기

빌드되어 생성된 정적 파일을 웹 호스팅하기 위해서는 헤로쿠에서 설정을 추가해주어야 합니다.

그림 25-22

그림 25-22처럼 Settings 탭에서 Add buildpack 버튼을 클릭합니다. 그러면 다음 그림
과 같이 팝업이 출력됩니다.

그림 25-23

그림 25-23처럼 EnterBuildpack URL에 heroku-community/static을 입력하고 Save changes 버튼을 클릭합니다. 이렇게 헤로쿠 앱의 Buildpack 설정이 끝나면 스도쿠 프로젝트 루트 위치에 다음 코드와 같이 static.json 파일을 추가해야 합니다.

```
{
  "root": "public/"
}
```

코드 25-2

static.json 파일을 추가한 디렉터리 구조는 다음과 같습니다.

```
node_modules
├─ …
public
├─ …
src
├─ components
│   ├─ Cell.svelte
│   ├─ Difficulty.svelte
│   ├─ Navigation.svelte
│   ├─ Number.svelte
│   ├─ NumberPad.svelte
│   └─ Sudoku.svelte
├─ store
│   └─ sudoku.js
├─ utils
│   └─ sudoku.js
├─ App.svelte
├─ main.js
.gitignore
package-lock.json
```

```
package.json
README.md
rollup.config.js
static.json
```

코드 25-3

빌드되어 생기는 번들 파일들은 public 디렉터리 밑으로 추가되기 때문에 public 디렉
터리를 루트로 웹 호스팅을 해야 합니다. 파일이 추가되었으니 다음 코드와 같은 git
명령어로 깃허브에 업로드하겠습니다.

```
$ git add static.json # 새로 생성된 모든 파일을 추적하게 합니다.
$ git commit -m "heroku setting" # heroku setting 메시지로 커밋합니다.
$ git push origin master # master 브랜치를 origin 원격 저장소에 업로드합니다.
```

코드 25-4

```
sudoku % git add static.json
sudoku % git commit -m "heroku setting"
[master 7b3397a] heroku setting
 1 file changed, 3 insertions(+)
 create mode 100644 static.json
sudoku % git push origin master
Enumerating objects: 4, done.
Counting objects: 100% (4/4), done.
Delta compression using up to 12 threads
Compressing objects: 100% (2/2), done.
Writing objects: 100% (3/3), 297 bytes | 297.00 KiB/s, done.
Total 3 (delta 1), reused 0 (delta 0)
remote: Resolving deltas: 100% (1/1), completed with 1 local object.
To https://github.com/beomy-sudoku/sudoku.git
   7b887ee..7b3397a  master -> master
```

그림 25-24

그림 25-24는 코드 25-3의 실행 결과입니다. 이렇게 깃허브에 푸시가 완료되면 헤로
쿠 앱과 깃허브 레파지토리를 연동했기 때문에 자동으로 스도쿠 페이지가 배포됩니다.
다음 그림과 같이 배포된 스도쿠 페이지를 확인할 수 있습니다.

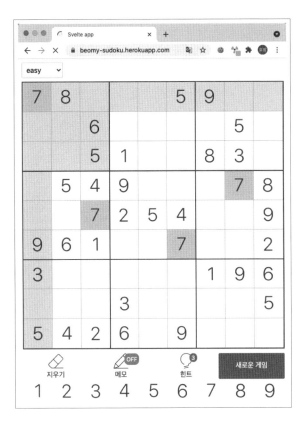

그림 25-25

https://beomy-sudoku.herokuapp.com/에서 그림 25-25과 같은 스도쿠 페이지를 확인할 수 있습니다. 도메인 주소는 헤로쿠에서 앱을 만들 때 설정한 앱 이름입니다. beomy-sudoku라는 앱 이름으로 앱을 만들었기 때문에 위의 도메인 주소를 가지게 됩니다.

PART III.

Svelte 핵심
라이브러리

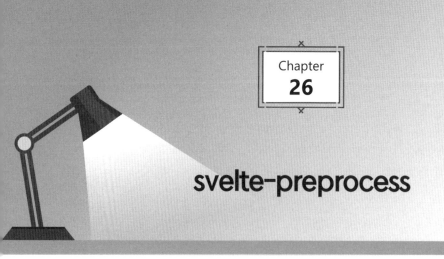

Chapter
26

svelte-preprocess

26-1 Svelte 전처리기

svelte-preprocess라는 전처리기를 사용하면 Svelte 프로젝트에서 타입스크립트, SCSS, PostCSS 등을 사용할 수 있습니다. https://github.com/sveltejs/svelte-preprocess에서 svelte-preprocess를 사용하여 타입스크립트, SCSS, PostCSS 등을 사용할 수 있도록 설정하는 방법을 자세히 알 수 있습니다.

롤업 번들러를 사용한 Svelte 프로젝트, 웹팩 번들러를 사용한 Svelte 프로젝트에서 svelte-preprocess와 롤업, 웹팩 설정을 수정하여 타입스크립트, SCSS, PostCSS, 별칭 (Alias)을 사용할 수 있도록 프로젝트 구조를 만들겠습니다.

26-2 롤업 프로젝트 설정

롤업 번들러를 사용한 Svelte 프로젝트에서 타입스크립트와 SCSS, PostCSS, 별칭을 설정하겠습니다. 우선, 터미널에서 다음 명령어를 실행하여 롤업 번들러를 사용한 Svelte 프로젝트를 생성합니다.

```
$ npx degit sveltejs/template rollup-svelte
```

코드 26-1

26-2-1. 타입스크립트

sveltejs/template을 사용하여 프로젝트를 생성하면 script 디렉터리 밑에 타입스크립트를 사용할 수 있도록 프로젝트를 변경해주는 setupTypeScript.js 파일이 있습니다. 터미널에서 코드 26-1로 생성한 프로젝트 위치로 이동한 후, 다음 코드를 실행시켜 타입스크립트를 사용할 수 있는 프로젝트로 변경합니다.

```
$ cd rollup-svelte
$ node scripts/setupTypeScript.js
```

코드 26-2

코드 26-2 실행으로 변경된 Svelte 프로젝트의 디렉터리 구조는 다음과 같습니다.

```
.vscode
├── extensions.json
public
├── …
src
├── App.svelte
├── global.d.ts
├── main.ts
.gitignore
package.json
README.md
rollup.config.js
tsconfig.json
```

코드 26-3

변경된 프로젝트에서 rollup.config.js 파일이 달라진 점은 다음 코드와 같습니다.

```js
// rollup.config.js
// …
import sveltePreprocess from 'svelte-preprocess';
import typescript from '@rollup/plugin-typescript';
// …

export default {
  input: 'src/main.ts',
  // …
  plugins: [
    svelte({
      preprocess: sveltePreprocess({ sourceMap: !production }),
      // …
    }),
    // …
    typescript({
      sourceMap: !production,
      inlineSources: !production
    }),
    // …
  ],
  // …
};
```

코드 26-4

코드 26-4를 보면 타입스크립트 사용을 위해 svelte-preprocess와 @rollup/plugin-type-script 패키지가 사용되는 것을 볼 수 있습니다. input 필드에 시작점이 src/main.ts로 변경되었습니다. plugins 배열에 svelte 필드에 preprocess로 sveltePreprocess 함수가 호출되는 것을 볼 수 있습니다. 타입스크립트 롤업 플러그인이 plugins에 추가되었습니다.

svelte.config.js 파일이 프로젝트 루트 위치에 존재하지 않으면 다음 코드와 같이 VS Code에서 타입스크립트를 에러로 잡아냅니다.

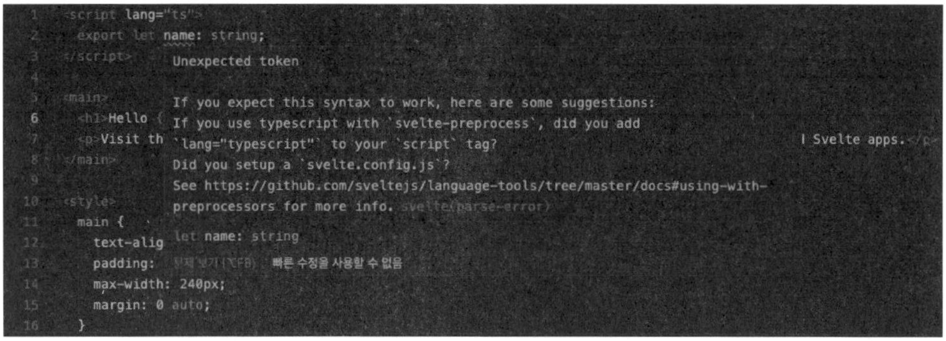

그림 26-1

다음 코드와 같이 프로젝트의 루트에 svelte.config.js 파일을 만들고, rollup.config.js에서 plugins에 svelte 함수로 전달된 객체를 svelte.config.js 파일로 이동하겠습니다.

```
// svelte.config.js
const sveltePreprocess = require('svelte-preprocess');
const production = !process.env.ROLLUP_WATCH;

module.exports = {
  preprocess: sveltePreprocess({ sourceMap: !production }),
  compilerOptions: {
    // enable run-time checks when not in production
    dev: !production
  }
};
```

코드 26-5

```
// rollup.config.js
// …
export default {
  // …
  plugins: [
    svelte(require('./svelte.config')),
    // …
  ],
  // …
};
```

코드 26-6

프로젝트의 루트에 코드 26-5와 같이 svelte.config.js 파일을 만들고, 코드 26-6과 같이 rollup.config.js에서 가져와 사용합니다.

26-2-2. SCSS

SCSS를 사용하기 위해 필요한 패키지를 설치하겠습니다. 다음 코드와 같이 sass 패키지를 설치합니다.

```
$ npm i -D sass
```

코드 26-7

sass 패키지를 설치하면 다음 코드와 같이 SCSS를 사용할 수 있습니다.

```
<!-- src/App.svelte -->
<script lang="ts">
  export let name: string;
</script>
```

```
<main>
  <h1>Hello {name}!</h1>
  <p>Visit the <a href="https://svelte.dev/tutorial">Svelte tutorial</a> to
learn how to build Svelte apps.</p>
</main>

<style lang="scss">
  main {
    text-align: center;
    padding: 1em;
    max-width: 240px;
    margin: 0 auto;

    h1 {
      color: #ff3e00;
      text-transform: uppercase;
      font-size: 4em;
      font-weight: 100;
    }
  }

  @media (min-width: 640px) {
    main {
      max-width: none;
    }
  }
</style>
```

코드 26-8

코드 26-8과 같이 컴포넌트에서 〈style lang="scss"〉를 사용하면 컴포넌트 안에서 SCSS를 사용할 수 있습니다. 하지만 main.ts에서 SCSS 파일을 import하는 것이 불가능합니다. SCSS를 import하기 위해서는 다음 명령어로 rollup-plugin-scss 패키지를 설치해야 합니다.

```
$ npm i -D rollup-plugin-scss
```

코드 26-9

패키지를 설치한 후, rollup.config.js를 다음과 같이 수정해야 합니다.

```
// rollup.config.js
// …
import scss from 'rollup-plugin-scss';
// …
export default {
// …
  plugins: [
// …
    scss({
      output: 'public/build/assets.css'
    }),
// …
  ],
// …
};
```

코드 26-10

코드 26-10과 같이 롤업 설정을 수정하면, import된 SCSS 파일은 public/build/assets. css 파일로 번들됩니다. public/index.html 파일에 다음 코드와 같이 ⟨link rel='stylesheet' href='/build/assets.css'⟩를 추가합니다.

```
<!-- public/index.html  -->
<!DOCTYPE html>
<html lang="en">
<head>
  <meta charset='utf-8'>
  <meta name='viewport' content='width=device-width,initial-scale=1'>

  <title>Svelte app</title>

  <link rel='icon' type='image/png' href='/favicon.png'>
  <link rel='stylesheet' href='/global.css'>
  <link rel='stylesheet' href='/build/assets.css'> <!-- CSS 우선순위에 유의해서
선언 위치를 정해줍니다. -->
  <link rel='stylesheet' href='/build/bundle.css'>

  <script defer src='/build/bundle.js'></script>
</head>

<body>
</body>
</html>
```

코드 26-11

코드 26-11과 같이 index.html 파일 수정이 끝나면 다음과 같이 main.ts에 SCSS 파일
import가 가능해집니다.


```
// src/assets/scss/common.scss
main {
  p {
    font-size: 2em;
  }
}
```

코드 26-12

```
// main.ts
import App from './App.svelte';
import './assets/scss/common.scss';

const app = new App({
  target: document.body,
  props: {
    name: 'world'
  }
});

export default app;
```

코드 26-13

그림 26-2

그림 26-2는 SCSS 사용 설정 후, 컴포넌트의 Style 태그에서 정의된 스타일과 main.ts
에서 import된 src/assets/scss/common.scss 스타일이 적용된 결과입니다.

SCSS 파일에서 정의된 스타일이나 변수들을 컴포넌트의 Style 태그에서 @import해서 사용해야 할 때, svelte-preprocess의 scss 설정에 prependData를 사용하면 컴포넌트의 Style 태그에서 @import를 사용하지 않고 SCSS 변수나 스타일을 적용할 수 있습니다. 다음 코드와 같이 svelte.config.js 파일에서 prerendData를 정의합니다.

```
// svelte.config.js
// …

module.exports = {
  preprocess: sveltePreprocess({
    // …
    scss: {
      prependData: `@import './src/assets/scss/variables.scss';`
    },
  }),
  // …
};
```

코드 26-14

다음 코드와 같이 src/assets/scss/variables.scss 파일을 만들어 $primary-color 변수를 선언합니다.

```
// src/assets/scss/variables.scss
$primary-color: #ff3e00;
```

코드 26-15

이렇게 선언된 변수는 컴포넌트에서 다음 코드와 같이 사용할 수 있습니다.

```
<!-- App.svelte -->
<script lang="ts">
  export let name: string;
</script>

<main>
  <h1>Hello {name}!</h1>
  <p>Visit the <a href="https://svelte.dev/tutorial">Svelte tutorial</a> to
learn how to build Svelte apps.</p>
</main>

<style lang="scss">
  main {
    text-align: center;
    padding: 1em;
    max-width: 240px;
    margin: 0 auto;

    h1 {
      color: $primary-color;
      text-transform: uppercase;
      font-size: 4em;
      font-weight: 100;
    }
  }

  @media (min-width: 640px) {
    main {
      max-width: none;
    }
  }
</style>
```

코드 26-16

main의 h1 태그의 color 스타일 속성의 값으로 src/assets/scss/variables.scss에 정의된 $pri-mary-color가 사용된 것을 볼 수 있습니다.

26-2-3. PostCSS

자동으로 벤더 프리픽스가 추가되는 기능을 사용하기 위해서는 PostCSS를 사용해야 합니다. 컴포넌트의 Style 태그에서 자동으로 벤더 프리픽스를 사용할 수 있도록 설정하기 위해 다음 코드와 같이 postcss와 autoprefixer 패키지를 설치합니다.

```
$ npm i -D postcss autoprefixer
```

코드 26-17

> **참고**
>
> ### 벤더 프리픽스(Vendor Prefix)
>
> -webkit-user-select: none; -moz-uer-select: none;와 같이 접두사가 붙어 있는 CSS 스타일을 보신 적이 있으실 겁니다. 표준으로 확정되기 이전에 브라우저 개발사가 실험적으로 기능을 제공하기 위해 벤더 프리픽스가 사용됩니다. 예를 들어, Can I Use에서 use-select 스타일 속성의 브라우저 지원 현황을 보면 다음 그림과 같습니다.
>
>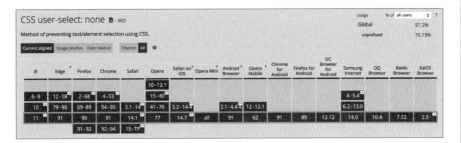
>
> 그림 26-3

인터넷 익스플로러 110이나 사파리 14.1의 오른쪽 상단에 박스로 표시되어 있는 것을 볼 수 있습니다. 박스로 표시된 브라우저는 벤더 프리픽서를 사용하여 use-select 스타일을 지원한다는 뜻입니다.

브라우저마다 서로 다른 벤더 프리픽서를 사용합니다. 브라우저별로 사용하는 벤더 프리픽서 목록은 다음과 같습니다.

- -webkit-: 크롬, 사파리, 신버전의 오페라
- -moz-: 파이어폭스
- -o-: 구버전의 오페라
- -ms-: 인터넷 익스플로러, 엣지

다음 코드와 같이 svelte.config.js 파일에 autoprefixer를 설정해줍니다.

```js
// svelte.config.js
// …

module.exports = {
  preprocess: sveltePreprocess({
    // …
    postcss: {
      plugins: [require('autoprefixer')()]
    },
  }),
// …
};
```

코드 26-18

위의 설정을 끝낸 후, App 컴포넌트를 다음 코드와 같이 수정합니다.

```
<!-- App.svelte -->
<script lang="ts">
  export let name: string;
</script>

<main>
  <h1>Hello {name}!</h1>
  <p>Visit the <a href="https://svelte.dev/tutorial">Svelte tutorial</a> to
learn how to build Svelte apps.</p>
</main>

<style lang="scss">
  main {
    text-align: center;
    padding: 1em;
    max-width: 240px;
    margin: 0 auto;

    h1 {
      user-select: none;
      color: $primary-color;
      text-transform: uppercase;
      font-size: 4em;
      font-weight: 100;
    }
  }

  @media (min-width: 640px) {
    main {
      max-width: none;
    }
  }
</style>
```

코드 26-19

main의 h1 태그에 user-select 속성을 사용한 것을 확인할 수 있습니다. 코드 26-19의 실행 결과는 다음 그림과 같습니다.

그림 26-4

그림 26-4를 보면 App 컴포넌트의 Style 태그에서 h1 태그에 정의한 user-select 스타일 속성에 -webkit-, -moz-, -ms- 벤더 프리픽스가 자동으로 설정된 것을 볼 수 있습니다.

이번에는 SCSS 파일에서 사용한 스타일에 자동으로 벤더 프리픽스가 추가되도록 설정하겠습니다. 다음 코드와 같이 rollup.config.js의 sass 설정에 processor 옵션을 추가합니다.

```
// rollup.config.js
// …
```

```
import autoprefixer from 'autoprefixer';
import postcss from 'postcss';

// …

export default {
  // …
  plugins: [
    // …
    scss({
      output: 'public/build/assets.css',
      processor: css → postcss([autoprefixer])
        .process(css)
        .then(result → result.css)
    }),
    // …
  ],
  // …
};
```

코드 26–20

위의 설정을 끝낸 후, src/assets/scss/common.scss를 다음과 같이 수정합니다.

```
// src/assets/scss/common.scss
main {
  p {
    font-size: 2em;
    user-select: none;
  }
}
```

코드 26–21

코드 26-21은 main 안에 p 태그에 user-select 속성을 사용하여 벤더 프리픽스가 설정되도록 작성하였습니다. 실행 결과는 다음 그림과 같습니다.

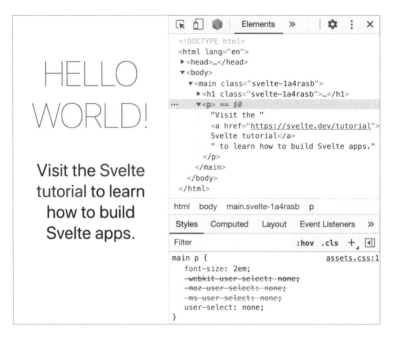

그림 26-5

그림 26-5를 보면 src/assets/scss/common.scss 파일에서 p 태그에 정의한 user-select 스타일 속성에 -webkit-, -moz-, -ms- 벤더 프리픽스가 자동으로 설정된 것을 볼 수 있습니다.

26-2-4. 별칭

컴포넌트를 만들어 사용하다 보면 import comp from '../../components/Item.svelte'와 같이 상대 경로로 import하게 됩니다. import를 사용하는 컴포넌트의 경로가 변경되면 import한 경로를 모두 바꿔줘야 하는데, 이런 귀찮은 작업을 별칭을 사용하여 최소화할 수 있습니다.

별칭을 사용하기 위해 다음 코드와 같이 패키지를 설치합니다.

```
$ npm i -D @rollup/plugin-alias
```

코드 26-22

패키지 설치가 끝나면, rollup.config.js 파일을 다음 코드와 같이 수정합니다.

```
// rollup.config.js
// ...
import alias from '@rollup/plugin-alias';
import path from 'path';
// ...

export default {
  // ...
  plugins: [
    // ...
    alias({
      entries: [
        { find: '@', replacement: path.resolve(__dirname, 'src') }
      ]
    }),
    // ...
};
```

코드 26-23

타입스크립트 파일에서 타입스크립트 파일을 별칭으로 사용하여 import하기 위해서는
다음 코드와 같이 tsconfig.json 파일을 수정해야 합니다.

```
// tsconfig.json
{
  // ...
  "compilerOptions": {
    "baseUrl": "./",
    "paths": { "@/*": ["src/*"] }
  }
}
```

코드 26-24

코드 26-23과 코드 26-24처럼 rollup.config.js와 tsconfig.json 설정이 끝나면, 다음 코드와 같이 별칭을 사용할 수 있습니다. src 디렉터리 위치를 @으로 대체한 예제입니다.

```
// src/utils/random.ts
export function random (min, max) {
  return Math.random() * (max - min) + min;
}
```

코드 26-25

```
// src/main.ts
import App from '@/App.svelte';
import '@/assets/scss/common.scss';
import { random } from '@/utils/random';

console.log(random(1, 10));

const app = new App({
  target: document.body,
  props: {
    name: 'world'
```

```
  }
});


export default app;
```

코드 26-26

```scss
// src/assets/scss/conents.scss
a {
  font-style: italic;
}
```

코드 26-27

```svelte
<!-- src/components/Contents.svelte -->
<p>Visit the <a href="https://svelte.dev/tutorial">Svelte tutorial</a> to
learn how to build Svelte apps.</p>
```

코드 26-28

```svelte
<!-- src/App.svelte -->
<script lang="ts">
  import '@/assets/scss/contents.scss';
  import Contents from '@/components/Contents.svelte';
  import { random } from '@/utils/random';
  export let name: string;


  console.log(random(1, 10));
</script>

<main>
  <h1>Hello {name}!</h1>
  <Contents />
```

```scss
</main>

<style lang="scss">
  main {
    text-align: center;
    padding: 1em;
    max-width: 240px;
    margin: 0 auto;

    h1 {
      user-select: none;
      color: $primary-color;
      text-transform: uppercase;
      font-size: 4em;
      font-weight: 100;
    }
  }

  @media (min-width: 640px) {
    main {
      max-width: none;
    }
  }
</style>
```

코드 26-29

HELLO WORLD!

Visit the *Svelte tutorial* to learn how to build Svelte apps.

그림 26-6

그림 26-6은 코드 26-25 ~ 코드 26-29의 실행 결과입니다. 코드 26-26에서 볼 수 있듯이, 타입스크립트 파일에서 Svelte 컴포넌트, SCSS, 타입스크립트 파일을 별칭을 사용하여 import할 수 있습니다. 코드 26-29에서 볼 수 있듯이 Svelte 파일에서도 Svelte 컴포넌트와 SCSS, 타입스크립트 파일을 별칭을 사용하여 import할 수 있습니다.

26-3 웹팩 프로젝트 설정

웹팩 번들러를 사용한 Svelte 프로젝트에서 타입스크립트와 SCSS, PostCSS 별칭을 설정하겠습니다. 터미널에서 아래 명령어를 실행하여 웹팩 번들러를 사용한 Svelte 프로젝트를 생성합니다.

```
$ npx degit sveltejs/template-webpack webpack-svelte
```

코드 26-30

26-3-1. 타입스크립트

sveltejs/template-webpack을 사용하여 프로젝트를 생성하면 롤업 번들러를 사용한 프로젝트와 동일하게 script 디렉터리 밑에 타입스크립트를 사용할 수 있도록 프로젝트를 변경해주는 setupTypeScript.js 파일이 있습니다. 터미널에서 코드 26-30으로 생성한 프로젝트 위치로 이동한 후, 다음 코드를 실행시켜 타입스크립트를 사용할 수 있는 프로젝트로 변경합니다.

```
$ cd web pack-svelte
$ node scripts/setupTypeScript.js
```

코드 26-31

코드 26-31 실행으로 변경된 Svelte 프로젝트의 디렉터리 구조는 다음과 같습니다.

```
.vscode
├── extensions.json
public
├── …
src
├── App.svelte
├── global.d.ts
├── main.ts
.gitignore
package.json
README.md
tsconfig.json
webpack.config.js
```

코드 26-32

변경된 프로젝트에서 webpack.config.js 파일이 달라진 점은 다음 코드와 같습니다.

```js
// webpack.config.js
// …
const sveltePreprocess = require('svelte-preprocess');

// …

module.exports = {
  entry: {
    'build/bundle': ['./src/main.ts']
  },
  resolve: {
// …
extensions: ['.mjs', '.js', '.ts', '.svelte'],
```

```
// …
  },
// …
module: {
    rules: [
      {
        test: /\.ts$/,
        loader: 'ts-loader',
        exclude: /node_modules/
      },
      {
        test: /\.svelte$/,
        use: {
          loader: 'svelte-loader',
          options: {
            compilerOptions: {
              dev: !prod
            },
            emitCss: prod,
            hotReload: !prod,
            preprocess: sveltePreprocess({ sourceMap: !prod })
          }
        }
      },
      // …
    ]
  },
  // …
};
```

코드 26–33

코드 21–33을 보면 타입스크립트 사용을 위해 svelte-preprocess 패키지가 사용되는 것을 볼 수 있습니다. entry 필드에 시작점이 /src/main.ts로 변경되었습니다. roles 배열에

ts-loader가 추가되었습니다. svelte-loader의 options에 preprocess로 sveltePreprocess 함수가 호출되는 것을 볼 수 있습니다.

롤업 번들러는 사용한 프로젝트와 동일하게 프로젝트 루트 위치에 svelte.config.js 파일을 다음 코드와 같이 추가해줍니다.

```js
// svelte.config.js
const sveltePreprocess = require('svelte-preprocess');

const mode = process.env.NODE_ENV || 'development';
const prod = mode === 'production';

module.exports = {
  compilerOptions: {
    dev: !prod
  },
  emitCss: prod,
  hotReload: !prod,
  preprocess: sveltePreprocess({ sourceMap: !prod })
}
```

코드 26-34

이렇게 추가된 svelte.config.js는 다음 코드와 같이 webpack.config.js에서 불러와 사용합니다.

```js
// webpack.config.js
// …

module.exports = {
  // …
  module: {
```

```
  rules: [
    // …
    {
      test: /\.svelte$/,
      use: {
        loader: 'svelte-loader',
        options: require('./svelte.config')
      }
    },
    // …
  ]
  },
  // …
};
```

코드 26-35

프로젝트의 루트에 코드 26-34와 같이 svelte.config.js 파일을 만들고, 코드 26-35과 같이 webpack.config.js에서 가져와 사용합니다.

26-3-2. SCSS

SCSS를 사용하기 위해 필요한 패키지를 설치하겠습니다. 다음 코드와 같이 sass 패키지를 설치합니다.

```
$ npm i -D sass
```

코드 26-36

sass 패키지를 설치하면 다음 코드와 같이 SCSS를 사용할 수 있습니다.

```
<!-- src/App.svelte -->
<script lang="ts">
  export let name: string;
</script>

<main>
  <h1>Hello {name}!</h1>
  <p>Visit the <a href="https://svelte.dev/tutorial">Svelte tutorial</a> to
learn how to build Svelte apps.</p>
</main>

<style lang="scss">
  main {
    text-align: center;
    padding: 1em;
    max-width: 240px;
    margin: 0 auto;

    h1 {
      color: #ff3e00;
      text-transform: uppercase;
      font-size: 4em;
      font-weight: 100;
    }
  }

  @media (min-width: 640px) {
    main {
      max-width: none;
    }
  }
</style>
```

코드 26–37

코드 26-37과 같이 컴포넌트에서 〈style lang="scss"〉를 사용하면 컴포넌트 안에서 SCSS 를 사용할 수 있습니다. 하지만 롤업 번들러를 사용한 프로젝트와 동일하게 main.ts에 서 SCSS 파일을 import하는 것은 불가능하기 때문에 sass-loader 패키지를 설치하고 설 정을 추가해야 합니다.

```
$ npm i -D sass-loader
```

코드 26-38

패키지를 설치한 후, webpack.config.js를 다음과 같이 수정해야 합니다.

```js
// webpack.config.js
// …

module.exports = {
  // …
  module: {
    rules: [
      // …
      {
        test: /\.(sa|sc|c)ss$/,
        use: [
          MiniCssExtractPlugin.loader,
          'css-loader',
          'sass-loader'
        ]
      },
      // …
    ]
  },
  // …
};
```

코드 26-39

코드 26-39과 같이 웹팩 설정을 수정하면, 다음과 같이 main.ts에 SCSS 파일 import가 가능해집니다.

```
// src/assets/scss/common.scss
main {
  p {
    font-size: 2em;
  }
}
```

코드 26-40

```
// src/main.ts
import './global.css';
import './assets/scss/common.scss';

import App from './App.svelte';

const app = new App({
  target: document.body,
  props: {
    name: 'world'
  }
});

export default app;
```

코드 26-41

지금까지 설정 후, 컴포넌트의 Style 태그에서 정의된 스타일과 main.ts에서 import된 src/assets/scss/common.scss 스타일이 적용된 결과는 그림 26-2와 동일합니다.

롤업 번들러를 사용한 프로젝트에서 prependData를 사용한 것처럼 웹팩을 사용한 프로젝트에서도 prependData를 사용하겠습니다. 롤업 번들러를 사용한 프로젝트에서 설정한 것과 동일하게 다음 코드와 같이 svelte.config.js 파일에서 prerendData를 정의합니다.

```
// svelte.config.js
// …

module.exports = {
  // …
  preprocess: sveltePreprocess({
    // …
    scss: {
      prependData: `@import './src/assets/scss/variables.scss';`
    },
  }),
}
```

코드 26-42

다음 코드와 같이 src/assets/scss/variables.scss 파일은 롤업 번들러를 사용한 프로젝트에서 사용한 파일과 동일한 파일입니다.

```
// src/assets/scss/variables.scss
$primary-color: #ff3e00;
```

코드 26-43

이렇게 선언된 변수는 컴포넌트에서 다음 코드와 같이 사용할 수 있습니다.

```svelte
<!-- src/App.svelte -->
<script lang="ts">
  export let name: string;
</script>

<main>
  <h1>Hello {name}!</h1>
  <p>Visit the <a href="https://svelte.dev/tutorial">Svelte tutorial</a> to
learn how to build Svelte apps.</p>
</main>

<style lang="scss">
  main {
    text-align: center;
    padding: 1em;
    max-width: 240px;
    margin: 0 auto;

    h1 {
      color: $primary-color;
      text-transform: uppercase;
      font-size: 4em;
      font-weight: 100;
    }
  }

  @media (min-width: 640px) {
    main {
      max-width: none;
    }
  }
</style>
```

코드 26-44

main의 h1 태그의 color 스타일 속성의 값으로 src/assets/scss/variables.scss에 정의된 $primary-color가 사용된 것을 볼 수 있습니다.

26-3-3. PostCSS

롤업 번들러를 사용한 프로젝트처럼 자동으로 벤더 프리픽스를 추가하는 기능을 사용하기 위해 PostCSS를 사용하겠습니다.

컴포넌트 Style 태그에서 사용한 스타일 속성에 자동으로 벤더 프리픽스를 추가하는 기능을 사용하기 위해 다음 코드와 같이 postcss와 autoprefixer 패키지를 설치합니다.

```
$ npm i -D postcss autoprefixer
```

코드 26-46

다음 코드와 같이 svelte.config.js 파일에 autoprefixer를 설정합니다.

```
// svelte.config.js
// …

module.exports = {
  // …
  preprocess: sveltePreprocess({
    // …
    postcss: {
      plugins: [require('autoprefixer')()]
    }
  }),
}
```

코드 26-47

위의 설정을 끝낸 후, App 컴포넌트를 다음 코드와 같이 수정합니다.

```
<!-- src/App.svelte -->
<script lang="ts">
  export let name: string;
</script>

<main>
  <h1>Hello {name}!</h1>
  <p>Visit the <a href="https://svelte.dev/tutorial">Svelte tutorial</a> to
learn how to build Svelte apps.</p>
</main>

<style lang="scss">
  main {
    text-align: center;
    padding: 1em;
    max-width: 240px;
    margin: 0 auto;

    h1 {
      user-select: none;
      color: $primary-color;
      text-transform: uppercase;
      font-size: 4em;
      font-weight: 100;
    }
  }

  @media (min-width: 640px) {
    main {
      max-width: none;
    }
  }
</style>
```

코드 26-48

지금까지 코드의 실행 결과는 그림 26-4와 동일합니다. 이번에는 SCSS 태그에서 사용한 스타일에 자동으로 벤더 프리픽스가 추가되도록 설정하겠습니다. 다음 코드와 같이 postcss-loader 패키지를 설치합니다.

```
$ npm i -D postcss-loader
```

코드 26-49

webpack.config.js에 다음 코드와 같이 postcss-loader를 사용합니다.

```
// webpack.config.js
// …

module.exports = {
  // …
  module: {
    rules: [
      // …
      {
        test: /\.(sa|sc|c)ss$/,
        use: [
          MiniCssExtractPlugin.loader,
          'css-loader',
          'sass-loader',
          {
            loader: 'postcss-loader',
            options: {
              postcssOptions: {
                plugins: [
                  'autoprefixer'
                ]
              }
            }
          }
```

```
      }
    ]
  },
  // …
  ]
},
// …
};
```

위의 설정을 끝낸 후, src/assets/scss/common.scss를 다음과 같이 수정합니다.

```scss
// src/assets/scss/common.scss
main {
  p {
    font-size: 2em;
    user-select: none;
  }
}
```

설정이 끝나면 롤업 번들러를 사용한 프로젝트와 동일하게 컴포넌트의 Style 태그에서도, SCSS 파일에서도 자동으로 벤더 프리픽스가 추가됩니다. 지금까지 실행 결과는 그림 26-5와 동일합니다.

26-3-4. 별칭

별칭을 사용하기 위해서 webpack.config.js 파일을 다음 코드와 같이 수정합니다.

```
// webpack.config.js
// …

module.exports = {
  // …
  resolve: {
    alias: {
      // …
      '@': path.resolve(__dirname, 'src')
    },
    // …
  },
  // …
};
```

코드 26-52

롤업과 동일하게 tsconfig.json 파일을 다음과 같이 수정합니다.


```
// tsconfig.json
{
  // …
  "compilerOptions": {
    "baseUrl": "./",
    "paths": { "@/*": ["src/*"] }
  }
}
```

코드 26-53

위의 설정이 끝나면 롤업 번들러를 사용한 프로젝트와 동일하게 src 디렉터리 위치를 @
으로 대체한 @ 별칭을 사용할 수 있습니다. 다음 코드는 @ 별칭을 사용한 예제입니다.

```
// src/utils/random.ts
export function random (min, max) {
  return Math.random() * (max - min) + min;
}
```

코드 26-54

```
// src/main.ts
import '@/global.css';
import '@/assets/scss/common.scss';
import { random } from '@/utils/random';

import App from '@/App.svelte';

console.log(random(1, 10));

const app = new App({
  target: document.body,
  props: {
    name: 'world'
  }
});

export default app;
```

코드 26-55

```
// src/assets/scss/conents.scss
a {
  font-style: italic;
}
```

코드 26-56

```
<!-- src/components/Contents.svelte -->
<p>Visit the <a href="https://svelte.dev/tutorial">Svelte tutorial</a> to
learn how to build Svelte apps.</p>
```

코드 26-57

```
<!-- src/App.svelte -->
<script lang="ts">
  import '@/assets/scss/contents.scss';
  import Contents from '@/components/Contents.svelte';
  import { random } from '@/utils/random';
  export let name: string;

  console.log(random(1, 10));
</script>

<main>
  <h1>Hello {name}!</h1>
  <Contents />
</main>

<style lang="scss">
  main {
    text-align: center;
    padding: 1em;
    max-width: 240px;
    margin: 0 auto;

    h1 {
      user-select: none;
      color: $primary-color;
      text-transform: uppercase;
      font-size: 4em;
      font-weight: 100;
```

```
    }
  }

  @media (min-width: 640px) {
    main {
      max-width: none;
    }
  }
</style>
```

코드 26-58

코드 26-54 ~ 코드 26-58의 실행 결과는 그림 26-6과 동일합니다. 롤업 번들러를 사용한 Svelte 프로젝트와 동일하게 타입스크립트 파일과 Svelte 파일에서 Svelte 컴포넌트와 SCSS, 타입스트립트 파일을 별칭을 사용하여 import할 수 있습니다.

코드 26-55에서는 타입스크립트 파일에서 Svelte 컴포넌트와 SCSS, 타입스크립트 파일을 별칭을 사용하여 import하였습니다. 코드 26-58에서는 Svelte 파일에서 Svelte 컴포넌트와 SCSS, 타입스크립트 파일을 별칭을 사용하여 import 하였습니다.

26-4 프로젝트 퀵 스타트

지금까지 이야기한 Svelte+ 타입스크립트 + SCSS + PostCSS + 별칭 기능이 추가된 프로젝트는 아래 명령어로 빠르게 설치할 수 있습니다.

```
$ npx degit beomy/template # Rollup+Svelte+TypeScript+SCSS+PostCSS+Alias
$ npx degit beomy/template-webpack # Webpack+Svelte+TypeScript+SCSS+PostCSS+A
lias
```

코드 26-59

코드 26-59 명령어 실행으로 설치되는 프로젝트는 Svelte에서 제공하는 템플릿에 지금까지 이야기한 설정들이 추가된 버전입니다.

Chapter
27

SvelteKit

27-1 Sapper의 퇴장

React에는 Next, Vue에는 Nuxt가 있듯이 Svelte에는 Sapper가 있습니다. Sapper를 사용하면 Svelte를 사용하여 SSR을 구현할 수 있습니다. 하지만 Sapper는 더 이상 새로운 기능이 추가되지 않고 Sapper의 후속작인 SvelteKit에서 개발을 이어간다고 합니다. Sapper의 공식 문서는 https://sapper.svelte.dev/에서 확인할 수 있습니다.

참고

CSR과 SSR

CSR은 Client Side Rendering의 줄인 말입니다. 화면을 그리는 역할을 클라이언트 즉, 사용자 쪽에서 가져가게 됩니다. 네트워크를 통해 HTML 뼈대와 화면을 그리기 위해 사용되는 자바스크립트 파일(번들된 JS 파일)을 내려받고, 자바스크립트을 실행시켜 HTML을 채워 넣게 됩니다. HTML 파일과 화면을 그리기 위한 자바스크립트 파일을 내려받고, 자바스크립트 파일을 실행하여 화면을 그리기 때문에 CSR은 첫 화면을 그리는 속도가 느려지게 됩니다. 하지만 화면을 그리는 데 필요한 자원을 사용자 쪽에서 제공하기 때문에 서버의 부하가 없습니다.

SSR은 Server Side Rendering의 줄인 말입니다. CSR과는 달리 화면을 그리는 역할을 서버 쪽에서 가져가게 됩니다. 서버 쪽에서 HTML 내용을 전부 만들어 네트워크를 통해 전달합니다. 브라우저에서는 네트워크를 통해 전달받은 HTML 파일을 화면에 나타냅니다. 첫 화면을 그리는 속도는 빠를 수 있지만, 서버에서 HTML을 만들기 위한 작업들을 수행하기 때문에 서버의 부하가 발생하게 됩니다.

27-2 SvelteKit의 등장

Sapper는 다음과 같은 명령어로 롤업, 웹팩을 사용하는 프로젝트를 생성할 수 있습니다.

```
$ npx degit sveltejs/sapper-template#rollup my-app      # for Rollup
$ npx degit sveltejs/sapper-template#webpack my-app     # for webpack
$ cd my-app

$ npm install
$ npm run dev & open http://localhost:3000
```

코드 27-1

Svelte 프로젝트를 만들 수 있는 방법은 다음 코드와 같이 sveltejs/template와 sveltejs/sapper-template 두 가지 템플릿을 사용하는 것입니다.

```
# 기본 Svelte 프로젝트
$ npx degit sveltejs/template my-app
$ npx degit sveltejs/template-webpack my-app

# Sapper를 사용한 프로젝트
$ npx degit sveltejs/sapper-template#rollup my-app
$ npx degit sveltejs/sapper-template#webpack my-app
```

코드 27-2

sveltejs/template과 sveltejs/sapper-template 구분은 처음 Svelte를 사용하는 사용자에게 혼란을 줄 수 있습니다. 처음 Svelte 개발을 시작하는 사람들에게 이 두 가지 차이점이 주는 혼란스러움을 없애기 위해 SvelteKit이 등장하게 되었습니다.

SvelteKit는 12 이상의 Node.js 버전에서 지원하기 때문에, 최신 LTS 버전의 Node.js를 설치하고 SvelteKit을 사용하는 것이 좋습니다. 터미널에 아래 명령어를 입력하면 SvelteKit으로 프로젝트를 생성할 수 있습니다.

```
$ npm init svelte@next my-app
$ cd my-app
$ npm install
$ npm run dev -- --open
```

코드 27-3

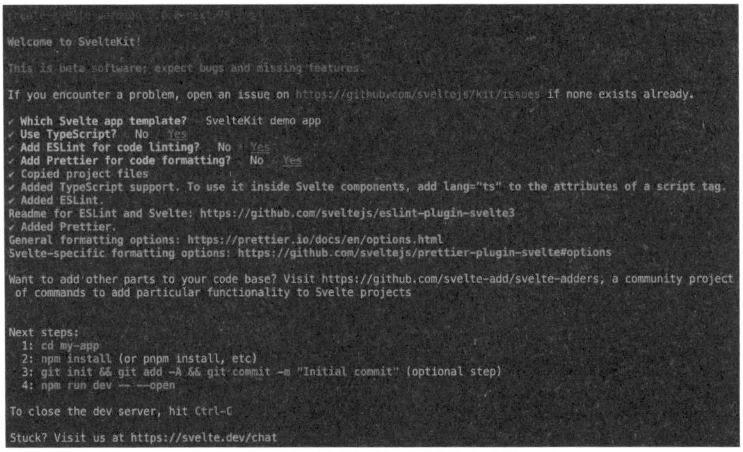

그림 27-1

npm init svelte@next my-app 명령어를 실행하면 그림 27-1과 같은 화면이 보이게 됩니다. 템플릿 종류(SvelteKit demo app / Skeleton project)와 타입스크립트를 사용할지 여부(No / Yes), ESLint를 사용할지 여부(No / Yes), Prettier를 사용할지 여부(No / Yes)를 선택할 수 있습니다.

27-3 SvelteKit이 달라진 점

SvelteKit이 Sapper와 다른 두 가지를 살펴보겠습니다.

27-3-1. 브라우저 내장 모듈 시스템 사용

기존에는 롤업이나 웹팩 번들러에서 제공하는 모듈 시스템을 사용하여 export와 import 를 사용할 수 있었습니다. 하지만 최신 브라우저에서는 자체 모듈 시스템을 지원하기 때문에 롤업이나 웹팩과 같은 번들러를 사용하지 않아도 export와 import 사용이 가능 해졌습니다.

롤업이나 웹팩 번들러의 모듈 시스템은 애플리케이션의 모든 코드를 번들링해야 하기 때문에, 개발 환경에서 첫 애플리케이션 실행이 느릴 수밖에 없었습니다. 또 코드가 업데이트되었을 때 코드를 다시 번들링해야 하기 때문에 핫 모듈 재로딩(HMR, Hot Module Reloading)에 많은 시간이 드는 문제가 있습니다.

브라우저의 자체 모듈 시스템을 사용하면, 모든 코드를 번들링하지 않고 필요한 코드 만 가져와 사용하기 때문에 애플리케이션의 첫 실행이 빨라지게 되고, 핫 모듈 재로딩 이 빨라지는 개발 경험을 하게 됩니다.

27-3-2. 서버리스 플랫폼 지원 확대

Sapper는 아래의 2개의 빌드 모드를 제공합니다.

```
$ sapper build    # Node 서버에서 실행되는 파일들을 생성합니다.
$ sapper export   # 호스팅 서비스를 통해 서비스 될 수 있는 정적 파일을 생성합니다.
```

코드 27-4

sapper build를 통해 생성된 파일들은 Node 서버가 있어야 실행될 수 있습니다. Node 서버를 사용하게 되면 서버 모니터링, 서버 부하 분산을 위한 스케일링 등의 작업이 필요합니다. 서버 운영에는 많은 작업들이 필요하기 때문에 서버를 운영하는 것은 쉽지 않은 일입니다.

최근에는 서버를 직접 구축/운영하지 않아도 되는 서버리스 플랫폼으로 패러다임이 옮겨가고 있습니다. SvelteKit은 이런 패러다임을 받아들여 Adapter API로 서버리스 플랫폼 지원을 넓혀가고 있습니다.

기존의 Sapper가 지원하는 두 가지 빌드를 위한 SvelteKit의 AdapterAPI는 다음과 같습니다.

- adapter-node(https://github.com/sveltejs/kit/tree/master/packages/adapter-node): 노드 서버용 빌드를 위한 Adapter API

- adapter-static(https://github.com/sveltejs/kit/tree/master/packages/adapter-static): 정적인 파일 생성 빌드를 위한 AdapterAPI

그 밖에 다음과 같은 서버리스 플랫폼을 위한 Adapter API를 제공합니다. 이 목록은 SvelteKit이 업데이트되면서 추가될 예정입니다.

- adapter-begin(https://github.com/sveltejs/kit/tree/master/packages/adapter-begin): Begin(https://begin.com/)에서 호스팅을 하기 위한 Adapter API

- adapter-cloudflare-workers(https://github.com/sveltejs/kit/tree/master/packages/adapter-cloudflare-workers): Cloudflare Workers(https://developers.cloudflare.com/workers/)에서 호스팅을 하기 Adapter API

- adapter-netlify(https://github.com/sveltejs/kit/tree/master/packages/adapter-netlify): Netlify(https://www.netlify.com/)에서 호스팅을 하기 위한 Adapter API

- adapter-vercel(https://github.com/sveltejs/kit/tree/master/packages/adapter-vercel): Vercel(https://vercel.com/)에서 호스팅 하기 위한 Adapter API

Adapter API를 사용하는 방법은 다음 코드와 같습니다.

```
// svelte.config.js
import node from '@sveltejs/adapter-node';

export default {
  kit: {
    adapter: node()
  }
};
```

코드 27-5

코드 27-5는 노드 서버에서 호스팅을 하기 위해 Node Adapter API를 사용하였습니다. SvelteKit으로 생성된 프로젝트의 루트 위치에 있는 svelte.config.js의 kit 필드에 adapter 를 추가하면 됩니다. 각 AdapterAPI의 자세한 사용 방법은 위에서 이야기한 API 목록의 깃허브 주소에서 확인할 수 있습니다.

코드 27-5와 같이 NodeAdapter API를 사용한 후 svelte-kit build 명령어를 실행하면 build 디렉터리에 노드 서버용 번들 파일들이 생성됩니다. build 디렉터리를 노드 서버 에 배포하여 서비스하면 됩니다.

찾아보기

찾아보기

Svelte로 맛보는 웹 애플리케이션 개발

실전 예제로 마스터하는 최신 프런트엔드 프레임워크

초판 1쇄 발행 | 2021년 9월 30일

지은이 | 이효범
펴낸이 | 김범준
기획/책임편집 | 이동원
교정교열 | 윤구영
편집디자인 | 커뮤니케이션 창
표지디자인 | 정지연

발행처 | 비제이퍼블릭
출판신고 | 2009년 05월 01일 제300-2009-38호
주소 | 서울시 중구 청계천로 100 시그니쳐타워 서관 10층 1011호
주문/문의 | 02-739-0739   **팩스** | 02-6442-0739
홈페이지 | http://bjpublic.co.kr   **이메일** | bjpublic@bjpublic.co.kr

가격 | 28,000원
ISBN | 979-11-6592-094-4
한국어판 © 2021 비제이퍼블릭

소스코드 다운로드 | https://github.com/bjpublic/sveltetaste